Eleonora Spinosa

nuovissimo PROGETTO italiano 4

Corso di lingua
e civiltà italiana

C2

Quaderno degli esercizi

EDILINGUA

I edizione: luglio 2022 (1ª ristampa)
ISBN: 979-12-5980-141-8 Quaderno degli esercizi
ISBN: 979-12-5980-139-5 Edizione per insegnanti (+ CD)

Redazione: Anna Gallo, Sonia Manfrecola, Daniele Ciolfi
Approfondimento grammaticale a cura di Maria Angela Cernigliaro e Daniele Ciolfi

Foto: Shutterstock
Impaginazione e progetto grafico: Edilingua
Registrazioni audio: *Autori Multimediali*, Milano

Sede legale
Via Giuseppe Lazzati, 185 00166 Roma
Tel. +39 06 96727307
Fax +39 06 94443138
info@edilingua.it
www.edilingua.it

Deposito e Centro di distribuzione
Via Moroianni, 65 12133 Atene
Tel. +30 210 5733900
Fax +30 210 5758903

Eleonora Spinosa, nata a Siena, si è laureata in Filologia moderna all'Università degli Studi di Firenze e ha poi conseguito il Master DITALS e il diploma di Specializzazione in Didattica dell'Italiano a Stranieri presso l'Università per Stranieri di Siena. Insegnante di italiano a italofoni e stranieri, si occupa anche di creazione di materiali didattici e di formazione nel settore dell'italiano L2, come collaboratrice esterna del Centro DITALS e di case editrici specializzate. Attualmente insegna Lettere al Liceo Artistico "Duccio di Buoninsegna" di Siena.

Edilingua sostiene actionaid

Grazie all'adozione di questo libro, Edilingua adotta a distanza dei bambini che vivono in Asia, in Africa e in Sud America. Perché insieme possiamo fare molto! Ulteriori informazioni nella sezione "Chi siamo" del nostro sito.

Stampato su carta priva di acidi, proveniente da foreste controllate.

Gli autori apprezzerebbero, da parte dei colleghi, eventuali suggerimenti, segnalazioni e commenti sull'opera (da inviare a bidetti.redazione@edilingua.it)

Premessa

Nuovissimo Progetto italiano 4, l'ultimo livello di un moderno corso d'italiano per adulti e giovani adulti, è completato dal ***Quaderno degli esercizi***.

Gli esercizi sono pensati per lo svolgimento autonomo da parte dello studente, in modo da approfondire e consolidare le competenze linguistico-comunicative affrontate nel Libro.

Per ogni unità il Quaderno offre:

- quattro o cinque pagine di attività di differenti tipologie, che riprendono anche quelle proposte nelle prove d'esame delle certificazioni linguistiche;
- un nuovo ascolto autentico per riprendere e approfondire il tema dell'unità ed esercitare ulteriormente l'abilità di comprensione orale, preparando anche alla prova d'esame delle certificazioni linguistiche;
- esercizi di comprensione scritta - globale e analitica - sui temi trattati;
- testi autentici su diversi aspetti socioculturali;
- attività di rinforzo grammaticale e lessicale anche in forma ludica, come cruciverba e giochi linguistici o con scoperta di curiosità;
- approccio a spirale per la ripresa di strutture e lessico incontrati nelle unità precedenti;
- un Approfondimento grammaticale, nel quale vengono ampliati con spiegazioni ed esempi tutti i fenomeni grammaticali e linguistici trattati nelle varie unità;
- apparato iconografico completamente a colori, con grandi benefici sia a livello motivazionale che cognitivo;
- test di autovalutazione ogni due unità, su edilingua.it e i-d-e-e.it;

Le attività seguono la suddivisione per sezioni del Libro e sono in corrispondenza ai rimandi di quest'ultimo.

La piattaforma i-d-e-e.it

Nella seconda di copertina del volume **gli studenti** trovano un codice di accesso alla piattaforma didattica i-d-e-e.it. Questo codice fornisce accesso gratuito per 18 mesi (dal momento dell'attivazione) ai seguenti materiali didattici e strumenti:

- gli esercizi del Quaderno completamente interattivi, con correzione e valutazione automatica. Gli studenti possono svolgerli in piena autonomia e ripeterli in qualsiasi momento se desiderano esercitarsi di più;
- il Libro interattivo, ovvero la versione interattiva del Libro dello studente;
- le tracce audio;
- i nuovi Giochi digitali, un'esclusiva di Edilingua, che permettono un ripasso divertente ed estremamente efficace;
- la Grammatica interattiva, test e giochi preparati dall'insegnante, lo spazio classe ecc.

Inoltre, su i-d-e-e gli studenti possono acquistare diversi libri in versione e-book, letture semplificate e tanti altri materiali (video, audio).

Su i-d-e-e **gli insegnanti**:

- vedono i risultati degli esercizi svolti dai loro studenti e gli errori commessi da ciascuno. Questo gli permette, inoltre, di dedicare meno tempo alla correzione degli esecizi in aula;
- trovano tutti gli audio del corso;
- possono assegnare alle proprie classi decine di test e giochi già pronti, personalizzandoli, o crearne di nuovi;
- trovano il Libro interattivo per insegnanti (LIM), cioè la versione interattiva del Libro dello studente;
- possono consultare altri libri didattici di Edilingua.

Buon lavoro!
L'autrice

Legenda dei simboli

Giochi

Simbolo giochi

Questo simbolo, che gli studenti trovano alla fine di ogni unità del Quaderno, indica che sulla piattaforma i-d-e-e.it sono disponibili i nostri nuovi Giochi digitali che permettono allo studente di ripassare i contenuti dell'unità.

Gli studenti, adulti e giovani adulti, possono accedervi gratuitamente e giocare quanto vogliono, avendo un numero illimitato di tentativi. Alcuni elementi di *gamification* (raccolta di monete e badge, livelli da superare e classifiche) hanno lo scopo di rendere l'esperienza ancora più motivante. Attraverso la ripetizione e la varietà gli studenti consolidano inconsapevolmente i contenuti incontrati, imparano senza la "paura di sbagliare".

Simbolo Autovalutazione

Questo simbolo, che si trova ogni due unità del Quaderno, indica che gli studenti possono svolgere i Test di Autovalutazione disponibili in formato interattivo sulla piattaforma i-d-e-e.it e in pdf sul sito edilingua.it. I Test vertono sulla comunicazione, la grammatica e il lessico incontrati nelle unità e permettono agli **studenti di valutare da soli i loro progressi e dare un punteggio alle loro competenze, grazie alla correzione automatica sulla piattaforma o alle chiavi che troveranno sempre sul nostro sito.**

AG 2.1 p. 130

Simbolo Approfondimento Grammaticale

Nel Quaderno vengono approfonditi alcuni fenomeni grammaticali. Dei precisi rimandi indicano quale punto dell'Approfondimento grammaticale consultare prima di svolgere un determinato esercizio (in questo caso, ad esempio, si rimanda al punto 2.1 di pag. 130).

12

Simbolo QR code

Inquadra il QR code con il tuo smartphone/tablet per ascoltare/scaricare la traccia n. 12.

Tutti gli esercizi sono disponibili in formato interattivo su www.i-d-e-e.it

Tutte le strade portano a Roma

1 **Completa le frasi con i nomi e gli aggettivi corretti, derivati dalle parole date, come negli esempi.**

loquacità ✦ inaffidabilità ✦ insidia ✦ disilluso ✦ inferiore ✦ disinteresse
disinvolto ✦ sconcerto ✦ eccellente ✦ cordialità

1. L'atteggiamento .... e generoso degli italiani viene spesso interpretato come un pregio dai viaggiatori stranieri, soprattutto quando la gentilezza è disinteressata.
2. I giovani vengono considerati .... perché faticano a mantenere le promesse.
3. Molte cronache di viaggio in Italia sono racconti di una disillusione quando gli stranieri si rendono conto dell'anarchia organizzativa del Bel Paese.
4. Gli antichi Romani soffrivano di un complesso di .... verso la raffinata cultura greca.
5. Sara è una viaggiatrice esperta: si muove con .... sia in Italia che all'estero.
6. L'alta cucina italiana è un'........................ da preservare.
7. Il percorso per raggiungere la cima della montagna è davvero .... : ci sono numerosi pericoli sia a causa del terreno che degli animali selvatici.
8. Non è certo un dato .... che le persone più estroverse e socievoli siano anche le più ....

2 **Nelle frasi sostituisci le espressioni evidenziate con quelle date. Attenzione: ci sono due espressioni in più!**

Mandare... ...al diavolo | avanti | in bestia | in onda | a rotoli | giù | in galera | in frantumi | a dire

1. Perché vuoi fare arrabbiare .... tuo fratello per così poco?
2. Credevamo che gli investitori stranieri avessero rovinato .... il progetto, e invece erano stati quelli italiani.
3. Carmelo, sei un bugiardo nato: con le tue menzogne manderesti in prigione .... un innocente!
4. Solo grazie al suo lavoro riesce a far sopravvivere .... la famiglia.
5. Ero convinto che trasmettessero .... questo programma di satira su Rai2.
6. Si dice che il nuovo impiegato abbia mandato a quel paese .... il capufficio il primo giorno di lavoro.
7. I suoi genitori hanno distrutto .... il suo sogno di diventare un ballerino professionista.

3 **a** **Completa le frasi con la forma passiva (*venire* + participio passato) dei verbi in verde e con *andare* + participio passato dei verbi evidenziati.**

1. I biglietti (*acquistare*) .... sia online che nella sede del museo...
2. In alcuni comuni italiani la legge prevede che la spazzatura (*raccogliere*) .... sotto casa dal servizio pubblico, tuttavia...

3. Gli italiani in passato (*considerare*) .... grandi latin lover, romantici e inaffidabili, ma...
4. I cittadini volevano che la villa in rovina (*demolire*) .... per far posto a un grande parcheggio...
5. Si presume che chi è in gravi condizioni di salute (*trasportare*) .... con urgenza in ospedale...

a. ...gli stereotipi sugli italiani dovrebbero essere rivisti .... alla luce delle tendenze attuali.
b. ...anche se la prenotazione delle visite guidate deve essere fatta .... solo su internet.
c. ...affinché riceva le cure che dovrebbero essere garantite .... al più presto ai bisognosi.
d. ...quando ciò non accade, i rifiuti devono essere gettati .... nei cassonetti della raccolta differenziata.
e. ...siccome ritenevano che il problema dei posti auto dovesse essere risolto ....

b Abbina le frasi dell'esercizio precedente. 1 ☐ 2 ☐ 3 ☐ 4 ☐ 5 ☐

4 Completa il cruciverba. Poi trascrivi la parola misteriosa nelle caselle colorate e scopri una curiosità.

1.
2.
3.
4.
5.
5.

Definizioni

1. Prendere/fare la muffa.
2. Atto di violenza che rovina e deturpa cose o persone.
3. Del luogo, locale.
4. Chi si vanta di saper fare cose straordinarie.
5. Intrusione, intromissione.
6. Sollevato/liberato da un obbligo.

Curiosità

_ _ _ _ _ _ _ :
Manca agli italiani quando si tratta di gestire l'amministrazione e la spesa pubblica. La parola può riferirsi anche a un particolare tiro nel gioco del calcio.

5 Scrivi il plurale o il singolare dei nomi, quando possibile, come nell'esempio.

1. il bacio ▶ ....*i baci*....
2. la fame ▶ ....
3. il film ▶ ....
4. le foto ▶ ....
5. l'isola ▶ ....
6. l'età ▶ ....
7. gli sci ▶ ....
8. le specie ▶ ....
9. la ciliegia ▶ ....
10. i re ▶ ....
11. il miele ▶ ....
12. i viveri ▶ ....

6 Sottolinea gli errori nell'uso dei nomi al plurale e/o al singolare e poi correggili, come nell'esempio. Attenzione: una frase è senza errori!

1. L'efficienza non è certo una delle maggiori virtù degli italiani, ma senza dubbio lo è la cordialità, o almeno è la prima di una lunga seria. ....*serie*....

2. Il garage di Patrizia è enorme: contiene quattro auto, tre mote, un trattore e sei bici da corsa. ....
3. Le nozze di Napoleone nella città di Parigi sono ancora ricordate dai posteri grazie a molti dipinti celebrativi. ....
4. Ma che spesa hai fatto? Hai perso la lista, per caso? Avresti dovuto comprarmi due chili di risi, tre confezioni di latti, del cacao e il caffè per preparare il dolce. E poi quanti euri hai speso? ....
5. Dalle tue analisi la crise contemporanea della nozza dipenderebbe dall'età troppo avanzata dei matrimoni. ....
6. Per raggiungere il Gran San Bernardo si può risalire comodamente da Aosta, nel dintorno del colle sorgono diversi piccoli centri montani. ....

7 a Ascolta e scegli l'alternativa corretta.

1 (traccia audio)

1. L'intervistata:
   - ☐ a. da Bologna è andata a Berlino
   - ☐ b. da Berlino è andata a Milano
   - ☐ c. da Berlino è andata a Bologna
2. Alessia è andata via dall'Italia per:
   - ☐ a. fare la laurea specialistica all'estero
   - ☐ b. avere migliori opportunità professionali
   - ☐ c. lavorare part-time con turni di notte
3. La condizione lavorativa in Italia:
   - ☐ a. richiede una formazione continua costante
   - ☐ b. non permette di avere contratti di lavoro part-time
   - ☐ c. penalizza anche i lavoratori che sono altamente formati
4. Per Alessia gli svantaggi di Berlino sono:
   - ☐ a. l'austerità degli ambienti di lavoro
   - ☐ b. le dimensioni e il clima rigido
   - ☐ c. la lontananza dall'Italia e la freddezza

1 (traccia audio)

b Ascolta di nuovo e trascrivi nella tabella i tratti del parlato.

Segnali discorsivi	Modi di dire	Ripetizioni

8 Indica in quale delle due frasi l'espressione evidenziata è usata in modo appropriato.

1. ☐ a. Perché non hai mai pensato di **imboccare** un percorso di studi universitari all'estero?
   ☐ b. Con l'offerta di lavoro in Australia la mia vita **ha imboccato** una strada imprevista.
2. ☐ a. Quando vivi all'estero vieni costretto **a spogliarti delle** tue abitudini.
   ☐ b. Non mi sono mai **spogliato dei** vestiti che indossavo il giorno prima.
3. ☐ a. Dovresti pulire meglio gli angoli della camera dove rischia di **accumularsi** la polvere.
   ☐ b. Gli scienziati hanno visto gli astri **accumularsi** sui pianeti.

4. ☐ a. In ufficio ci costringono di buon grado a obbedire alle decisioni dell'azienda centrale.
☐ b. Avremmo accettato di buon grado di rimanere in Italia se ci fosse stata proposta un'opportunità professionale adeguata.

5. ☐ a. Guarda che non devi per forza partire, se non ne hai intenzione.
☐ b. Si sono divertiti un mondo a viaggiare in Italia per forza.

6. ☐ a. Dato che Pio non mi ha neanche salutato, per ripicca io non gli rivolgerò più la parola.
☐ b. Il perimetro delle esperienze giovanili è per ripicca limitato dall'età.

2

9 **Ascolta questa rubrica sulla fuga dei cervelli e indica quali dei seguenti problemi vengono citati nell'audio.**

☐ a. flusso emigratorio dei giovani qualificati
☐ b. aumento del PIL italiano
☐ c. diminuzione costante dei laureati al 43%
☐ d. minori guadagni per chi ha fatto studi superiori
☐ e. malaffare nelle migliori università italiane
☐ f. inefficienza degli investimenti di Stato in ricerca e sviluppo
☐ g. meritocrazia per i talenti italiani solo nel settore privato

10 **Leggi e completa con le parole date. Poi scegli il titolo del paragrafo giusto tra i due proposti.**

erba ✦ rendite ✦ custode ✦ molla ✦ vista ✦ orgoglio ✦ vistosamente ✦ mandare giù ✦ impareggiabile ✦ diabolico ✦ era ✦ strade ✦ per forza ✦ sui resti

QUANTI ITALIANI! ALCUNI TIPI PSICOLOGICI CHE SI TROVANO SOLO IN ITALIA...

A. LOCALE / ESTEROFILO

Nonostante abbia viaggiato poco, ama le mode straniere. Fa l'aperitivo solo in locali fashion, mangiando sushi e tartare, non perché ami particolarmente ....(1) cibo crudo, ma perché adora parlare in modo ....(2) trend. Non è un linguista, ma per lui le parole straniere sono ....(3) di cose da preferire a quelle italiane. Nell'...........................(4) della globalizzazione, tutto ciò che non è made in Italy è affascinante, perché, si sa, l'...........................(5) del vicino è sempre più verde.

B. PARASSITARIO / MERITOCRATICO

Quasi tutti gli italiani ritengono che si debba verificare se la regola generale si applica anche al proprio caso particolare. Non è un inganno ma una pretesa di unicità. Questo tipo di italiano, però, trova sempre il modo ....(6) di ingannare le leggi e di trovare quelle che gli garantiscano ....(7) sicure a spese degli altri.

Castello Estense di Ferrara

C. INDIGENO ORDINARIO / SPACCONE

Si sente ....(8) di un'eredità culturale, artistica e letteraria ....(9), anche se poi non sa dire quando sia vissuto Leonardo da Vinci o in quale regione si trovi Ferrara. È pronto a difendere con ....(10) l'italianità e mentre ne parla a voce alta non si accorge che sta camminando ....(11) archeologici di un'antica villa romana... Forse dovrebbe ricordarsi che tutte le ....(12) portano a Roma.

D. DISINVOLTO / SOGNATORE

Ha un animo inquieto e tende alla drammaticità in ogni situazione. Scatta come una ....(13) quando riceve una notizia, bella o brutta che sia. Ma il suo pregio è che sa sognare a occhi aperti: cerca la bellezza ovunque ed è creativo. Se anche voi siete romantici sarà amore a prima ....(14).

Giochi

Tutti gli esercizi sono disponibili in formato interattivo su www.i-d-e-e.it

Finché c'è vita c'è speranza

Unità 2

Quaderno degli esercizi

1 Cancella l'intruso in ogni insieme di parole.

Rimase...	Vorrei poter...	Guardava un punto...	Entrò in...	Avevo tutto...
impietrito	solcare	imprecisato	negozio	in tasca
raggelato	girovagare	indefinito	bottega	al posto
immobile	scorrazzare	interminabile	tabaccheria	a portata di mano
gotico	correre	vago	gelataio	a poca distanza

2 Individua e correggi gli errori.

1. La ricetta prevede di aggiungere un morso di sale a fine cottura. ▶ ....
2. Per mandare giù questo filetto ci vorrebbe un pizzico di vino! ▶ ....
3. Se non hai fretta potremmo mangiare insieme un assaggio. Ti va la pizza? ▶ ....
4. Sul tavolo ci sono le albicocche: prendine pure una goccia da portare a casa. ▶ ....
5. Sara si è portata via un boccone di sabbia rosa da quella splendida spiaggia. ▶ ....
6. In quella regione desertica non cade una manciata di pioggia da mesi. ▶ ....

3 a Completa i titoli degli articoli con i personaggi dati. Attenzione: ce ne sono 4 in più!

civetta ✦ principe azzurro ✦ un gatto ✦ Cenerentola ✦ strega ✦ Pinocchio ✦ il grillo parlante ✦ Biancaneve ✦ uno scoiattolo ✦ lupo ✦ Pollicino

1. Truffa online: due donne di Frosinone sedotte e ingannate dal .... del web a cui hanno "donato" 12 mila euro.
2. Oroscopo: giornata nera in affari per i nati sotto il segno del Sagittario. Fareste meglio ad ascoltare .... che vi suggerisce di controllarvi negli acquisti!
3. Cade dall'albero mentre si arrampica come .... per salvare il proprio gatto. L'animale sta bene, l'uomo è ricoverato in ospedale.
4. Idee per un Capodanno scintillante: scarpette di cristallo come quelle di ....
5. L'accusa del giornalista: "Promesse tradite. Politici bugiardi come ...."
6. A portare le fedi al matrimonio è la tartaruga di famiglia. Come ...., gli sposi hanno dovuto spargere insalata lungo il percorso fino all'altare.
7. Prepara all'ex marito una torta con sonniferi, come la mela avvelenata nella fiaba di ....

b Inserisci le parole rimaste dall'esercizio precedente e scopri alcuni modi di dire sulle superstizioni italiane.

1. Sentirne il canto di notte è considerato di cattivo augurio. Ma si dice anche che una donna fa la .... quando tenta di attirare l'attenzione di un uomo su di sé.
2. Secondo un proverbio, chi nasce .... non muore agnello, per dire che rimane prepotente e aggressivo per tutta la vita. Ma andargli in bocca porta bene!
3. Quello nero porta sfortuna, ma tutti vorremmo essere agili come ....
4. Quella .... di sua suocera ha fatto fallire il loro matrimonio.

4 **Sottolinea il giusto diminutivo con valore dispregiativo.**

1. Se venne ricoverato fu colpa di quel dottoraccio/dottorino/dottrino incompetente che non aveva capito le ragioni del suo stato di salute.
2. Per strada ho visto quell'attricina/attricella/attricetta che faceva la pubblicità del sale.
3. Nonostante Michele abbia 15 anni, rimane un bambinotto/bambinello/bambinino.
4. Secondo la critica, le sue sono solo canzonette/canzonelle/canzonine estive.
5. Per me Piero rimane un brutto uomicino/omino/uomino, bugiardo e pauroso.
6. L'avevano fatta franca grazie al lavorino/lavoretto/lavorotto pulito dei loro complici.

5 **Completa con il trapassato remoto dei verbi dati.**

finire | ritirarsi | parcheggiare | ottenere | andare | scaricare | vedere | uscire

1. Dopo che i nemici ...., Cesare liberò i prigionieri.
2. Non appena Giulio .... la macchina, si accorse che era a parecchi isolati di distanza dal luogo dell'appuntamento.
3. I ragazzi scorrazzarono per il cortile appena .... la lezione.
4. In quella bottega comprai dei soldatini per mio figlio, soltanto dopo che tu .... via.
5. I poliziotti si insospettirono dopo che .... un uomo di età indefinita uscire dalla tabaccheria guardandosi intorno con aria inquieta.
6. Solo dopo che noi .... le valigie dall'auto ti offristi di aiutarci. Bell'amico!
7. Rita estrasse dalla tasca una manciata di dolcetti, non appena .... dal negozio.
8. Dopo che io .... il lavoro tanto desiderato, andai in brodo di giuggiole.

6 **Leggi e confronta il seguente testo B con quello di pag.18 del Libro (testo A). Poi completa la tabella, indicando in quale dei due testi (A e/o B; X= nessuno dei due) sono presenti le informazioni date.**

B

COME FUNZIONA LA MEMORIA DEL DOLORE? COSA RICORDANO VITTIMA E COLPEVOLE?

È generalmente difficile negare di aver commesso una data azione e che questa azione sia stata commessa; è invece facilissimo alterare le motivazioni che ci hanno condotto ad un'azione, e le passioni che in noi l'hanno accompagnata. [...] Come caso limite della deformazione del ricordo di una colpa commessa c'è la sua eliminazione. Anche qui il confine tra buona e mala fede può essere vago; dietro i "non so" e i "non ricordo" che si sentono nei tribunali c'è talvolta il preciso proposito di mentire, ma altre volte si tratta di una menzogna bloccata, irrigidita in una formula. Il memore ha voluto diventare immemore, cioè senza memoria, e ci è riuscito: a forza di negarne l'esistenza, ha cancellato il ricordo dannoso. [...]
Anche nel campo ben più vasto delle vittime si osserva una deriva della memoria, ma qui evidentemente manca il senso di colpa. Chi riceve un'ingiustizia o un'offesa non ha bisogno di elaborare bugie per giustificarsi [...] ma questo non esclude che anche i suoi ricordi possano essere alterati. È stato notato ad esempio che molti sopravvissuti alla guerra e ad esperienze traumatiche tendono a filtrare inconsciamente i loro ricordi: rievocandoli o raccontandoli, preferiscono soffermarsi sulle pause, sui momenti di respiro e lasciar perdere gli episodi più dolorosi. [...] Quando diciamo "non lo dimenticherò mai" riferendoci a qualche evento che ci ha feriti profondamente, ma che non ha lasciato in noi o intorno a noi una traccia materiale o un'assenza duratura, siamo impulsivi: anche nella vita quotidiana dimentichiamo volentieri i particolari di una malattia grave da cui siamo guariti. A scopo di difesa, la realtà può essere distorta.

adattato da P. Levi, *I sommersi e i salvati*

	A	B	X
1. Affinché un ricordo venga mantenuto nel tempo è necessario che sia coerente con il nostro racconto autobiografico.			
2. La memoria non è una copia esatta dei fatti accaduti ma una selezione, più o meno conscia, di alcune esperienze.			
3. Nel caso di ricordi traumatici, sia la vittima che il colpevole tendono a deformare gli eventi.			
4. L'esperienza di un infortunio è più memorabile di altre se viene ricordata con maggiore frequenza.			
5. L'impatto emotivo di un avvenimento nelle nostre vite ne modifica il ricordo.			
6. Ciò che dimentichiamo non è casuale: a volte è un tentativo inconsapevole di liberarsi dalla sofferenza.			
7. La società e la cultura in cui viviamo influenzano i primi ricordi d'infanzia.			
8. Eliminare i ricordi infantili più traumatici serve a costruire la nostra identità, a definire chi saremo in futuro.			

7 **In quale dei seguenti contesti useresti il proverbio/l'espressione...? Completa con le espressioni date. Attenzione: ce ne sono 2 in più!**

a. gelare il sangue
b. sfondare una porta aperta
c. si chiude una porta e si apre un portone
d. mettere alla porta
e. un lavoro pulito
f. scrollarsi di dosso
g. uscire dalla porta e rientrare dalla finestra
h. porta a porta

1. Dopo che gli avemmo offerto la cena, invitammo Carlo a restare anche per la notte. Accettò subito: non aveva dove andare, poveretto. Insomma, fu come ☐.
2. Sebbene uno provi a eliminare i ricordi traumatici, sovente vengono rievocati da associazioni mentali nei momenti più improbabili. Le cose tendono davvero a ☐.
3. Come nel peggiore degli incubi, sembra che la donna sia rimasta sola e sperduta nel bosco per tredici giorni. Un'esperienza da far ☐.
4. Mio nonno, emigrato in Argentina, da anni cercava di ritornare in Italia perché provava nostalgia. Quando fu licenziato credeva che tutto fosse perduto, ma la ditta per cui aveva lavorato aprì una sede a Genova e il suo sogno si realizzò. Un classico esempio di quando ☐.
5. I ladri pensavano di averla fatta franca perché stranamente nessuno si era insospettito, ma in realtà non era stato ☐.
6. Terminati gli studi, Emma iniziò a vendere trenini e altri giocattoli ☐.

3

8 **Ascolta i consigli di uno psicologo per non avere rimpianti e indica le informazioni presenti.**

☐ 1. Il rimorso, a differenza del rimpianto, è il pentimento per aver fatto qualcosa che non avremmo voluto.
☐ 2. Il rimpianto è uno stato d'animo che nasce da un'incapacità di agire.
☐ 3. Riconoscere l'impatto emotivo di un ricordo d'infanzia aiuta la nostra identità.
☐ 4. Molti rimpiangono di essersi fatti influenzare troppo dagli altri nelle decisioni.
☐ 5. Per vivere senza rimpianti occorre imparare, da giovani, a seguire le proprie passioni.
☐ 6. Tanti adulti rimpiangono di aver scelto il lavoro sbagliato.
☐ 7. I tre principali rimpianti riguardano la nostalgia del passato, i guadagni e la famiglia.
☐ 8. Per lo psicologo vivere nel presente aiuta a evitare i rimpianti in futuro.

9 **Leggi e sottolinea la parola giusta tra quelle date.**

Abbiamo spesso la tendenza a sopravvalutare/sottovalutare (1) il passato perché guardiamo con nostalgia ai momenti della nostra infanzia in cui si è formata la nostra identità. Chi, come me, è stato giovane negli anni '90, ha la tendenza a considerare piacevole il proprio bagaglio/gruzzolo (2) di ricordi, con cui scendono in strada/campo (3) anche le emozioni di allora: la serenità contagiosa di scorrazzare per il quartiere insieme agli amici; la libertà di andare in giro senza smartphone; la paura di essere rimproverato da professori, nonne e genitori lamentosi/scettici (4) verso le nostre scuse per non aver fatto i compiti; infine la chiara consapevolezza di dove si colloca la linea di confine/slancio (5) tra relazioni a distanza e in presenza.

10 **a** **Completa le frasi con le parole presenti nel crucipuzzle** (in orizzontale e verticale), **come nell'esempio.**

C	H	T	R	A	U	M	A	T	I	C	O	I
L	I	U	M	D	E	R	A	E	L	P	A	N
I	P	O	A	S	S	A	G	G	I	O	N	F
C	E	R	N	F	U	O	R	I	E	R	O	O
A	U	D	O	S	S	O	O	T	L	T	S	R
N	F	A	P	B	R	O	D	O	E	E	T	T
T	O	I	A	N	F	A	O	C	F	C	A	U
R	R	I	R	A	A	Q	L	U	A	A	L	N
O	I	L	O	C	U	N	C	O	N	D	G	I
P	A	R	L	A	N	T	E	I	T	R	I	E
O	R	E	E	S	P	I	N	G	E	R	A	L
O	Q	U	A	D	R	I	L	A	T	E	R	O

1. Tendiamo a eliminare un ricordo .... che ci provoca dolore.
2. Le città di origine romana sono solcate da linee ortogonali che formano un ....
3. Passami il cellulare, per favore, così lo tengo a portata di ....
4. I ragazzi vorrebbero scrollarsi di .... il peso degli esami di maturità.
5. Quando dai suggerimenti non richiesti sembri il grillo .... di Pinocchio.
6. I Bianchi si trasferirono ....*fuori*........ porta, dopo che ebbero venduto l'attico in centro.
7. Certi ricordi d'infanzia hanno un sapore ....
8. Ora che l'inverno è alle .... dovresti vestirti con abiti più pesanti.
9. Nelle fiabe il lupo mannaro a volte viene chiamato anche ....
10. Quando dice di ricordare tutti i numeri di telefono a mente, Marco non fa lo spaccone. Ha veramente una memoria da .... !
11. Tra un .... e l'altro di formaggi potrete degustare anche dell'ottimo prosecco.
12. Da quando sono partiti, hanno una forte .... di casa.
13. Il professore scandiva lentamente le .... per far capire meglio le spiegazioni.
14. Gli incidenti e gli .... possono costituire un trauma.
15. Dopo aver superato l'esame di chimica, Mario è andato in .... di giuggiole.
16. Il negozio di giocattoli, pieno di automobiline, da piccolo mi metteva ....

b **Trascrivi, in ordine, le lettere rimaste nel crucipuzzle dell'esercizio precedente e scopri un modo di dire.**

"_ _ _ _ _ _ _ _ _   _ _   _ _ _ _ _ _   _ _
_ _ _ _ _ _ _   _   _ _ _ _ _ _ _ _ _ _"
VUOL _ _ _ _   _ _ _ _ _ _ _ _ _ E _ _ _.

Giochi

Tutti gli esercizi sono disponibili in formato interattivo su www.i-d-e-e.it

Aria di famiglia

1 **Completa con le parole date alla forma corretta. Attenzione: ce ne sono 2 in più!**

senso ✦ cocco ✦ riverito ✦ farcela ✦ egoismo ✦ rimbecillito
mediocre ✦ rischio ✦ coraggio ✦ inferno

1. Non credo che i figli debbano essere serviti e .... dai genitori.
2. Mio fratello minore è sempre stato il .... di mamma e papà perché era più fragile di me.
3. Quando scoprì che la moglie lo tradiva, scatenò l' .... e la mandò al diavolo.
4. Alcuni genitori decidono di mettere al mondo un figlio solo per ...., perché si sentono infelici o incompleti.
5. A mio avviso prendere una badante per nostro nonno sarebbe una scelta di buon ...., almeno resterebbe a casa propria, invece che in un centro per anziani.
6. Raccomandare i propri figli è un segno di scarsa fiducia, come se non potessero .... da soli. Non c'entra niente con l'amore.
7. I voti di Samuele in inglese sono .... Dovremmo fargli fare lezioni private.
8. Non ha avuto il .... di cambiare e la sua carriera è andata a rotoli.

2 **Inserisci l'aggettivo corretto prima o dopo il nome, a seconda dei casi, come nell'esempio. Attenzione: alcuni aggettivi si ripetono e altri devono essere concordati!**

AG 2.1 p. 130

primo ✦ alto ✦ vecchio ✦ buono ✦ ultimo ✦ bello

1. Nelle discussioni vuole sempre avere l'....ultima.... parola ....
2. I lavori di restauro sono indietro, insomma sono ancora in .... mare ....
3. Luca è un .... amico ....: ci conosciamo sin da bambini.
4. Altro che poveretto! Tommaso è solo un .... uomo ...., diventato più meschino con l'età.
5. Il suo professore di ginnastica è un .... uomo ....: si vede che giocava a basket.
6. Gianna è proprio maleducata. Nessuno le ha insegnato le .... maniere ....
7. L'ultimo film di Muccino andrà in onda stasera in .... visione ....
8. Chi vuole fare la .... vita ...., paga per fare qualsiasi cosa, sta sempre comodo e si circonda di .... persone .... fisicamente che lo facciano apparire attraente.

3 **Leggi il testo e inserisci al posto giusto le frasi mancanti date a destra.**

1. Quindi, un bimbo su 3 è nato fuori dal matrimonio
2. A diminuire sono soprattutto i figli nati da genitori entrambi italiani, migliore di poco la situazione delle coppie miste
3. il modello di famiglia del Mulino Bianco sta sparendo
4. Perché rinunciare a essere genitori
5. La diminuzione delle nascite riguarda infatti anche i primi figli, in tutte le aree del Paese ad eccezione di Bolzano
6. In media si diventa madri tardi, a 31 anni

IN ITALIA DIMINUISCONO LE CULLE: RECORD NEGATIVO DI NASCITE

Continuano a diminuire i nati nel nostro Paese: nell'ultimo anno sono stati quasi 20 mila in meno rispetto all'anno precedente e oltre 156 mila in meno se confrontati con i dati di dieci anni fa. [ ] (A). A partire dal 2000, infatti, l'apporto dell'immigrazione, con l'ingresso di popolazione giovane in Italia, aveva parzialmente contenuto gli effetti del calo di maternità, tuttavia l'influenza positiva degli immigrati sta lentamente perdendo efficacia man mano che invecchia anche la popolazione straniera residente.

[ ] (B)? Tra le cause del calo vi è la prolungata permanenza dei giovani nelle famiglie di origine, il protrarsi degli studi, le difficoltà che incontrano nel trovare impiego e la precarietà lavorativa, l'instabilità economica, oltre che altri fattori di natura culturale.

Il cambiamento di mentalità delle nuove generazioni si riflette anche nella diversa considerazione delle nozze come prerequisito per diventare genitori. Oggi, il 33,4% dei bambini sono difatti nati da genitori non coniugati. [ ] (C). L'incidenza è più elevata nel caso di coppie miste se è il padre a essere straniero (35,3%) invece della madre (26,4%).

[ ] (D). Le donne residenti in Italia tendono a procrastinare la decisione di fare figli per gli effetti sociali della crisi economica ma anche per l'investimento nella realtà lavorativa con tutti i vincoli che, a causa della frequente precarietà, rendono difficile pensare alla stabilità necessaria per una maternità. [ ] (E). Anche al Sud, dove tradizionalmente si fanno più bambini, si registra un calo, tanto che il numero di donne senza figli (23,4%) è superiore a quello delle madri di un figlio unico (22,3%).

In conclusione, [ ] (F) e forse verrà sempre più sostituito da quello di coppie, non sposate, con un figlio unico.

liberamente adattato da www.istat.it

4 Completa il testo con i verbi dati al modo e al tempo corretti.

emanciparsi | dettare | perdere | ritenere | porre | prescindere | volere

Ritengo che spesso la cultura in cui viviamo ....(1) le norme di comportamento, incluse quelle che riguardano i ruoli sociali della figura materna e paterna, oltre alla loro rappresentazione simbolica. Per tradizione, la figura del padre, a ....(2) dal carattere individuale, ...(3) fondamentale dalla società per spingere il bambino verso l'esterno, affinché quest'ultimo ....(4) dai genitori. Nella mia esperienza con la nostra prima figlia Giovanna, suo padre ha saputo essere accogliente ma, allo stesso tempo, ...(5) dei limiti, dei confini agli atteggiamenti più sregolati, anche quando, da madre, io ....(6) perdonare o lasciar perdere. Se non fosse stato così, Giovanna ....(7) l'occasione di imparare a muoversi all'interno di un sistema di regole con le coordinate giuste per affrontare le prove della vita.

5 Completa il cruciverba con le parole derivate da *padre* e *madre*.

1. Anche se ha più esperienza di me, vorrei che il mio collega smettesse di trattarmi in modo .... Non è certo mio padre!
2. Sebbene abbia procrastinato a lungo la decisione di fare figli, oggi Anna è felice della propria .... con un bimbo di tre mesi.
3. Edoardo è un vero ....: celebra sempre il patrimonio culturale italiano e cerca di acquistare solo prodotti locali.
4. Nella fiaba di Cenerentola la .... interpreta il ruolo dell'antagonista cattiva.
5. La società degli elefanti è .... perché la femmina più anziana guida il gruppo.
6. Il latte .... viene considerato il migliore per i neonati.
7. Il .... di quell'organizzazione mafiosa appartiene alla famiglia Morabito.
8. Il battistero di Firenze, di fronte alla cupola del Brunelleschi, prende il nome dal santo .... della città, che è San Giovanni Battista.

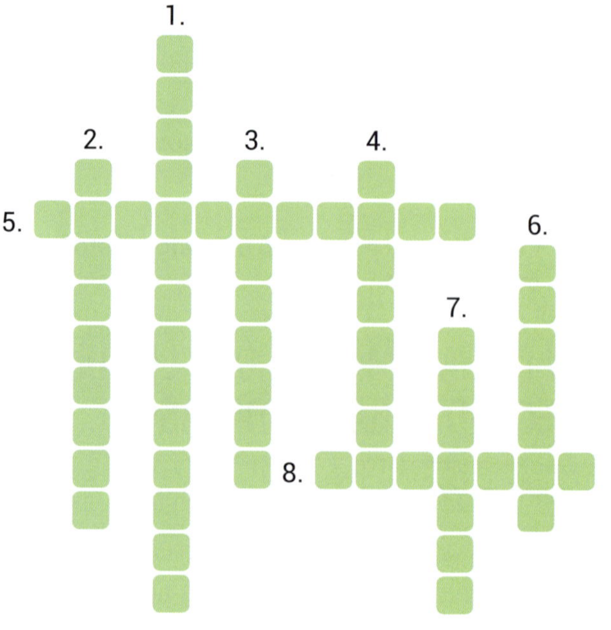

6 a Ascolta gli spezzoni di intervista a una coppia mista che racconta la propria esperienza in Italia, e indica se le affermazioni sono vere o false. (Attenzione: le domande dell'intervista sono state eliminate.)

	V	F
1. Gabriele si è convertito all'islam per amore di Leila.		
2. Per Gabriele il razzismo è soprattutto causato dalla cattiveria individuale.		
3. Leila ha procrastinato l'incontro di Gabriele con i suoi genitori perché temeva di deluderli.		
4. Il cibo è stato un elemento di unione con le famiglie di entrambi.		
5. Leila ha festeggiato per la prima volta il Natale con la famiglia di Gabriele.		
6. Nella loro esperienza, i principali pregiudizi sugli immigrati provengono dall'esterno dell'ambiente familiare.		

b Ascolta di nuovo l'intervista e scrivi tu le domande, utilizzando le parole date, come nell'esempio.

1. (*colpito*) *Che cosa ti ha colpito del tuo partner quando vi siete conosciuti* ?
2. (*timore*) .... ?
3. (*incontro*) .... ?
4. (*accolto*) .... ?
5. (*musulmana*) .... ?
6. (*mista*) .... ?
7. (*consiglio*) .... ?

7 Leggi e completa il testo con l'alternativa corretta tra le parole date.

COME SPIEGARE AI FIGLI LA PROPRIA FAMIGLIA

Ormai la famiglia allargata e multietnica è una realtà diffusa e accettata dalle nuove generazioni, ma a volte mostra strane incongruenze per cui i più piccoli si trovano ....(1) tra dubbi, silenzi e vaghe risposte degli adulti: la nuova compagna di papà è davvero più giovane di mia sorella maggiore? E perché zia Akima porta il velo e mamma no?

..............................(2), qualunque famiglia si basa sull'unione e la .... (3) di tanti soggetti: ciascun nucleo ha le proprie differenze, ma solo se queste vengono declinate ....(4) armonica si riesce a valorizzarne le caratteristiche, senza stereotipi o giudizi ....(5), dovuti all'influenza del ....(6) culturale dei genitori.

Basterebbe che parlassimo con chiarezza ai bambini di tutto, affinché possano assimilare diversi stimoli per costruire la propria identità e ....(7) così i valori per loro importanti attraverso il dialogo. A mio avviso, parlare in maniera aperta è pedagogicamente ....(8) per lo sviluppo dei giovani.

1.	a. declinati	b. sospesi	c. intesi	d. racchiusi
2.	a. Alla luce di ciò	b. Per colpa	c. Per assunto	d. A prescindere
3.	a. divergenza	b. coesistenza	c. sceneggiatura	d. intolleranza
4.	a. in chiave	b. legittimamente	c. da copione	d. in conflitto
5.	a. virtuosi	b. esemplari	c. scogli	d. fuorvianti
6.	a. paternalismo	b. patrono	c. patrimonio	d. patriarca
7.	a. negoziare	b. negare	c. emancipare	d. tralasciare
8.	a. potenziale	b. ambiguo	c. migrante	d. cruciale

8 Cancella il falso alterato in ciascuna lista di parole.

A	B	C	D	E
trenino	focaccia	ragazzone	pezzetto	venticello
bottino	manaccia	scatolone	divanetto	bicchierino
omino	cartaccia	ombrellone	fumetto	bottiglietta
gattino	libraccio	aquilone	figlioletto	lettone
ombrellino	uccellaccio	bottiglione	ragazzetta	boccone

9 In alcune frasi c'è un errore grammaticale. Individua gli errori e correggili, come nell'esempio. Poi trascrivi le lettere corrispondenti alle frasi che hai corretto e scopri una curiosità.

P 1. Sarebbe bello se Giada ~~fosse venuta~~ al mare con noi domenica prossima. ▶ venisse
E 2. Vorrei tanto che il postino fosse arrivato due ore fa, almeno sarei potuto uscire. ▶ ....
A 3. Sarebbe stato meglio se tu convincessi tua suocera a superare i pregiudizi su Adem, ma ormai non è più possibile. ▶ ....
D 4. Per la riunione basterebbe che chiedessero aiuto alla vecchia guardia dell'azienda. ▶ ....
T 5. Sarebbe meglio se gli alunni imparino le buone maniere a casa. ▶ ....
E 6. Vorrebbe che Leonardo abbia assimilato la cultura paterna in modo più equilibrato. ▶ ....
I 7. Preferirei che tu avessi capito gli aspetti cruciali del problema prima di risolverlo. ▶ ....
R 8. Nostra madre desidererebbe che noi in futuro avessimo frequentato l'università. ▶ ....
A 9. Mi piacerebbe che anche voi vi sposaste anni fa: ormai è troppo tardi. ▶ ....
L 10. Non vorrei mai che Gianni avesse perso l'orsacchiotto che gli ho regalato. ▶ ....

Curiosità

In italiano quando una persona rimprovera un'altra in modo severo con lo scopo di farle notare un comportamento sbagliato, come facevano un tempo i padri, si dice "fare la P _ _ _ _ N _ _ E".

10 Indica la preposizione corretta tra quelle date.

1. Alla luce da/su/di quanto ho letto di recente, le coppie miste sono in forte aumento.
2. A prescindere delle/dalle/con le nostre divergenze, ho profonda stima per/con/a Sofia.
3. Dovresti avere il buon senso di/da/su riconoscere se tuo figlio si comporta da cretino.
4. Uno studio rivela novità su/in/per merito ai viaggi di Colombo verso il Nuovo Mondo.
5. L'assillo della maternità per/a/con tutti i costi è un obbligo sociale di cui liberarsi.
6. I figli di migranti, nati in Italia, sono spesso sospesi tra/da/su due culture.
7. Quando diventiamo genitori iniziamo a seguire una specie da/del/di copione sociale.
8. In Italia anche il modo di chiamare il padre è declinato in/sulla/alla chiave regionale: così in Sardegna, Umbria e Toscana i bambini chiamano "babbo" il loro papà.
9. Dario è un mammone che cerca la figura materna in ogni relazione alle/su/con le donne.
10. La grande distribuzione detta le tendenze di cosa è all'/dall'/nell'ultima moda.

Giochi

Tutti gli esercizi sono disponibili in formato interattivo su www.i-d-e-e.it

Maestra di vita

1 Completa le note degli insegnanti sul registro con le parole date. Attenzione: ce ne sono 2 in più!

maturandi ✦ l'assenza ✦ l'appello ✦ un corpo celeste ✦ preside ✦ crediti
insostituibile ✦ indelebile ✦ tirocini ✦ capriccio ✦ disadorna ✦ l'orientamento ✦ scandire

1. L'alunno afferma di non avere con sé i libri poiché il giorno prima .... si è abbattuto sulla sua casa.
2. Alunni non identificati registrano sul cellulare il suono della campanella e la fanno suonare 10 minuti prima. Si richiede provvedimento del ....
3. La studentessa giustifica .... del giorno precedente con la seguente motivazione: "Ero convinta che fosse domenica".
4. La classe chiede all'insegnante di .... meglio le parole della spiegazione perché l'accusano di avere una pronuncia troppo dialettale.
5. L'alunno strappa il quaderno del compagno, che aveva preso appunti con dedizione assoluta, solo per ....
6. Mentre il professore fa ...., lo studente salta fuori dall'armadietto di classe e si precipita alla cattedra dicendo di aver trovato un passaggio per Narnia.*
7. Gli studenti pretendono di ottenere .... scolastici per essere arrivati in orario.
8. L'alunna si rifiuta di consegnare il tema perché non ha usato una penna ....
9. Si ricorda agli alunni .... di consegnare in segreteria gli attestati dei .... svolti presso enti esterni durante l'ultimo anno scolastico.
10. Decora l'aula di chimica come un albero di Natale, perché a suo avviso "era troppo ....".

2 Completa le frasi con aggettivi adatti alle similitudini, come nell'esempio.

1. Alessandra si trovava accanto un uomo ...debole... come un agnellino, mentre ne avrebbe voluto uno .... come un leone.
2. Per l'imbarazzo il professore è diventato .... come un peperone.

3. Strano che Giuseppe sia in ritardo: di solito è .... come un orologio svizzero.
4. Spesso gli anziani sono .... come una campana, ma mio nonno ci sente benissimo.
5. Le sue labbra rosse risaltavano sul volto .... come la neve.
6. Perché ti arrabbi con lui? È .... come il pane e non litiga mai con nessuno.
7. Sei sicuro che questi biscotti siano buoni? Sembrano .... come la pietra.
8. Aveva gli occhi .... come uno zaffiro. Me ne innamorai subito!

***Narnia**: nella saga *Le cronache di Narnia* di C.S.Lewis, quattro fratelli - giocando a nascondino - entrano per caso nel mondo di Narnia attraverso un armadio magico.

3 **Completa con gli aggettivi dati, accordati opportunamente. Attenzione: ce ne sono 2 in più! Poi indica se si tratta di coppie di sinonimi (S) o rafforzativi (R).**

impetuoso | felice | indimenticabile | ansioso | onesto | tempestoso | banale | interminabile

	S	R
1. Le fiabe di solito si concludono con: "E vissero tutti .... e contenti."		
2. Venne sconvolto da una passione amorosa .... e travolgente.		
3. La gita scolastica delle medie fu per me un'esperienza unica e		
4. Era una notte buia e .... quando la nave affondò negli abissi.		
5. Secondo me il conto in quel ristorante è giusto e		
6. Avrei voluto fare un bel compito, invece scrissi un temino .... e scontato. Il voto fu 6: mediocre.		

4 **Leggi e trasforma i tratti del parlato colloquiale evidenziati in un linguaggio di registro più formale, come nell'esempio.**

Una delle figuracce più epiche ....tremende..........(1) che ho fatto quando andavo a scuola è stata durante la lezione di chimica. Quella mattina ero proprio nel mio mondo e non avevo manco ....(2) le forze di stare sveglio, figuratevi se riuscivo a seguire la spiegazione di chimica! Così mentre la professoressa spiegava mi ero messo ad ascoltare la musica, nascondendo le cuffiette nella felpa. Ero straconvinto ....(3) di poterla fare franca, che insomma nessuno se ne sarebbe accorto, perché all'epoca avevo i capelli lunghi tipo ....(4) Tarzan che coprivano gli auricolari. Cioè, bisognava essere proprio sfigati ....(5) per farsi sorprendere agli ultimi banchi. Per una mezzoretta tutto è filato liscio ....(6), ma poi, a un certo punto, nel silenzio dopo la spiegazione, il volume era troppo alto e gli altri hanno iniziato a sentire la mia musica in sottofondo. Così il tizio ....(7) che stava nel banco dietro di me mi ha tirato un calcio alla sedia per avvisarmi. Mi sono reso conto di botto ....(8) che tutti mi stavano fissando, inclusa la professoressa che, evidentemente, mi aveva chiesto qualcosa e aspettava una mia risposta.

5 **Indica in quale delle due frasi (*a* o *b*) le parole evidenziate sono usate in modo appropriato.**

1. a. Non dire ad anima viva quanto ti ho raccontato. È un segreto!
   b. C'era solo quell'anima viva ad aspettarci in aeroporto.
2. a. Lo chiamò "pozzo di scienza" in tono sarcastico, visto che non era certo un secchione.
   b. Si gettava sui libri come ci si china su un pozzo di scienza.
3. a. Perché tuo padre dovrebbe filare liscio, mentre tu racconti solo bugie?
   b. Il piano fila liscio come l'olio. Dovresti avere più fiducia nella mia idea.
4. a. Lara era straconvinta che una settimana di vacanze avrebbe fatto bene manco a lei.
   b. Cucinare io un'altra volta? Ma manco per sogno! Lo faccio da una settimana!
5. a. Scoppiò a piangere di botto, appena le ricordammo del suo vecchio fidanzato.
   b. Quando veniva chiusa la porta faceva uno strano rumore di botto.
6. a. Ti porto io in un locale sfigato stasera: vedrai che non te ne pentirai!
   b. Ci mancava poco che quello sfigato mi vedesse fumare e lo dicesse al professore!

6 **Completa le frasi con i verbi dati al tempo e modo corretti, per formare un periodo ipotetico misto, come nell'esempio.**

studiare ✦ sapere ✦ aiutare ✦ appuntare ✦ avere
cogliere ✦ dire ✦ preferire ✦ accorgersene ✦ andare

1. Se tu ...*avessi appuntato*... da qualche parte il numero di Greta, la potresti chiamare.
2. Se Martina .... di più chimica prima del compito, ora avrebbe un profitto migliore.
3. Se nella mia classe ci fossero più secchioni, mi .... nella verifica di storia.
4. Se lo scorso anno io .... al volo l'occasione di un tirocinio in quell'azienda adesso avrei tutti i crediti necessari.
5. Se l'avessimo imparato da bambini, oggi .... gestire le sconfitte.
6. Se il professore fosse poco preparato, voi .... subito.
7. Se Paolo avesse coraggio, ... la verità.
8. Se i miei genitori .... a parlare con le maestre, io ne sarei felice.
9. Se tu .... l'auto alla moto, non troveresti parcheggio così facilmente.
10. L'insegnante non .... difficoltà con il registro elettronico, se solo avesse letto la circolare.

7 **Completa il cruciverba. Poi trascrivi le lettere nelle caselle colorate e scopri una curiosità.**

Orizzontali

2. Convincere.
6. Apertura di un convegno o di un negozio.
7. Chiaro nel significato, evidente.
8. Aiuti, supporti. Lo si dice anche di quelli tecnologici.
10. Lo studente che si crede un pozzo di scienza.

Verticali

1. L'opposto della concretezza, il pensiero teorico.
3. Sinonimo di maestro, professore.
4. È chiamata così la lezione dell'insegnante seduto in cattedra di fronte agli alunni.
5. Sinonimo di bambino.
9. La percezione sensoriale che riguarda le mani.

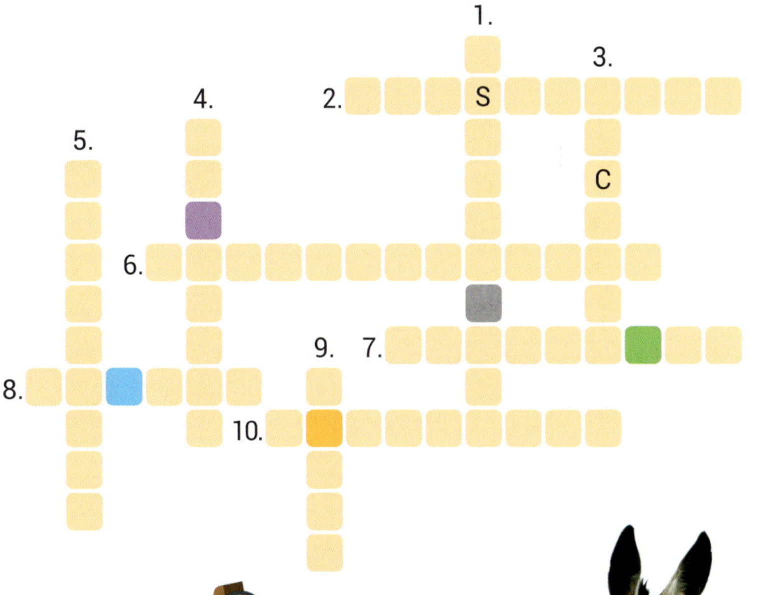

Curiosità

Nel parlato informale un alunno scarso in una materia, dal basso profitto, si dice:

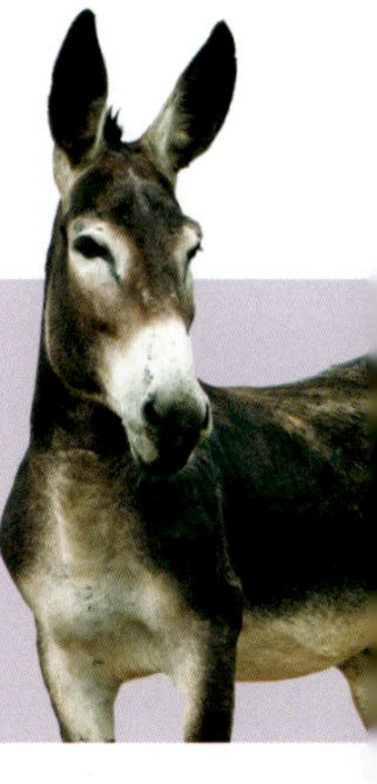

8 **Nelle frasi indica l'espressione corretta tra quelle date.**

1. Dopo la sconfitta precedente, con furbizia, i Romani parlarono / colpirono / alzarono alle spalle l'esercito nemico.
2. Visto che ha detto al professore che abbiamo copiato, Francesco farebbe bene a voltare / alzare / guardarsi le spalle. In classe qualcuno vorrà vendicarsi.
3. Sebbene cantasse come un usignolo, si è lasciato alla spalle / ha avuto sulle spalle / ha fatto da spalla la carriera di cantante per dedicarsi alla famiglia.
4. È una follia parlare alle spalle dei / mettere con le spalle al muro i / ridere dietro le spalle dei piccoli produttori con tasse eccessive, favorendo invece la grande distribuzione.

5. Per fortuna Riccardo ha le spalle larghe / ride dietro le spalle / colpisce alle spalle e non si offende quando i compagni di classe lo prendono in giro.
6. Non sopporto che mio figlio abbia la testa sulle / abbia molti anni sulle / alzi le spalle mentre suo padre lo rimprovera.
7. Per tutto lo spettacolo ha molti anni sulle spalle / ha dato le spalle / ha fatto da spalla all'attrice protagonista con le sue battute comiche.
8. Se tu non dessi le / avessi la testa sulle / gettassi dietro le spalle, avresti interrotto gli studi anni fa, alla prima difficoltà.

9 a Completa il testo con *ne*, *lo* e *le*, dove opportuno.

MONTESSORI: UN METODO PEDAGOGICO DI SUCCESSO NEGLI STATI UNITI

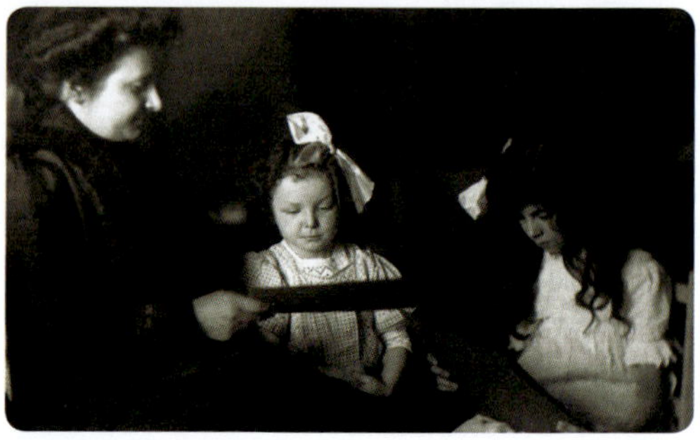

"È un miracolo se la curiosità riesce a sopravvivere a un'educazione tradizionale": ....(1) era convinto Albert Einstein. Probabile che avesse ragione, a giudicare dalle biografie di quanti riescono oggi a emergere nel mondo dell'imprenditoria high-tech. Basta fare una rapida analisi nei cv delle menti più brillanti della generazione americana di internet e la risposta salta fuori da sola: una formazione nelle scuole d'ispirazione montessoriana. Di ex studenti questo tipo di istituto non ....(2) conta solo uno, ma numerosi e prestigiosi: dai fondatori di Google, Larry Page e Sergej Brin, al prodigio dei videogiochi Will Wright, all'inventore di Amazon Jeff Bezos.

"È un'educazione che ti permette di analizzare lucidamente le sfide da affrontare e ti dà il senso di libertà indispensabile a vincer.........(3)" afferma Brin. Will Wright conferma: "Il metodo Montessori mi ha insegnato la gioia della scoperta. Studiare in quel modo ti fa appassionare a teorie complicate, come quella pitagorica, per esempio, comprendendo.........(4) gli elementi magari mentre stai semplicemente giocando con i pezzi delle costruzioni. L'importante è imparare a usare il tuo linguaggio e non quello degli adulti."

Il successo di questo metodo educativo negli Stati Uniti risale già al 1913, quando Maria Montessori se ....(5) va oltreoceano e al suo arrivo viene accolta con tutti gli onori. ....(6) è testimonianza il fatto che il presidente W. Wilson fece allestire alla Casa Bianca un'aula Montessori per i suoi figli e quelli del suo staff.

Chi ha un'educazione Montessori ha maggiori possibilità di successo nella vita: ....(7) dimostra uno studio del *London Times* secondo cui chi ....(8) ha frequentato una scuola, primeggia nei test per attenzione, puntualità, spirito d'iniziativa, responsabilità e capacità di adattamento.

Sarebbe giusto che anche in Italia si tornasse a valorizzare la Montessori, prima donna il cui volto è stato raffigurato nelle banconote italiane delle lire, e ad accoglier.........(9) le teorie pedagogiche per "liberare il potenziale" del bambino e metter.........(10) in condizioni di esplorare il mondo, come amava dire lei.

Liberamente ispirato a *Montessori connection* in *Wired*

b Completa la tabella indicando la funzione dei *ne* dell'esercizio precedente, come nell'esempio.

partitivo	avverbiale	pronome dimostrativo	pronome personale
		1	

10 Ascolta il rapporto sulla dispersione scolastica in Italia e confronta i dati con il grafico di pag.38, completando la sintesi con le parole mancanti.

5

Dall'ascolto emerge che la percentuale di studenti che abbandonano la scuola è ....(1) di quella rilevata da Eurostat (13,5%), e riguarda il ....(2) degli alunni, se si considera anche la cosiddetta dispersione scolastica ....(3), ovvero il fenomeno per cui i giovani, che pur hanno conseguito un ....(4) di studio di secondo grado, non hanno raggiunto le competenze minime previste al termine del ciclo scolastico. Abbandonano più di frequente la scuola i ragazzi che provengono dal ....(5) e da un contesto socio-economico e culturale svantaggiato.

Giochi

Tutti gli esercizi sono disponibili in formato interattivo su www.i-d-e-e.it

Non tutte le ciambelle riescono col buco

1 Completa con *già* e *ancora* nella posizione corretta, come nell'esempio.

1. Avevano studiato solo un'ora e sapevano ...già... tutti gli argomenti ....
2. • Questo prosecco è squisito! Ne vuoi .... un sorso ....?
   • No, grazie, ne ho .... bevuto abbastanza ....
3. Andiamocene! Il sole è .... tramontato .... Tra poco sarà buio.
4. Perché state mettendo a posto? La festa non è .... finita. Abbiamo tempo fino a mezzanotte.
5. Purtroppo le borse taroccate sono .... diffuse .... sul mercato estero da mesi.

Tropea, Calabria

6. • Quanto dovrei aspettare?
   • .... pochi istanti e .... arrivo.
   • Ma se sono .... due ore che .... ti attendo!
7. • Ti ricordi del nostro viaggio in Calabria?
   • ...., un viaggio indimenticabile ....!
8. Non riuscivo a ricordarne il nome, ma quel volto l'avevo .... visto da qualche parte .... Ne ero certo!
9. Siamo .... a novembre ...., uffa! Manca più di un mese alle vacanze di Natale.
10. So .... che le cose non andranno .... come avevamo sperato.

2 Completa il cruciverba. Poi trascrivi le lettere nelle caselle colorate e scopri una curiosità.

1. Negli allevamenti intensivi gli animali sono .... in minuscoli spazi vitali.
2. Se vogliamo salvaguardare la biodiversità, dobbiamo invertire la .... verso un'agricoltura più sostenibile.
3. Per favorire la produzione locale si potrebbe .... un passaggio rispetto alla grande distribuzione e acquistare direttamente dai contadini.
4. L'attuale sistema sanitario è ormai al ....: gli ospedali sono pieni.
5. I prodotti da agricoltura biologica sono un .... per il nostro organismo.
6. Non dovremmo preoccuparci solo della .... sopravvivenza del pianeta, bensì del suo sviluppo.
7. Tutti noi, volenti o ...., dobbiamo fare i conti con il vertiginoso aumento di emissioni nocive e i relativi danni ambientali.

	1.	☐	☐	☐	■	☐	☐	☐	
			2.	☐	■	☐	☐	☐	
		3.	☐	☐	■	☐	☐	☐	☐
	4.	☐	☐	☐	■	☐	☐	☐	☐
5.	☐	☐	☐	☐	■	☐	☐	☐	☐
				6.	■	☐	☐	☐	
	7.	☐	☐	☐	■	☐	☐	☐	

Curiosità

Il tipo di carne più consumato dagli italiani è quella che proviene dal _ _ _ _ _ _ _ ed è seguita da quella suina, cioè di maiale.

3 Completa con il contrario degli aggettivi dati, accordandoli opportunamente, come nell'esempio. Poi abbina le opinioni alla categoria di abitudini alimentari corrispondente, data nel riquadro.

pensabile ✦ calcolabile ✦ stimabile ✦ sostenibile
riducibile ✦ removibile ✦ negabile ✦ tollerante

a. vegetariano b. vegano
c. onnivoro

☐ 1. Il consumo di carne è diventato .... A mio avviso qualunque prodotto di origine animale andrebbe escluso dalla dieta. Infatti, oggi, grazie alla globalizzazione, sostituire ad esempio il latte di mucca con quello di cocco o di soia non è più .... come vent'anni fa.

☐ 2. Non sopporto quando ti trovi a tavola con persone che vogliono convincerti a tutti i costi a condividere le proprie abitudini alimentari. Ma insomma, avrò il diritto di pensarla diversamente e di mangiare tutto ciò che abbia un buon sapore? La mia libertà di scelta ha un valore *inestimabile*!

☐ 3. Ho smesso di mangiare carne quando ho scoperto le condizioni di vita degli animali negli allevamenti intensivi e i danni .... che questi ultimi causano all'ambiente in termini di costi e di emissioni inquinanti.

☐ 4. Resto .... nella mia idea che l'uomo, sin dall'inizio della civiltà, abbia sempre cacciato e allevato per la propria sopravvivenza. Attualmente abbiamo soltanto mezzi più tecnologici di prima per farlo, ma mangiare carne è una caratteristica della nostra specie.

☐ 5. Che le attuali forme di allevamento intensivo siano da sostituire con soluzioni più sostenibili è ...., ma ciò non significa che dobbiamo abbandonare il consumo di carne in assoluto. Personalmente cerco di mettere in tavola solo prodotti biologici o a Km 0, bistecca compresa. Ritengo che se tutti facessero altrettanto si potrebbero evitare discussioni inutili tra fazioni .... di sostenitori dell'una o dell'altra parte.

☐ 6. La mia non è una scelta per motivi etici o religiosi ma dovuta a ragioni di salute. Ho scoperto di essere .... al lattosio che, in alcuni casi, viene usato anche per la conservazione dei salumi o della carne di manzo. Quindi, devo evitarne il consumo.

4 Sottolinea l'alternativa corretta tra quelle date.

1. Il discorso del papa sull'importanza del perdono mi ha toccato / rubato / stretto il cuore.
2. Sapendo che era stato ricoverato d'urgenza, sono andato in ospedale col cuore in mano / in gola / di ghiaccio.
3. Non capisco come certe persone possano avere il cuore / cuore libero / cuore solitario di abbandonare i propri animali domestici per strada.
4. Eva si è pentita di aver preso una simile decisione a cuor leggero / di cuore / a cuore libero, senza pensarci due volte, come fa sempre negli affari di cuore.
5. Anche se non è molto esperta, Paola mi piace come collega, perché è sempre disponibile e ha il cuore di ghiaccio / un cuore d'oro / un cuor di leone.
6. I professori dovrebbero togliersi un peso dal cuore / prendere a cuore / stringere il cuore le problematiche dei propri studenti.
7. Fabio ha proprio un cuore solitario / di pietra / d'oro: ha lasciato la fidanzata il giorno prima delle nozze.
8. Ti ringrazio due cuori e una capanna / con il cuore in mano / di cuore per il tuo inestimabile contributo alla nostra iniziativa.

5 Completa con le parole date, alla forma corretta. Attenzione: ce ne sono 2 in più!

acustico ✦ bellico ✦ equino ✦ floreale ✦ ittico ✦ ludico
cardiaco ✦ puerile ✦ caseario ✦ ippico ✦ ematico ✦ domestico ✦ oculare

1. L'atteggiamento di tuo fratello è .... Possibile che non si renda conto di reagire come un bambino piccolo?
2. Nelle zone marittime le attività naturalmente più frequenti sono la pesca e il commercio ....
3. Nella città di Siena, dove si celebra la corsa .... del Palio, il cavallo è un animale molto rispettato e pertanto il consumo di carne .... è quasi inesistente.
4. Durante il periodo .... del 1914-18 molte persone vennero uccise dall'epidemia di febbre spagnola, oltre che dal conflitto al fronte.

5. Lucia aveva sparso per tutta la casa un profumo .... alla lavanda.
6. Se hai problemi .... così seri devi sottoporti a un intervento a cuore aperto.
7. Mio nonno dovrebbe indossare un apparecchio ...., visto che è sordo come una campana!
8. Grazie al latte di pecora la Sardegna eccelle nella produzione ...., soprattutto quella di pecorino.
9. Purtroppo quest'anno sono aumentati i casi di violenza ....
10. Secondo recenti studi, un approccio pedagogico .... facilita l'apprendimento anche nei bambini meno motivati.

6 Scrivi la parola corrispondente alla definizione usando i prefissi dati, come nell'esempio.

maxi- ✦ ultra- ✦ iper- ✦ super- ✦ mega- ✦ mini- ✦ micro-
extra- ✦ macro- ✦ stra- ✦ arci-

1. Schermo di grandi dimensioni *maxischermo*
2. Alieno, fuori dal nostro pianeta ....
3. Capo femminile d'abbigliamento ....
4. Veramente stanca, molto infastidita ....
5. Estremamente veloce ....
6. Persona troppo polemica ....
7. Decisamente convinto ....
8. Un piccolo universo ....
9. Stato forte a livello politico ed economico ....
10. Grande TV ....
11. Sistema di livello gerarchico superiore ....
12. Si dice dell'olio d'oliva ....

7 Trasforma le frasi consecutive implicite in esplicite e viceversa. Attenzione: in un caso non è possibile!

1. Angela era talmente concentrata che non si è accorta del tempo che passava.
....
2. Dobbiamo ridurre le emissioni di gas serra in modo da tutelare la biodiversità.
....
3. Sono stressato a tal punto che mi lascerei tutto alle spalle.
....
4. Luca, da piccolo, era un bambino talmente agitato da combinarne di tutti i colori.
....

5. La desertificazione è aumentata al punto che sarà mitigata solo da soluzioni innovative.

....

6. L'acqua del mare era così trasparente da riuscire a vedere il fondo sabbioso.

....

7. I genitori moderni sono tanto iperprotettivi da non lasciare spazio di errore ai propri figli.

....

8. Mi sono impegnato al massimo in modo tale che il tuo amico possa venire al concerto.

....

9. I Fenici perfezionarono tanto la lavorazione del vetro che divennero eccellenti artigiani.

....

10. La Cina è diventata una superpotenza così forte da influenzare il macrosistema economico.

....

6

8 **Ascolta l'intervista al Responsabile sostenibilità e innovazione di Coop Italia sugli OGM e indica l'alternativa corretta.**

1. Secondo l'esperto, la tematica OGM è trattata dai media come fanno le tifoserie delle squadre di calcio perché:
   - a. analizza i pro e i contro degli OGM con regole simili a quelle del gioco del calcio.
   - b. si basa su accuse e slogan senza precise verifiche scientifiche in merito.
   - c. impedisce lo sviluppo tecnologico e produttivo basandosi su slogan avveniristici.
   - d. crea confusione come i cori da stadio con reciproche accuse agli avversari.

2. Il parere dell'opinione pubblica sugli OGM è:
   - a. contrario perché ha timore dei possibili danni alla salute di chi consuma.
   - b. favorevole perché se ne intravedono i benefici per il consumo.
   - c. contrario perché non porta alcun vantaggio al consumatore.
   - d. favorevole, nonostante i rischi per l'ambiente.

3. Lo svantaggio degli OGM per gli agricoltori italiani riguarda:
   - a. l'incapacità di coltivare prodotti in grado di arginare siccità e desertificazione.
   - b. la competizione con Paesi grandi produttori come Brasile, Canada e Cina.
   - c. l'introduzione di prodotti come soia, riso, mais al posto del grano.
   - d. la perdita di identità territoriale locale per uniformarsi a standard di minore qualità.

4. Per l'esperto un dubbio conclusivo sugli OGM si riferisce:
   - a. ai costi per mantenere le due filiere produttive separate e a chi li dovrebbe pagare.
   - b. ai prezzi finali dei prodotti, eccessivamente alti per il consumatore medio.
   - c. al livello di inquinamento del suolo.
   - d. al pagamento di tasse maggiori per chi arriva dopo sul mercato.

9 Leggi il testo e completa con le parole date. Poi abbina i titoli ai paragrafi.

denutrite ✦ zero ✦ tuberi ✦ bovina ✦ ambientale ✦ distribuzione ✦ idrico
imballaggi ✦ coltivate ✦ sprechi ✦ intermediari ✦ nutrizionali

1. COLTIVAZIONI E NUTRIMENTO IN BASE ALLE RISERVE D'ACQUA
2. FAVORIRE LA FILIERA CORTA
3. QUALCHE RINUNCIA QUOTIDIANA
4. VEGETALI AVVENIRISTICI CONTRO LA FAME

4 PROPOSTE PER UN'AGRICOLTURA PIÙ SOSTENIBILE

A ....

Innanzitutto occorre ripartire dai nostri territori acquistando prodotti a chilometro ....(1) direttamente nella zona di produzione. Rispetto alla grande ....(2), evitare gli ....(3) consente di saltare un passaggio in termini di costi e di impatto ambientale, in modo tale da ridurre il ricorso a ....(4) e ad altri sistemi di conservazione del cibo. Tra gli innumerevoli benefici per il consumatore ricordiamo anche la scoperta, o riscoperta, dei sapori locali.

B ....

Nello scenario futuro, a causa dei cambiamenti climatici e dell'impoverimento delle falde più facilmente accessibili, pare aumentare lo stress ....(5) del suolo nelle aree coltivate. Per mitigare gli effetti del problema, uno studio pubblicato su Nature Geoscience, che ha coinvolto la Columbia University e il Politecnico di Milano, sostiene la necessità di redistribuire le colture principali (mais, riso, soia, ...(6), grano, ecc.) del pianeta in base al consumo d'acqua disponibile e alle proprietà ....(7) delle piante, così da garantire l'alimentazione di 825 milioni di persone in più rispetto a oggi, senza costosi interventi tecnologici.

C ....

Altra soluzione sostenibile per ridurre il numero di persone ....(8) nel mondo è quella di sfruttare al meglio alcune piante, oggi poco conosciute, come l'ensete o "falso banano", un vegetale proveniente dall'Etiopia che potrebbe occupare il 22% delle terre ....(9) e sfamare quasi il 30% delle popolazioni che abitano l'Africa meridionale e orientale. Il frutto dell'ensete non è commestibile, tuttavia gli steli e le radici della pianta possono essere utilizzati per preparare pane e porridge. Può venire piantato ovunque ed essere raccolto in qualunque stagione.

D ....

Infine, rivoluzionare l'agricoltura significa modificare le nostre abitudini di consumo, evitando gli ....(10) e rinunciando ad alcuni alimenti la cui produzione implica un elevato impatto ....(11), come la carne ....(12), prodotta soprattutto in allevamenti intensivi.

Liberamente rielaborato da *www.focus.it*

Giochi

Tutti gli esercizi sono disponibili in formato interattivo su www.i-d-e-e.it

Non dormiamo sugli allori!

1 Indica in quale delle due frasi (a o b) le espressioni evidenziate sono usate in modo appropriato.

1. a. Non scommetterei un soldo bucato sulla vittoria di quell'atleta.
   b. Avevo scommesso un soldo bucato sulla campionessa olimpica.
2. a. Il primatista sbuca all'inizio del rettilineo e supera la quadratura del cerchio in pista.
   b. All'85° minuto di gioco la squadra trova la quadratura del cerchio e rimonta 3 a 2.
3. a. Gli sponsor compaiono come marchio di fabbrica sul podio olimpico.
   b. La determinazione è il vero marchio di fabbrica dell'atleta azzurra.
4. a. Mattia inizia a risalire la corrente a pochi metri dal traguardo.
   b. Non vorrai mica risalire la corrente per arrivare in finale?
5. a. Olimpiadi di Tokyo: Jacobs taglia il filo di lana ai 100 metri in 9 secondi e 84.
   b. Sofia fa la sarta per la squadra nazionale: taglia il filo di lana delle maglie sportive.
6. a. Solo chi ha il coraggio di puntare in alto, a salire sul podio, riesce ad avere successo.
   b. Grazie al sorteggio, l'atleta ottiene il gradino più alto del podio.

2 Sostituisci l'avverbio *appena* con i significati dati.

quando ✦ a stento ✦ da poco ✦ solo ✦ subito

1. Eravamo appena rientrati in casa quando mi chiamarono dalla scuola di Gianni. ▶ ....
2. Le invierò i miei recapiti appena possibile. ▶ ....
3. Claudio ha sulle spalle l'intera famiglia: riesce appena a pagare l'affitto. ▶ ....
4. Svolta a destra appena dopo il tabaccaio e ti troverai nel quartiere Isolotto. ▶ ....
5. Basta appena un pizzico di sale. Non aggiungerne troppo! ▶ ....
6. Appena ebbe tagliato il traguardo, l'atleta fece un gesto trionfale. ▶ ....
7. Un tornado tropicale ha appena colpito la costa meridionale del paese. ▶ ....
8. Mi sono alzato dal letto appena prima che suonasse la sveglia. ▶ ....

3 **Completa con le espressioni date e riordina le battute del dialogo.**

si dà delle arie ✦ aria fritta ✦ paura anche dell'aria ✦ aria viziata
qualcosa nell'aria ✦ una boccata d'aria

☐ *Silvia:* Ah, davvero non lo sai? Pare che l'istruttore del martedì, Alessio, quello super-muscoloso che ....(1) da atleta olimpico, ne abbia combinate di tutti i colori.

1 *Elena:* Che cosa è successo in palestra? Ieri al corso di aerobica mi sembravano tutti strani. C'era ....(2)...

☐ *Elena:* Poveretta! Veramente poco professionale. Ma tu c'eri?

☐ *Silvia:* Esatto, proprio lui! Alessio lo ha aggredito. Gli ha tirato un pugno in piena faccia. Per una questione di cuore, sembra.

☐ *Elena:* Cioè? Cosa intendi? Che ha fatto?

☐ *Silvia:* Beh, diciamo che ha trattato male più di un cliente. Per esempio, ha suggerito a una ragazza un po' grassoccia di mettersi a dieta. Quella è scoppiata a piangere davanti a tutti.

☐ *Elena:* Ma allora è stato licenziato?

☐ *Silvia:* No, ero appena uscita a prendere ....(3) fresca perché dentro c'era ....(4) quando l'ho vista entrare nello spogliatoio in lacrime. Mi si è spezzato il cuore nel vederla così... E poi, ti ricordi Mauro, il tipo magrolino con gli occhiali?

☐ *Silvia:* Di sicuro, anche se ha provato a difendersi con mille scuse: tutta ....(5). La palestra non poteva certo rischiare altri incidenti.

☐ *Elena:* Ma certo Mauro! Sembra che abbia ....(6)! È spesso vicino a me negli esercizi a corpo libero.

4 **Completa le frasi con *essere sul punto*, *accingersi*, *stare* alla forma corretta.**

1. L'idraulico .... per riparare il danno quando si accorse che era irrimediabile.
2. Coloro che .... a diventare madri dopo aver a lungo procrastinato la maternità hanno maggiori aspettative sui propri figli.
3. Per fortuna mi hai chiamato in tempo. ....di prenotare il volo anche per voi!
4. Ho urlato perché credevo che mia moglie .... per fare un incidente in auto.
5. La nuotatrice azzurra .... a battere l'avversaria americana quando la russa raggiunse il traguardo, superandole entrambe.
6. Non rinunciare al tuo sogno proprio adesso che .... di realizzarlo.

5 **a** **Sottolinea le parole del lessico bellico nelle seguenti notizie di calcio.**

1. IL MILAN PORTA A CASA IL DERBY GRAZIE AL CANNONIERE E AL PORTIERE FRANCESI.
2. IL CALENDARIO NON DÀ TREGUA ALL'INTER CHE MERCOLEDÌ SERA INCONTRERÀ IL LIVERPOOL.
3. GATTO FA INVASIONE DI CAMPO. L'ARBITRO È COSTRETTO A INTERROMPERE LA PARTITA.
4. PRIMA DI SCANNARSI SUL CAMPO PER LA SEMIFINALE GLI ALLENATORI LITIGANO SUI SOCIAL.
5. IL CAPITANO DELLA JUVENTUS È ALLE PRESE CON UN NUOVO INFORTUNIO.
6. LA LAZIO RADDOPPIA CONTRO LA FIORENTINA: GOL DALLE RETROVIE.
7. NAPOLI-INTER: STASERA SCONTRO DECISIVO PER IL CAMPIONATO.
8. IL TECNICO DELLA NAZIONALE HA DECISO DI GIOCARE IN DIFESA LA PROSSIMA PARTITA.

b Abbina le parole sottolineate nell'esercizio 5a alle definizioni date.

a. .... capo di un gruppo militare o di una squadra
b. .... soldato addetto a sparare e giocatore che ha fatto molti gol
c. .... le zone di difesa, dietro all'azione principale
d. .... ingresso in territorio nemico
e. .... lotta, combattimento
f. .... pausa in battaglia e in partita
g. .... il contrario di attacco
h. .... ammazzarsi

6 Le parole evidenziate sono finite nella frase sbagliata. Rimettile al posto giusto.

1. Durante le azioni dell'altra squadra l'allenatore prendeva appunti sul suo linciaggio. ....
2. L'esibizione di danza lasciò il pubblico senza moderazione. Un vero incanto! ....
3. Mario è un tifoso assuefatto del Milan: non ne perde una partita. ....
4. Mio figlio purtroppo è sfegatato alle scene violente che vede in tv. ....
5. Violenza allo stadio: le telecamere di sicurezza riprendono il taccuino di un tifoso. ....
6. Giovanni avrebbe bisogno di un'iniezione di goccia, visto che il suo linguaggio è spesso volgare ed eccessivo. ....
7. Le due squadre si scannarono senza fiato per i primi 30 minuti di gioco. ....
8. Ridurre il consumo di carne per salvaguardare l'ambiente è una tregua nel mare. ....

7 Completa con le espressioni date alla forma corretta, come nell'esempio. Poi scrivi a quale sport si riferisce la frase.

gettare la spugna ✦ fare castelli in aria ✦ appendere al chiodo ✦ andare a gonfie vele
essere un fuoriclasse ✦ risollevarsi dopo la batosta ✦ dormire sugli allori

1. Visto che non viviamo in montagna, sarebbe meglio che tu non *facessi castelli in aria* sulle possibilità di praticare questo sport a livello agonistico. — *SCI*
2. Dopo anni di onorata carriera, Leonardo .... la bicicletta ed è tornato all'università, invitando i giovani a non lasciare gli studi. — ....
3. Venduti all'asta per seicentomila euro i guantoni indossati nel '64 da quello che si considera .... assoluto in questa disciplina: Cassius Clay. — ....
4. La squadra ha battuto gli avversari 2-0 e .... della scorsa partita contro la Sampdoria. — ....
5. Continua ad .... la gara dell'atleta azzurro che, già favorito dalla posizione sorteggiata in pista, taglia il traguardo e fa record individuale. — ....
6. A un passo dal podio, non è il momento di .... per la campionessa che ha dominato il mondo della racchetta in questa stagione. — ....
7. Te l'ho detto che non devi ....: faresti meglio ad allenarti in piscina se vuoi stare in forma e perdere peso! — ....

SPORT

8 a **Completa con le preposizioni mancanti. Attenzione: in alcuni casi non serve!**

1. Prova .... prendermi, se riesci .... essere veloce quanto me!
2. Occorrerebbe .... esserne certi, prima di decidere a cuor leggero .... divorziare.
3. Non avevo alcuna voglia .... andare .... trascorrere le vacanze in montagna.
4. Hai ragione! Credo sia meglio .... sbrigarsi .... tornare a casa.
5. Giuro che domani smetto .... fumare. So .... capire quando devo farlo.
6. Per una volta decise .... impegnarsi, invece di dormire sugli allori.
7. Corri subito .... comprare quello che manca! E non fermarti .... perdere tempo!
8. Sforzati .... essere più gentile con loro, anche se fanno i saputelli.

b **Indica la preposizione giusta tra quelle date. Poi abbina queste battute a quelle dell'esercizio precedente.**

- ☐ a. Il medico si è raccomandato di/per/a seguire le sue indicazioni, quindi basta sigari!
- ☐ b. Come fece da/per/a superare l'esame, non essendo abituato a/in/da studiare?
- ☐ c. Guarda quei nuvoloni! Sta per/di/da piovere.
- ☐ d. Non riuscivo più di/su/a sopportare mio marito, ma forse ho sbagliato.
- ☐ e. Tesoro, se vuoi giocare con papà, inizia a/per/su correre.
- ☐ f. Non sopporto i suoi genitori che pensano a/per/di saper fare tutto meglio degli altri!
- ☐ g. Chef, abbiamo finito la carne di manzo. Non penso a/in/di trovarne altra in dispensa.
- ☐ h. Perché non sei andato anche tu a/per/con loro sulle Dolomiti?

7

9 **Ascolta l'intervista a Maurizio, sportivo estremo di base jumping, e completa la trascrizione con le parole mancanti (al massimo 3).**

Maurizio: La cosa più bella del base [jumping] è che si possono variare infinitamente gli scenari. Tu puoi saltare da un grattacielo nel centro di Manhattan, al duomo di Milano, alla bellissima Valle dei laghi qui in Trentino.

Giornalista: Venendo qua e guardando questo paesaggio qualcuno potrebbe dire che sei pazzo. Tu cosa dici?

Maurizio: Beh, normale amministrazione. Comunque sia, facciamo una cosa che è al di ....(1): un essere umano non è stato "progettato", tra virgolette, per saltare da una montagna e quindi giustamente all'occhio ....(2) uno è un matto ....(3). In realtà, per quanto forti possano essere le immagini o appunto quello che ci apprestiamo a fare, è tutto calcolato assolutamente nei ....(4). Non è una roulette russa, questo è sicuro, cioè non si salta e non si sa cosa succede: "Ma, speriamo, vediamo come vada". Assolutamente. Si sa perfettamente cosa succede, dove si va. ....(5) è con noi in ogni salto, come ho detto rende vigili, però non si salta puramente per l'adrenalina. Qua saltiamo perché comunque ci si libra in volo .... (6), si vola rasenti le montagne, si provano delle emozioni molto forti e si vola in degli scenari eccezionali, si mette piede in posti dove poche persone hanno la fortuna di mettere. Abbiamo uno strapiombo di 1200 metri.

Giornalista: Qual è la velocità che raggiungi quando ti butti?

Maurizio: Con queste tute alari possiamo raggiungere fino ai ....(7).

Giornalista: Adesso vai a saltare?

Maurizio: Adesso andiamo a saltare! Tutti insieme.

10 **Abbina l'aggettivo alla frase giusta.**

- ☐ a. pauroso
- ☐ b. imprudente inconsapevole
- ☐ c. amante del brivido
- ☐ d. schivo
- ☐ e. altezzoso

1 Il mio istinto di sopravvivenza mi spinge alla timidezza.

2 Non per darmi delle arie, ma sono un vero fuoriclasse.

3 Vedere certi sport estremi mi fa venire la pelle d'oca.

4 Volente o nolente, mi ritrovo sempre nell'occhio del ciclone.

5 L'adrenalina mi spinge a guidare come un forsennato.

11 **Leggi il racconto del judoka Matteo Marconcini e inserisci le parole mancanti, derivate dai seguenti verbi, come nell'esempio.**

competere | intromettersi | aspirare | discutere | cingere | sconfiggere | pesare

IMPARARE A CADERE: QUANDO LO SPORT È PALESTRA DI VITA

Quel ragazzino sono io a quindici anni sul punto di combattere a Crotone. Ironia della sorte, ero al primo anno cadetti*, che è anche il passato remoto un po' arcaico del verbo cadere. Proprio di questo si parla, cadere. Vincendo quella gara sarei diventato ......*cintura*......(1) nera e quella, allora, era la mia massima ....(2). Tutti si aspettavano non solo che prevalessi ma che trionfassi. Il giorno prima della ....(3) chiunque mi incontrasse mi dava una pacca sulla spalla, mi strizzava l'occhio e mi diceva "Ah, è tua" riferendosi alla vittoria e, mentre l'impatto della pacca sulla spalla passava, il ....(4) delle parole restava, come se ogni manata mi appendesse al collo, al posto di oniriche medaglie d'argento e d'oro, un carico di aspettative pesanti come piombo.

Venne dunque il giorno delle gare e io ero pronto, prontissimo a vincere: il problema era proprio quello. Ero pronto a vincere, non a combattere. Non mi aspettavo di dover lottare, di dover faticare, di dover affrontare una qualunque difficoltà, e quando al primo incontro mi capitò un avversario che invece di farsi gentilmente da parte si mise tra me e i miei desideri, vissi quella ....(5) come un'ingiustizia a cui non ero preparato a reagire, se non con la frustrazione. E così, invece di cadere, precipitai.
Fu una ....(6) così bruciante che il mio allenatore di allora, Roberto Busia, e io non riuscimmo neppure a commentarla. Dopo una ....(7) feroce subito dopo la gara, che non fu un confronto ma solo uno scontro senza freni tra due dolori, non dicemmo più nulla.

* cadetti: allievi di un'accademia militare.

tratto da *O vinci o impari. Come lo sport aiuta a diventare persone migliori* di Stefano Massari

Giochi

Tutti gli esercizi sono disponibili in formato interattivo su www.i-d-e-e.it

Ma costa una cifra!

Unità 7

1 Completa gli slogan pubblicitari con le parole date in modo che contengano le figure retoriche indicate.

sapore ✦ povera ✦ mondo ✦ cuore ✦ dentro ✦ fretta ✦ tutto ✦ respira

1. "L'analcolico biondo che fa impazzire il ...." (*rima*)
2. Acqua. "Ricca di piacere, ... di sodio." (*antitesi*)
3. Gelato. "............................ di panna." (*metonimia*)
4. "La scarpa che ...." (*personificazione*)
5. Automobile. "Prendetevela comoda, ma fate in ...." (*ossimoro*)
6. Merendina. "Fuori croccantissimo, ... morbidissimo." (*antitesi*)
7. Canale televisivo. "Di .... Di più." (*iperbole*)
8. Yogurt. "Fate l'amore con il ...." (*rima e metafora*)

2 Completa con le parole date, alla forma corretta, come nell'esempio. Attenzione: ce n'è una in più!

miriade | coniugare | prendere | rifilare | paradigma | affine | circolare | ovvero | avvento | affiatato | appunto | buttare

1. L'idea di un hotel per cani ...ha preso... vita dopo una discussione informale tra amici.
2. Con i colleghi abbiamo idee e opinioni .... per quanto riguarda la tutela ambientale: per questo siamo così .... e partecipiamo spesso a iniziative comuni relative all'economia ....

3. Non tornerò più in quel negozio. L'ultima volta il proprietario mi .... un bidone!
4. Con l'............................ delle tecnologie è cambiato anche l'attuale .... comunicativo che implica maggiori scambi in termini di quantità ma non di qualità.
5. Dopo che ebbe visitato l'immobile, l'architetto .... giù alcune idee per la ristrutturazione.
6. Per una vacanza sostenibile puoi scegliere tra una .... di proposte turistiche a impatto zero.
7. La sfida della nostra azienda è quella di .... lo sviluppo economico e la salvaguardia ecologica.
8. Il nostro progetto sociale contro gli sprechi si chiama, per l'............................, *Controspreco*.

3 Leggi il testo e inserisci le espressioni latine mancanti, scegliendone 6 tra quelle date.

LA LEGGENDA DELL'EST EST EST DI MONTEFIASCONE

a. conditio sine qua non
b. carpe diem
c. divide et impera
d. verba volant, scripta manent
e. non plus ultra
f. ad hoc
g. idem
h. errare humanum est
i. de gustibus
l. in primis

Quando si parla di vini, si sa, ognuno ha le proprie preferenze e in Italia la scelta non manca: bianchi, rossi, fermi, frizzanti, rosati, giovani e invecchiati. D'altronde, ...(1). Per orientarci oggi disponiamo di guide enologiche ed etichette di eccellenza. Ma in passato come si faceva a sapere dove trovare un prodotto di qualità?

Una risposta interessante proviene dalla leggenda dell'Est Est Est, un celebre vino bianco DOC, originario di Montefiascone (in provincia di Viterbo). Nell'anno 1111 Enrico V, re di Germania, stava raggiungendo Roma per ottenere dal pontefice la corona di imperatore del Sacro Romano Impero. Al suo seguito si trovava il vescovo Johannes Defuk, esperto di vini che, per soddisfare la propria passione, aveva chiesto al suo coppiere* Martino di precederlo lungo la strada per Roma alla ricerca di vini buoni. Per il vescovo infatti, alloggiare in un luogo che offrisse bevute di qualità era la ....(2) per la scelta della locanda**. I due avevano concordato un segnale in codice creato ....(3): se il coppiere avesse trovato del buon vino avrebbe dovuto scrivere sulla porta della locanda "est", ovvero "c'è" (in latino), e qualora il vino fosse stato ottimo "est est". Era un metodo efficace che consentiva di lasciare una traccia, senza ricorrere a messaggeri: come dicevano i latini, infatti, ...(4). Il servo, una volta giunto a Montefiascone e assaggiato il prodotto locale, per comunicare al vescovo di aver trovato il ....(5) dei vini, non poté far altro che scrivere "Est! Est!! Est!!!" sulla porta della locanda. ....(6) pensò il vescovo quando lo degustò, tanto da decidere di trasferirsi a Montefiascone.

liberamente adattato da *www.mediterranews.org*

* coppiere: in passato era il cameriere del re o del pontefice che serviva il vino a tavola.
** locanda: albergo del passato in cui si dormiva e mangiava.

4 a Sottolinea le proposizioni complementari e indica se sono soggettive (S) o oggettive (O).

	S	O
1. Condurre ricerche psicologiche è il modo migliore per contrastare la depressione.		
2. Pensavamo tutti che il Ministero avrebbe approvato la proposta di legge.		
3. È evidente che Agata abbia lottato senza gettare mai la spugna.		
4. Avrei tanto voluto che tu evitassi di parlare alle mie spalle con il direttore.		
5. Ricordati di leggere le istruzioni, prima di iniziare il montaggio.		
6. Quando si è stanchi, bisogna riposarsi.		
7. Sapevano di essere incompetenti in materia, ma accettarono la proposta.		
8. Vedere una miriade di rifiuti plastici in mare è una vergogna.		
9. Elisabetta era straconvinta che la sua squadra avrebbe vinto la partita.		
10. Sembra che Tiziano le abbia spezzato il cuore. Una vera tragedia.		

b Completa liberamente le frasi in modo da ottenere periodi contenenti una subordinata soggettiva o oggettiva, indicando di che proposizione si tratta.

1. .... che riceva il meritato premio. (S) (O)
2. .... di non averli mai incontrati prima d'ora. (S) (O)
3. .... analizzare vari fattori per giungere a una proposta comune. (S) (O)

4. .... che avrebbe fatto il giro del mondo da sola. (S) (O)
5. .... che abbia rifiutato una proposta di lavoro poco allettante. (S) (O)
6. .... che qualcuno ti assista in un momento così difficile. (S) (O)
7. .... che non tutti assicureranno la loro partecipazione all'evento. (S) (O)
8. .... concludere velocemente le trattative, se vogliamo battere la concorrenza. (S) (O)

5 Completa con i verbi dati alla forma corretta.

tirare | tagliare | buttare | saltare | essere | fare

1. Il direttore mi .... fuori dal progetto, anche se lo avevo proposto io.
2. Nei negozi i commessi di solito .... fuori la nuova collezione dopo i saldi.
3. Sembra che un clan mafioso ieri .... fuori il testimone della rapina.
4. Comportandoti così male, non vorrei che il professore ti .... fuori dalla classe.
5. Bambini, mi avete spaventato quando .... fuori dalla camera all'improvviso!
6. Credo che i libri che stai cercando .... ormai fuori catalogo.

6 Completa con le preposizioni mancanti, come nell'esempio.

1. La cioccolata mi tira ....*su*.... quando ho una giornataccia.
2. Finalmente, nell'ultimo spettacolo il suo talento per la recitazione è venuto ....
3. Il bambino guardava il suo palloncino che volava .... tra i tetti delle case.
4. Non dev'essere facile mettere .... un'azienda dal nulla.
5. Perché volete dare .... la vostra vecchia auto? Non potete aggiustarla?
6. Prima di essere rimproverato dal professore, ho messo le mani .... confessando di non aver studiato.
7. Come fa a mandar .... il pranzo senza bere neanche un sorso d'acqua?
8. Questo abito è troppo stretto: devo tirare .... la pancia per entrarci!
9. Il tasso di disoccupazione purtroppo sembra andare .... ogni anno di più.
10. Non ne posso più di questo scatolone in mezzo alla stanza. Per favore, portalo ....!

Banksy, Bambina con palloncino

7 a Ascolta il servizio sulla carta come materiale dell'economia circolare e indica le informazioni presenti o deducibili dal contesto.

- [ ] 1. In Italia ogni anno si raccolgono 6 milioni di tonnellate di carta e cartone per il riciclo.
- [ ] 2. Un foglio di giornale impiega una settimana per essere assorbito in natura.
- [ ] 3. La produzione dell'azienda Favini (Veneto) è un esempio di economia circolare.
- [ ] 4. Nello stabilimento Favini si produce carta con gli scarti delle altre filiere industriali.
- [ ] 5. Si può produrre la carta estraendo il sale dalle alghe marine.
- [ ] 6. La carta riciclata in Italia ha gli stessi costi dell'intero traffico veicolare del Paese.
- [ ] 7. La raccolta differenziata di carta e cartone ha un beneficio ambientale pari al blocco di tutti i trasporti italiani per una settimana.
- [ ] 8. L'Italia è uno dei primi Paesi in Europa nel consumo di carta.
- [ ] 9. Il recupero di sottoprodotti di altri settori permette di creare carta sostenibile.
- [ ] 10. Attraverso il riciclo della carta si produce energia idroelettrica rinnovabile.

b Ascolta di nuovo e trascrivi tutti i prodotti di recupero con cui è possibile fare la carta.

Scarti dell'industria agricola ....

....

....

8 Leggi il testo e sottolinea l'alternativa corretta tra quelle date.

A differenza di altre società, come quella statunitense che non teme l'indebitamento, gli italiani sono molto più prudenti / prioritari (1), un vero popolo di risparmiatori.

Allo stesso tempo, però, in Italia la tendenza all'investimento è molto più scarsa in confronto ad altri Paesi occidentali. Il crollo dei mercati non ha di certo aiutato in questo / buon (2) senso, rafforzando la macro-tendenza tutta italiana a lasciare i soldi fermi sul conto corrente / sulla carta di credito (3).

Secondo l'ultimo rapporto di ABI (Associazione Bancaria Italiana), i risparmi degli italiani hanno registrato una variazione pari a +6% su base annua, invece / ovvero (4) oltre 103 miliardi di euro, portando il totale dei depositi a 1.825 miliardi di euro. Un valore così importante da raggiungere quasi il PIL (prodotto interno lordo) dell'intero Paese. In un primo momento e a un occhio inesperto / incalcolabile (5), questo dato potrebbe sembrare un'ottima notizia: gli italiani sono più ricchi e hanno maggiore liquidità / entrate (6). In realtà non è così!

Decidere di rinunciare ai depositi / agli investimenti (7) finanziari è una "non scelta" che comporta delle conseguenze. I soldi in giacenza / prestito (8) in banca sono infatti soggetti all'influenza di vari costi, come quelli legati al conto corrente, oltre che all'inflazione, vale a dire all'aumento dei prezzi.

Inoltre, sebbene / affinché (9) aumentino i risparmi, diminuiscono le famiglie che riescono a risparmiare. Sta qui il dato centrale del rapporto di Banca Intesa e del Centro Luigi Einaudi. Lo studio rileva che il numero di famiglie in grado di risparmiare si è ridotto, scendendo dal 55,1 al 48,6% della popolazione. Significa che il risparmio cresce, ma è per pochi. È quindi un altro segnale di crescita della accortezza nei risparmi / disuguaglianza (10) all'interno del Paese.

liberamente adattato da *www.avvenire.it* e *www.blog.gimme5.app*

9 **In ciascuna coppia di frasi trova la parola corretta per formare unità polirematiche, come nell'esempio. Poi trascrivi le lettere delle caselle colorate e scopri una curiosità.**

1. • La determinazione è il suo principale .... di forza.
   • Si rese conto dei suoi errori solo in .... di morte.
2. • Mi ha sorpreso con una cenetta romantica al chiaro di ....
   • In .... di miele siamo andati alle Maldive.
3. • Ci serve un divano .... matrimoniale per gli ospiti.
   • Ho lasciato il cellulare in camera da ....
4. • Vi auguro un buon .... settimana.
   • Ultimi saldi di .... stagione.
5. • Scoperto traffico di cocaina grazie a un .... poliziotto.
   • Senza un allarme avreste bisogno almeno di un .... da guardia.
6. • Vendesi attico con terrazza .... mare.
   • È una questione di punti di ....
   De gustibus...
7. • Occorre disporre i banchi a .... di cavallo.
   • Dove hai messo il .... da stiro?
8. • Per il permesso di soggiorno serve il .... fiscale.
   • È un segreto: dobbiamo parlare in ....

1. P U N T O
2. □ □ □ □
3. □ □ □ □ □
4. □ □ □ □
5. □ □ □ □
6. □ □ □ □ □
7. □ □ □ □ □
8. □ □ □ □ □ □

Curiosità

Per indicare la notevole e quasi innata capacità di una persona di curare e far prosperare le piante, in italiano si usa un'espressione che contiene un'unità polirematica: AVERE IL □□□□□□□ □□□□□.

10 **Sottolinea gli errori presenti nella lettera di risposta della redazione (pag.69 del Libro) e correggili, come nell'esempio.**

Gentile Lettore,

Le scriviamo in risposta alla sua e-mail di lamentela relativa alla massiccia presenza di pagine pubblicitarie nel nostro giornale che si occupa di turismo ecosostenibile.

Le assicuriamo che abbiamo a testa l'opinione dei nostri lettori e che prenderemo in considerazione la sua richiesta di spiegazioni in merito.

Ci preme sottolineare, *in secundis*, che la serietà dei contenuti legati alla valorizzazione della sostenibilità turistica non è mai in secondo accesso, anzi è per noi cruciale. Il proposito di incentivare la macro-economia locale non è affatto in inversione con la promozione di offerte e prodotti pubblicitari selezionati ad hoc. Il nostro interesse è proprio quello di promuovere le metafore ambientali e culturali del territorio.

Alla luce di ciò, infatti, le pubblicità inserite sono sempre riferite a strutture ricettive a impatto zero e a prodotti provenienti da bidone controllata. Avrà notato che tutte le pubblicità riguardano proposte affini ai valori promossi, come l'offerta di un capo sconto fruibile negli agriturismi sostenibili della Valpolicella, presente nel nostro ultimo numero.

Sperando di aver soddisfatto le sue richieste di chiarimento, Le inviamo i nostri più distinti saluti.

....
....
....
cuore
....
....
....
....
....
....
....
....
....
....
....
....
....

Giochi

Tutti gli esercizi sono disponibili in formato interattivo su www.i-d-e-e.it

Tu chiamale, se vuoi, emozioni...

Unità 8

Quaderno degli esercizi

1 a Completa le frasi con le espressioni date alla forma corretta, come nell'esempio.

darsi alla pazza gioia ✦ patire le pene ✦ piangere lacrime amare ✦ fare i salti di gioia
non stare nella pelle ✦ piangere sul latte versato ✦ soffrire come un cane ✦ gelare il sangue

1. I miei amici vorrebbero che io non ...piangessi lacrime amare..., adesso che mi rendo conto dell'errore commesso, ma non ci riesco.
2. Da bambino ...., quando i miei genitori mi dissero che avrebbero divorziato.
3. Per tutte le vacanze estive Valeria .... Ora basta: deve mettersi a studiare!
4. La vigilia di Natale i bimbi non .... al pensiero dei regali da aprire il giorno dopo.
5. Non appena seppe che nel suo Paese era scoppiata la guerra, a Federico si ....
6. Mentre la madre era ricoverata, Stefano .... dell'inferno, temendo il peggio.
7. A mio avviso è inutile che tu ...., visto che ormai sei stato bocciato. Cerca di fare meglio la prossima volta!
8. Quando saprà di aver vinto il primo premio, la squadra ....

b Abbina le frasi dell'esercizio precedente alle emozioni corrispondenti. Attenzione: può esserci più di una (o nessuna) corrispondenza!

PAURA	EUFORIA	ECCITAZIONE	RIMPIANTO	IRA	DOLORE

2 a Completa le frasi con le parole date alla forma corretta, come nell'esempio. Attenzione: ci sono 2 parole in più!

tirannico | narcisista | disgrazia | sadico | derubare | trainante | bullismo | figuraccia
geloso | sanguinoso | piacere | camuffare

1. Chi ha scarsa autostima prova più spesso una gioia ...sadica... nel fallimento altrui.
2. Purtroppo il nuovo capo ha atteggiamenti .... A volte ci costringe perfino a saltare la pausa pranzo.
3. La ricerca di emozioni forti e adrenaliniche è la motivazione .... di chi pratica sport estremi.
4. Sebbene sembri tutto il contrario, la persona .... ha bisogno di essere ammirata dagli altri e ha fantasie di grandezza che .... un'autostima fragile.
5. Sono scivolato mentre stavo presentando il mio progetto agli investitori: che ....!
6. Sembra incredibile che si possa provare .... alla vista di scene .... e violente.

7. Sul serio, l'appartamento di fronte è stato .... in pieno giorno?
8. Quel politico è caduto in .... dopo lo scandalo della truffa bancaria.

b Cerchia nel crucipuzzle i sinonimi delle parole che hai trovato nell'esercizio precedente (in orizzontale e verticale), come nell'esempio.

1. sadica > maligna
2. ....
3. ....
4. ...., ...
5. ....
6. ...., ...
7. ....
8. ....

P	S	C	D	I	S	P	O	T	I	C	I
C	T	L	E	F	R	I	M	T	S	R	N
R	I	I	C	T	Z	S	E	A	V	U	G
U	M	A	L	I	G	N	A	S	A	E	F
Q	O	A	I	D	O	E	I	P	L	N	R
A	L	R	N	O	P	H	R	G	I	T	T
I	A	V	O	L	U	T	T	A	G	E	R
S	N	R	Z	A	R	Q	U	F	I	L	E
T	T	O	I	S	N	G	U	F	A	S	I
A	E	V	A	D	L	I	N	E	T	P	N
N	A	S	C	O	N	D	O	N	O	B	L
D	E	G	O	C	E	N	T	R	I	C	O

3 Completa con le preposizioni mancanti. Attenzione: in alcuni casi non serve!

1. Ridevano .... spalle .... Mario, per via del suo abbigliamento eccentrico.
2. Ti ricordi quanto ridemmo .... cuore quando Sonia mise il sale nel caffè?
3. Perché ridi .... i baffi? Che c'è di tanto divertente?
4. Trovo ingiusto che qualcuno rida .... crepapelle delle disgrazie altrui.
5. Con quell'abito a righe fai ridere .... i polli. Sicura di voler uscire vestita così?
6. Alla notizia della vittoria del suo rivale, rideva .... denti stretti.
7. Il direttore è sadico. Sogghignava .... piacere mentre parlava di licenziamenti!
8. Non dovete essere permalosi! Lo dicevo tanto .... ridere!

4 Correggi gli errori nell'uso di *suo*, *proprio* e *altrui*, come nell'esempio. Attenzione: in alcuni casi le frasi sono corrette.

1. Bisogna rispettare il proprio punto di vista.
2. I narcisisti amano parlare con tutti dei suoi problemi.
3. Carla ha chiesto in prestito a Maria la propria macchina.
4. È inutile invidiare la ricchezza altrui.
5. Dario ha restituito alla zia il proprio ombrello.
6. Non è facile per nessuno ammettere i suoi difetti.
7. Con sadico piacere, Marco gode delle sfortune altrui.
8. Luigi ha un cuore d'oro: si sacrifica sempre per il proprio bene.
9. Gli operai hanno espresso le altrui lamentele in assemblea.
10. Perché non concludi i tuoi progetti invece di mandare in fumo quelli propri?

5 **Completa le frasi con le parole mancanti e abbinale alle immagini corrispondenti, che rappresentano parole omografe e omofone, come nell'esempio.**

a

b

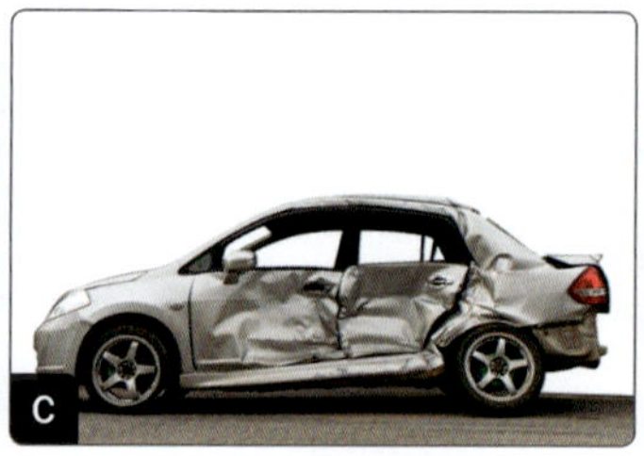
c

d

e

f

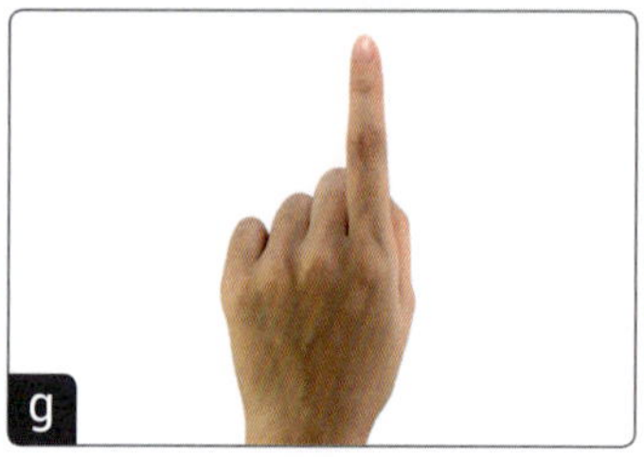
g

h

i

l

[b] 1. Non credo che quell'uomo ...menta..., sembra sincero.
[ ] 2. Quel divano .... una cifra: non possiamo comprarlo!
[ ] 3. Davvero non avete mai .... il capolavoro di Italo Svevo?
[ ] 4. Sono in .... davanti alla banca. Posso richiamarti più tardi?
[ ] 5. Consultando l'........................ del libro troverai il capitolo sui benefici dell'ironia.
[ ] 6. Dobbiamo invertire la .... dei nostri consumi per salvare il pianeta.
[ ] 7. Le tartarughe e le lumache sono ....
[ ] 8. Se vuoi, ti .... la mia collezione di monete antiche.
[ ] 9. Piansi lacrime .... quella notte.
[ ] 10. Da giovane, Grazia portava i capelli corti e ....

6 **Leggi il testo e inserisci le frasi mancanti al posto giusto.**

a. se non ai nostri sensi di colpa
b. Teniamoci in contatto
c. Ma che carino
d. Sto ascoltando
e. ce la prendiamo pure coi mezzi pubblici inaffidabili
f. Ultimamente sono stato sommerso d'impegni
g. Mi si è scaricato il telefono
h. così giuriamo di essere

Bugie innocenti. Si fa presto a dire "non mentire". Ma poi capita di essere (come al solito) in ritardo e **1** [ ] a due fermate di metropolitana quando in realtà siamo appena usciti di casa e, una volta arrivati a destinazione, **2** [ ] in modo da confermare la nostra versione. È la classica "bugia bianca", ovvero che non fa male a nessuno **3** [ ] (ma questa è un'altra storia). Ma quante di queste innocue menzogne diciamo alla fine di una giornata? E quali sono quelle più frequenti? Eccone alcune:

- **4** [ ], ma se vi chiedessero di ripetere quanto sentito non sapreste da che parte iniziare.
- **5** [ ]: Vero, tra massaggi, serie tv e shopping il tempo a disposizione è davvero poco!
- **6** [ ]. È proprio curioso che la batteria finisca sempre quando vi fa più comodo e non in un momento inopportuno, come capita al resto del mondo.
- **7** [ ]! State guardando le foto del cucciolo della vostra amica e ripetete la stessa frase nella speranza che la smetta, senza accorgersi che state mentendo.
- **8** [ ]! Come no! Basta una volta all'anno quando Facebook vi ricorda il suo compleanno.

liberamente adattato da *www.vanityfair.it*

7 Ascolta l'intervento dello psicologo sugli ormoni della felicità e completa la sintesi con le parole mancanti.

9

Nel nostro cervello disponiamo di straordinari antidepressivi naturali che favoriscono la felicità e ci tengono alla larga dall'ansia, dallo stress e dalla tristezza.

1. La serotonina è l'ormone del ...., un neurotrasmettitore che agisce anche sulla memoria, l'apprendimento, ..., il sonno e il desiderio sessuale.
2. La .... è un ormone che aumenta quando facciamo esperienze piacevoli. Quando viene rilasciata siamo più motivati a raggiungere i nostri obiettivi.
3. .... è chiamata "l'ormone dell'amore" perché legata alle relazioni affettive .... come quelle tra innamorati o tra genitori e figli.
4. Un altro .... antistress per eccellenza è il GABA, che serve a riportare l'organismo alla calma dopo stati di grande eccitazione.
5. Infine, le endorfine sono ormoni del ...., cioè neurotrasmettitori che ci fanno sentire meno sia il dolore che la fatica, in modo endogeno (interno), esattamente come fa la morfina che invece è una ....

8 Completa le frasi usando gli spezzoni di parole, come nell'esempio. Poi trascrivi in ordine le lettere rimaste e scopri una curiosità.

cos | eu | sod | bomb | tante | corag | con | esau | durre | pri | gio | rire | ardare
mon | forico | ori | mente | disfat | do | to

1. La ricerca interiore ci può ....condurre.... alla pace e alla serenità.
2. Molti hanno la tendenza a .... le proprie energie alla ricerca di piaceri temporanei.
3. Pietro era talmente .... per il suo successo da correre come un forsennato.
4. Perché vuoi importi dei limiti a ...., prima di fare esperienze?
5. Marzia è .... in ansia: dovrebbe darsi una calmata.
6. Ottimo lavoro! Puoi ritenerti ....
7. Perché i media non smettono di .... la gente di messaggi negativi?

Curiosità

Secondo il celebre poeta Giacomo Leopardi, "Chi ha il .... di ridere è padrone del ....".

9 a Sottolinea le proposizioni causali e indica se sono implicite (I) o esplicite (E).

	I	E
1. Il docente sgridò Laura non perché fosse distratta, ma perché aveva interrotto la lezione.		
2. Ti darò consigli preziosi perché tu non faccia errori.		
3. Poiché la curiosità è una forza trainante della felicità, vi invito a essere curiosi.		
4. Passati i momenti peggiori, sentimmo di avere più coraggio.		
5. Occorre fare in fretta perché il trasloco sia completato il prima possibile.		
6. Hanno raggiunto il successo per aver inventato un nuovo social network.		
7. Lia ha inventato mille scuse per evitare di trascorrere le vacanze con i suoceri.		
8. Spaventato dai tuoni, Carmine si nascose sotto il letto.		
9. Giacché ti trovi in cucina, mi passeresti i piatti per favore?		
10. Da giorni andavo chiedendomi cosa volessero quegli uomini da me.		

b **Trasforma le causali implicite in esplicite e viceversa.**

a. ....
b. ....
c. ....
d. ....
e. ....
f. ....

10 **Umorismo all'italiana. Leggi le barzellette e sottolinea l'alternativa corretta tra quelle date. Poi indica se le affermazioni sulle barzellette sono vere o false.**

1. Napoli. Un rapinatore sale sull'autobus e grida: "Fermi, questa è una rapina!". Un signore si alza e dice: "Mamma mia, che paura/rabbia: pensavo che fosse il controllore!".

	V	F
a. La barzelletta si basa sullo stereotipo che i napoletani siano tutti ladri.		
b. L'ironia sta nel fatto che il controllore sia disonesto.		
c. Il passeggero è più spaventato da una multa che da una rapina.		

2. Un uomo arriva in Paradiso e inizia a fare amicizia con le altre anime. A un certo punto vede un signore infreddolito e gli chiede: "Tu di che cosa sei morto?".
E quello: "Io sono morto di freddo. Ho sogghignato/sofferto come un cane. E tu di che cosa sei morto?". L'altro risponde: "Sono morto di sollievo/gioia!".
"Come? Davvero? Raccontami!". "Sono tornato a casa dal lavoro convinto che mia moglie mi tradisse, allora ho cominciato a cercare l'amante. Ho cercato sotto il letto, in bagno, in cucina, negli armadi e non ho trovato nessuno, allora sono morto dalla felicità!".
E l'altro: "Cretino/Fifone, se aprivi il congelatore a quest'ora eravamo vivi tutti e due!

	V	F
a. Gli italiani ridono anche di argomenti tabù, come la morte e il sesso.		
b. L'umorismo si basa sul fatto che i due dovrebbero essere all'inferno.		
c. L'uomo morto congelato era l'amante della moglie dell'altro.		

3. Qual è la cosa più assurda/narcisista per una donna disoccupata? Chiamarsi Assunta.

	V	F
a. La comicità sta nel fatto che la parola assunta ha un omofono.		
b. Per capire la battuta occorre sapere che Assunta è un nome proprio femminile.		
c. La barzelletta scherza sul licenziamento di una donna di nome Assunta.		

4. Un carabiniere va dal medico: "Dottore, se mi tocco qui mi fa male" indicando il fremito/fegato. E continua: "Anche se mi tocco qui sento dolore/euforia", prima indicando la milza, poi lo stomaco, infine le spalle. "Cosa può essere?". Il dottore risponde: "Mi sa che Lei ha un dito rotto!".

	V	F
a. Il paziente ha una malattia che colpisce molti organi vitali.		
b. In questa barzelletta si ride alle spalle dei Carabinieri, ritenuti poco svegli.		
c. Si tratta di una battuta maligna sull'incompetenza dei medici.		

Giochi

Tutti gli esercizi sono disponibili in formato interattivo su www.i-d-e-e.it

Qui ci scappa l'arte!

Unità 9

1 Completa con le parole date.

al vento ✦ sopra ✦ il passo ✦ cielo ✦ gusto ✦ i confini ✦ adibito a ✦ avvisaglie ✦ sgorgate figurativa ✦ esorbitanti ✦ in sospeso ✦ avanguardia ✦ dirompente ✦ plasmate

1. L'artista ha abbandonato il realismo e scavalcato .... della pittura .... tradizionale, deformando lo spazio. Per questo è considerato un pittore d'.....................................
2. Mi sarò raccomandata mille volte con te: tutte parole che ho gettato ....!
3. Adoro la *street art*. Dopo il tour delle opere urbane a .... aperto nel quartiere di Roma Testaccio ho iniziato a prenderci .... e la cerco spesso nei miei viaggi.
4. Questo capolavoro d'arte surrealista si basa sul concetto di modificare un oggetto comune, convenzionalmente .... un uso quotidiano, ponendolo in un museo.
5. Queste sculture .... a mano, in terracotta e polvere di marmo, sono bellissime!

6. Sul significato dell'architettura dei Nuraghi sardi sono .... numerose interpretazioni archeologiche, ma ad oggi la questione risulta ancora ....
7. Dopo le prime .... di un utilizzo innovativo della luce negli anni Trenta, lo stile dell'artista ha ceduto .... a una rappresentazione più astratta.
8. È inutile rimuginarci troppo .... Non bisogna piangere sul latte versato!
9. Il gigantesco murale di Jorit a Napoli ha un impatto .... sullo spettatore.
10. Le quotazioni della pittrice hanno raggiunto cifre .... dopo la sua morte.

2 Sottolinea le parole sostantivate e indica se sono aggettivi (AG), avverbi (AV), verbi (V), congiunzioni (C), come nell'esempio.

	AG	AV	V	C
1. Se esci a fare la spesa comprami <u>il quotidiano</u> *Il domani*, per cortesia.	(1°) X			
2. Per gli antichi il viola portava sfortuna, ma i giovani di oggi non ci credono.				
3. Il sapere è di tutti: non dovrebbe essere esclusivo di pochi.				
4. Se domanderai alle persone giuste, troverai le risposte a tutti i tuoi perché.				
5. Il bello deve ancora venire, nonostante il dopo ci spaventi più del presente.				
6. Chi ottiene il potere deve aspettarsi grandi responsabilità.				
7. Beati gli ultimi perché saranno i primi, secondo il Vangelo.				
8. A confessore, medico e avvocato, non tenere il vero celato.				

3 **In alcune frasi ci sono errori nella posizione degli aggettivi. Correggili. Poi trascrivi sotto l'immagine le parole corrispondenti alle frasi sbagliate e scopri il titolo della scultura futurista di Umberto Boccioni.**

1. Ho comprato una macchina nuova fotografica. forme
   nuova macchina fotografica / macchina fotografica nuova
2. Hai mai assaggiato i pomodori gialli fritti? dinamiche
   ....
3. L'artista è noto per le opere in monocromatica ceramica blu. uniche
   ....
4. Roberto Benigni è un famoso comico toscano. nebulose
   ....
5. Per errore ho fatto un numero sbagliato telefonico. della
   ....
6. Umberto Eco emerge nel panorama letterario contemporaneo. vivacità
   ....
7. La galleria ospita internazionali diversi artisti. continuità
   ....
8. L'unità europea economica e politica è un obiettivo cruciale. nello
   ....
9. Sentendo quelle parole fredde e maligne mi si gelò il sangue. spirito
   ....
10. Ha tirato giù dall'ultimo scaffale i libri vecchi suoi. spazio
   ....

Forme ....
....

4 **Completa le frasi con l'aggettivo corretto derivato dalle parole tra parentesi, come nell'esempio.**

1. L'hotel ha una *fantastica* terrazza vista mare. (*fantasia*)
2. Si sta verificando un aumento di gas serra nell'atmosfera .... (*terra*)
3. Alcuni graffiti esprimono una chiara protesta .... (*società*)
4. Quel tizio .... con gli occhiali è mio cognato. (*barba*)
5. Chi opera per vie illecite può subire denunce .... (*pena*)
6. In quest'area c'è un divieto di sosta nei giorni .... (*festa*)
7. Non uscirò mai in barca perché sono .... dal mare .... (*timore/tempesta*)
8. Sono state rimosse .... opere dalla sala dei pittori d'avanguardia all'interno della galleria perché la struttura è risultata .... (*numero/pericolo*)
9. Vorrei tanto andarmene... Sono .... perché questo spettacolo è il più .... che abbia mai visto! (*noia/barba*)
10. La gestione delle emozioni ha un ruolo .... sia sulla vita reale che su quella virtuale. (*significato*)

5 **Trasforma le frasi principali in proposizioni incidentali. Cambia i tempi e i modi verbali quando serve.**

1. Nessuno sa che lo scrittore Giovanni Verga è stato anche fotografo.
   ....
2. È chiaro che simili richieste mi abbiano messo con le spalle al muro.
   ....
3. Sandro allora disse che gli amici erano un bene inestimabile.
   ....
4. Non sarei così sicuro che in futuro gli allevamenti intensivi possano diminuire.
   ....
5. Fonti certe dicono che ieri sono stati arrestati i ladri della tela di Tintoretto.
   ....
6. Capirete anche voi che avrebbe fatto di tutto per non finire in carcere.
   ....

6 **Leggi il testo e riordina i paragrafi. Poi sottolinea l'espressione corretta tra quelle date.**

MISTERI NASCOSTI NEI CAPOLAVORI ARTISTICI DI FIRENZE

Testa di toro sulla parete del Duomo di Firenze

Dettaglio riflesso nella brocca del *Bacco* di Caravaggio (Uffizi)

Sono innumerevoli le opere d'arte che nascondono segreti e messaggi in codice. Diamo un'occhiata / lo sguardo (1) ad alcune delle più note che si possono incontrare nei musei e per le vie di Firenze.

A Un altro mistero che sfugge a prima vista, decifrato / celato (2) in un capolavoro fiorentino, è la piccola immagine di un viso maschile nel celebre dipinto di Bacco (il dio romano del vino) realizzato da Caravaggio e conservato alla Galleria degli Uffizi. Nella brocca di vetro in primo piano è possibile scorgere il volto di un uomo. Ma chi potrebbe essere?

B *In primis* occorre citare la testa di toro scolpita sulla parete del Duomo di Santa Maria del Fiore che risale / conferisce (3) agli anni precedenti la costruzione della nota cupola del Brunelleschi. Nonostante l'usanza di scolpire gli animali sacrificati durante la costruzione di grandi edifici, sembrerebbe un'altra la ragione per cui una statua così singolare sia stata collocata sulla cattedrale.

Particolare dell'oggetto a destra sullo sfondo della *Madonna con bambino e San Giovannino* a Palazzo Pitti, Sala di Ercole

C Infine, un oggetto misterioso si nasconde nella tela della Madonna con bambino e San Giovannino, opera del pittore rinascimentale Sandro Botticelli, oggi a Palazzo Pitti. Sullo sfondo, nel cielo dipinto, appare uno strano oggetto volante. C'è chi addirittura ha pensato ad un UFO! Ma la questione resta in sospeso e l'oggetto enigmatico / emblematico (4) non è ancora stato identificato.

D Secondo una leggenda popolare, infatti, proprio di fronte alla scultura, in via Ricasoli, viveva un sarto, estremamente geloso della moglie che aveva una relazione con il capomastro* dell'opera del Duomo. Scoperto il tradimento, l'uomo denunciò la moglie e l'amante.

E Dalle analisi a infrarossi dei ricercatori sulla tela scompare / emerge (5) una figura ritratta in piedi con il braccio sporgente e... un cavalletto. Sembrerebbe dunque un autoritratto dell'artista stesso, raffigurato nell'atto di dipingere dal vero il modello di fronte a sé.

F Pertanto l'artista fece realizzare la scultura per vendetta, in modo da ricordare ogni mattina al sarto quanto la donna gli fosse infedele. Il bue infatti è un'allusione / una composizione (6) all'espressione informale "cornuto", ovvero "tradito".

1 ☐ 2 ☐ 3 ☐ 4 ☐ 5 ☐ 5 ☐

★ capomastro: persona incaricata di dirigere i lavori di costruzione nel Medioevo e nel Rinascimento.

7 **Abbina i verbi all'espressione corretta.**

☐ 1. dare sfogo
☐ 2. rimuovere
☐ 3. incamerare
☐ 4. fantasticare
☐ 5. nutrire
☐ 6. obbedire
☐ 7. aprire
☐ 8. sfidare
☐ 9. mutare

a. stati d'animo segreti nel proprio intimo
b. la forza di gravità nello spazio
c. bocca per esprimersi e comunicare
d. informazioni ed esperienze nel cervello
e. alle proprie pulsioni profonde
f. le emozioni in materia artistica tangibile
g. un futuro migliore a occhi aperti
h. un grave trauma dalla memoria
i. ai convenevoli imposti dalla società

8 **Osserva le opere d'arte e completa la descrizione con le parole date, come nell'esempio. Attenzione: ci sono due parole in più!**

plasticità ✦ statua ✦ spiazzante ✦ lacerate ✦ sfondo ✦ panneggio ✦ cupola
monocromatico ✦ prospettiva ✦ volta ✦ pala ✦ scolpite

A Il Mosè realizzato da Michelangelo è parte di un complesso monumentale ideato per la tomba di papa Giulio II, collocato a Roma nella chiesa di San Pietro in Vincoli. L'opera, in marmo ....(1) , cioè di un solo colore secondo il modello antico, è una .....statua.....(2) di grandi dimensioni. Il profeta è rappresentato seduto, dopo aver ricevuto sul Monte Sinai le tavole della legge, poste sotto il braccio destro. Le pieghe del ....(3) sulle ginocchia sono finemente .... (4), così come i ricci della lunga barba. La ....(5) dei volumi e lo straordinario realismo hanno un effetto ....(6) sullo spettatore.

A. *Mosè*, Michelangelo Buonarroti

B. *Pala di Brera*, Piero della Francesca

B Capolavoro di Piero della Francesca del 1472, oggi conservato nella Pinacoteca di Brera a Milano, è una grande ....(7) d'altare che mostra in primo piano la Madonna in trono con il bambino Gesù, circondata da una schiera di santi, che si staglia su uno ....(8) architettonico dipinto in ....(9). Al centro della composizione, nella ....(10) sopra la testa di Maria è appeso un uovo di struzzo, simbolo della vita. In basso a destra troviamo il committente dell'opera, Federico da Montefeltro.

10

9 Ascolta la biografia artistica di Alberto Burri e correggi nelle frasi evidenziate le informazioni sbagliate del riassunto.

Il Cretto di Gibellina

Alberto Burri (1915-1955), è stato l'artista italiano più innovativo, insieme a Lucio Fontana, nel secondo dopoguerra, grazie alla sua indagine pittorica e scultorea sulle possibilità espressive della materia.

(1) Partecipò alla Seconda guerra mondiale come capitano dell'esercito italiano e nel 1944 fu catturato e deportato in un campo di prigionia in Texas. Lì cominciò a dipingere sui materiali poveri che aveva a disposizione, come i sacchi di iuta.

(2) Nel periodo postbellico si trasferì a Roma, abbandonando la precedente professione e dedicandosi dal 1948 all'arte figurativa. Nei suoi dipinti incastonò materiali estranei come il metallo, la plastica bruciata, il carbone, creando opere che evocavano la tragedia cruenta della guerra. (3) La novità del suo percorso artistico è dunque l'uso di materie estranee alla pittura, poi lacerate, plasmate con il fuoco, fino a diventare sia la superficie che il supporto dei suoi affreschi. (4) La sua collezione più celebre è quella degli Scacchi, iniziata negli anni Cinquanta, in parte esposta al Museo Guggenheim di New York.

(5) Ottenne così successo internazionale, grazie anche a un carattere estroso e stravagante, e anticipò il Movimento dell'arte povera degli anni Sessanta.

(6) Dopo il terremoto di Gibellina, in Versilia, realizzò un gigantesco monumento architettonico in cemento che sommerse i resti della città distrutta. L'opera è nota come "il Grande Cretto".

1. ....
2. ....
3. ....
4. ....
5. ....
6. ....

10 Completa il cruciverba. Poi trascrivi le lettere delle caselle colorate e scopri una curiosità.

Verticali

1. Si utilizza per dipingere.
2. Che non finisce mai, interminabile.
3. Si dice di un gruppo di artisti che lavora insieme.
5. Disegna cupole e volte degli edifici.
6. Una scultura figurativa può essere per intero oppure a mezzo...

Orizzontali

4. Una strage di persone.
7. Le mostre di videoarte sono allestite nei musei o in altri spazi...
8. Quella italiana della cultura è una città nominata ogni anno dal Ministero.

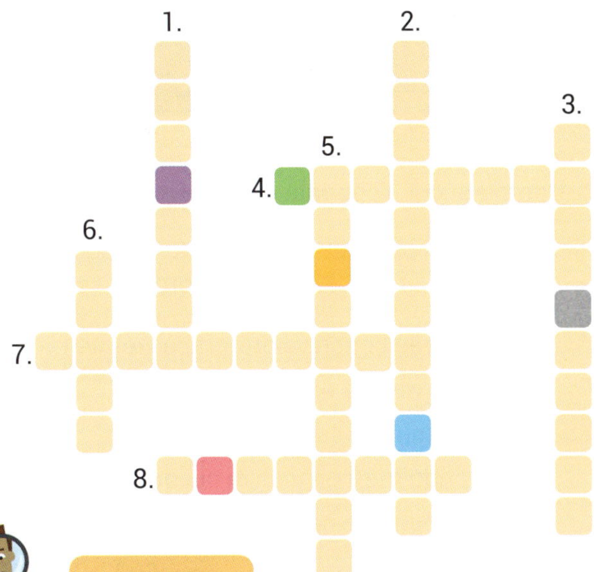

Curiosità

È chiamata la "settima arte":

Tutti gli esercizi sono disponibili in formato interattivo su www.i-d-e-e.it

Rosso di sera bel tempo si spera

1 Completa i titoli di cronaca con le parole mancanti, come nell'esempio.

1. SICCITÀ DEL BRENTA: UN'INDAGINE RIVELA L'ORIGINE *antropica* DEL FENOMENO. ESCLUSE CAUSE NATURALI.
2. ECOLOGISTI IN PIAZZA CONTRO LA CEMENTIFICAZIONE .... DELLA COSTA CALABRESE.
3. MALTEMPO IN SICILIA: DUE .... D'ARIA NEL RAGUSANO PROVOCANO MORTI E FERITI.
4. ABUSIVISMO .... A POSITANO: SEQUESTRATA UNA VILLETTA DA DUE MILIONI DI EURO.
5. AUMENTANO LE AREE ITALIANE A RISCHIO DI FRANE E ALLUVIONI A CAUSA DEL DISSESTO ....
6. INCENDIO .... NEL CUORE DELLA NOTTE: 5 AUTO DATE ALLE FIAMME IN UN PARCHEGGIO.
7. LE PIOGGE ABBONDANTI CAUSANO .... DEL PO. PAURA DEI CITTADINI LE CUI ABITAZIONI SONO .... VICINO AL FIUME.

8. 40 MILIONI DI EURO, I FONDI .... DAL GOVERNO PER RIDURRE LO SPRECO ENERGETICO, PROMUOVERE LA .... DIFFERENZIATA E RENDERE LE CITTÀ PIÙ SOSTENIBILI.
9. DANNI IRREVERSIBILI AL PATRIMONIO ARTISTICO PER IL .... CHE HA SCOSSO L'AQUILA.
10. IMMAGINI SPETTACOLARI DELL'.................................... VULCANICA MOSTRANO UNA NUBE ALTA 60 KM.
11. L'.................................... DEL LIVELLO MARINO PREOCCUPA IL SINDACO DI VENEZIA.
12. "IL DISBOSCAMENTO HA PROVOCATO L'.................................... DEL SUOLO", PROTESTANO GLI ATTIVISTI.

2 Completa con l'opposto delle parole date, opportunamente concordate, come nell'esempio.

comodo ✦ nutrito ✦ obbedire ✦ leale ✦ esistente ✦ civile ✦ forestazione
accordo ✦ sociale ✦ sintomatico ✦ fiducia

1. Nelle aree boschive protette è vietata la *deforestazione*.
2. Questo divano è ....: dovremmo comprarne uno nuovo.
3. Nonostante fosse malata, Gaia era ....
4. Secondo me, i pericoli di cui parli sono ....
5. Molte persone hanno .... nelle istituzioni.
6. Mi trovo in .... con il direttore sulla gestione dei rifiuti aziendali.
7. L'associazione promuove un progetto umanitario per aiutare i bambini ....
8. Credo che Ciro sia un po'.................................... perché evita sempre i luoghi affollati.
9. Gettare in terra cartacce e sigarette è un atteggiamento ....
10. .... ai genitori in adolescenza non è un comportamento .... ma un segno di trasgressione, necessaria alla crescita.

3 In ogni lista sottolinea la parola che non contiene un antonimo formato con il prefisso *in-*.

a. inesauribile | invulnerabile | invitante | intollerante | incivile
b. irreale | irreversibile | irriducibile | irrimediabile | irriguo
c. illogico | illustre | illegale | illimitato | illecito
d. imminente | immorale | improduttivo | impuro | immortale

4 Leggi il testo e abbina i titoli ai paragrafi. Poi scegli l'alternativa corretta tra quelle date.

1. LE ZONE PIÙ A RISCHIO
2. TEMPERATURE IN AUMENTO
3. GLI EFFETTI SUI MARI
4. RISCHIO INCENDI
5. MENO PIOGGIA, TUTTA INSIEME
6. DISASTRI A CARO PREZZO
7. UN TERRITORIO FRAGILE
8. POCA ACQUA CONTESA

CAMBIAMENTI CLIMATICI: QUALI SARANNO GLI EFFETTI SULL'ITALIA?

Il Centro Euro-mediterraneo sui Cambiamenti Climatici ha elaborato una serie di mappe interattive sugli scenari climatici futuri dello Stivale: un primo modello prevede che non vi siano significativi cambiamenti nelle emissioni / esondazioni (1) di gas serra, il secondo, più ottimistico, ipotizza invece una forte diminuzione. Le mappe permettono di scegliere tra i due scenari e di vedere quali sarebbero le conseguenze su 10 indicatori climatici, fino al 2100.

A ______

I diversi scenari concordano nel prevedere un aumento fino a 2°C nel periodo 2021-2050. Nella previsione più pessimistica sono annunciati entro la fine del secolo innalzamenti di temperatura anche di 5-6°C durante la stagione estiva.

B ______

Le precipitazioni si faranno più intense / selvagge (2) e meno frequenti (specie al Sud). Inoltre in estate, tra un acquazzone e l'altro, si allungheranno i periodi di siccità.

C ______

L'eccesso di calore potrebbe causare un aumento delle temperature marine anche di +3,5°C per fine secolo, mettendo a rischio la biodiversità e causando un innalzamento del livello del mare di 3 cm al decennio, con possibili inondazioni e fenomeni di erosione / eruzione (3) costiera.

D ______

Negli ultimi due decenni il rischio di eventi antropici / meteorologici (4) più estremi in Italia è cresciuto del 9%. Ma in quali contesti gli effetti dei cambiamenti climatici si faranno sentire di più? In cima alla lista troviamo l'ambiente urbano, più suscettibile - per via della carenza di vegetazione e del degrado del suolo - all'impatto delle ondate di calore.

E ______

È previsto inoltre l'aggravarsi del rischio idrogeologico / torrentizio (5), nelle zone alpine e appenniniche, le più interessate da fenomeni di dissesto per lo scioglimento dei ghiacci.

F ______

Allo stesso tempo si assisterà a una diminuzione della quantità delle risorse idriche / acquatiche (6) superficiali e sotterranee. I lunghi periodi di siccità e la ridotta portata dei flussi d'acqua avranno effetti anche sull'agricoltura e sull'allevamento.

G

Le foreste italiane, rese sempre più asciutte dalla siccità / dalle frane (7), potrebbero favorire i fuochi stagionali, come già accade in Australia e in California.

H

Insieme ai gradi cresceranno anche i costi per i danni correlati. Le perdite di PIL pro capite potrebbero arrivare al 7-8% entro il 2100. Come sempre, le conseguenze economiche investiranno soprattutto le fasce più povere della popolazione, rendendo ancora più profonde le disabilità / disuguaglianze (8).

liberamente adattato da www.focus.it e www.wired.it

11

5 a Ascolta l'intervista al meteorologo e indica l'ordine (1, 2, 3) in cui commenta questi grafici.

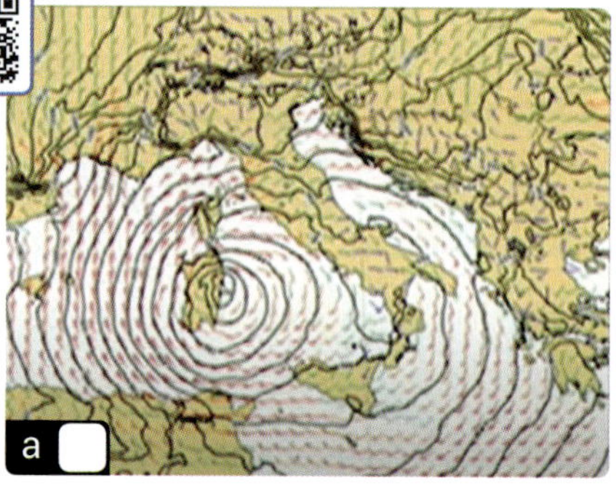
a ☐

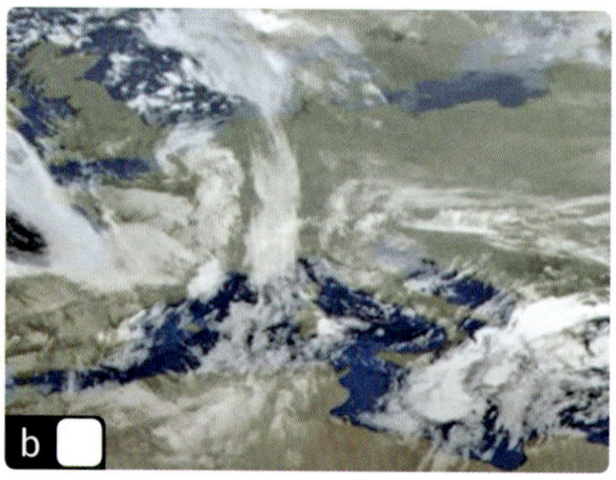
b ☐

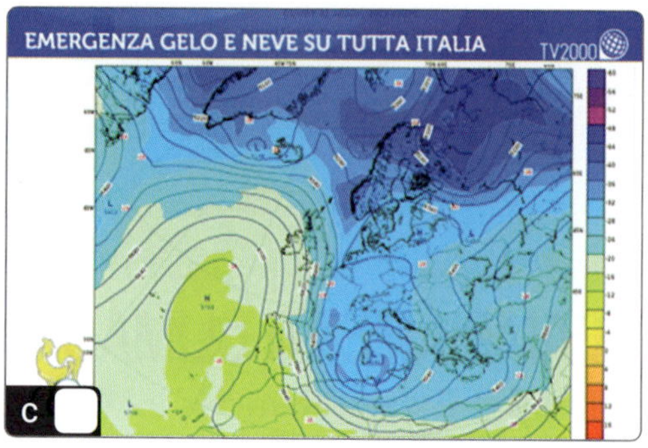

c ☐

11

b Ascolta di nuovo l'intervista e indica l'alternativa corretta.

1. La giornalista ironizza sul proprio abbigliamento perché:
   - ☐ a. è eccessivamente leggero per le condizioni climatiche attuali.
   - ☐ b. avrebbe potuto essere oggetto di denuncia alle forze dell'ordine.
   - ☐ c. è stato influenzato dalle previsioni di possibili ondate di freddo.
2. Dall'intervista emerge che le previsioni meteo per la giornata:
   - ☐ a. annunciavano un freddo polare, del tutto insolito d'estate.
   - ☐ b. avevano previsto nevicate a Roma che però non si sono verificate.
   - ☐ c. avevano indicato neve intensa che in effetti ha colpito la città.
3. Per il giorno successivo il colonnello prevede in Italia:
   - ☐ a. precipitazioni, forti venti e mare mosso.
   - ☐ b. nevicate anche sulle montagne a bassa quota.
   - ☐ c. discesa di aria calda nel bacino Mediterraneo.

6 Metti al posto giusto le parole evidenziate che sono state scambiate con quelle di altre frasi.

1. Si dice che con la luna polare aumentino le nascite e gli omicidi... Sarà vero? ▶ ....
2. Lo sapevi che la notte di San Lorenzo quando vedi una stella cocente devi esprimere un desiderio? ▶ ....
3. Ha lasciato il marito sotto il sole mite in spiaggia e lei si è messa comodamente sotto l'ombrellone. Che egoista! ▶ ....
4. Stamani siamo usciti tutti con l'ombrello visto che il cielo era solare. ▶ ....
5. Per orientarsi in nave di notte gli antichi Romani seguivano la stella lunatica. ▶ ....
6. Conviene piantare i pomodori con la luna cadente che si suppone aiuti lo sviluppo vegetale. ▶ ....

7. Perché trovi che Guido sia antipatico? A me invece sembra una persona così crescente, sempre di buonumore. ▶ ....
8. Le previsioni dicono che il cielo sarà plumbeo. Facciamo una passeggiata? ▶ ....
9. La maternità ha reso Elisa piena: prima è allegra poi si arrabbia senza motivo. ▶ ....
10. Quello mediterraneo è un clima sereno grazie alla presenza del mare. ▶ ....

7 **Riordina le parole per formare le definizioni dei seguenti aggettivi. Comincia con le espressioni in verde.**

1. METEOROPATICO — dagli sbalzi | il suo umore | cambiamenti | è influenzato | meteorologici | di temperatura e dai ....
2. INSONNE — tende a svegliarsi | disturbo patologico | a notte | del sonno o | riuscire a riaddormentarsi | fonda | senza | chi ha un ....
3. FIFONE — fronteggiare i problemi | persona | e i conflitti | che ha timore di | vigliacca ....
4. PALLIDO — viso molto chiaro | chi ha un | una forte emozione o | di una malattia | colorito del | a causa di ....
5. SPORTIVO — per l'attività sportiva | sa ritagliarsi | dagli altri impegni | a prescindere | del tempo libero | quotidiana ....
6. LUNATICO — i cui sbalzi | sembrano correlati | irritabile | della luna | una persona | improvvisi dell'umore | ai cambiamenti ....

12

8 **Com'è il clima in...? Ascolta le previsioni meteo e scegli l'alternativa corretta.**

1. Italia meridionale ▶	a. burrascoso	b. nevoso	c. piovoso	d. freddo
2. Emilia Romagna ▶	a. sereno	b. piovoso	c. soleggiato	d. tempestoso
3. Rilievi alpini ▶	a. nebbioso	b. nevoso	c. mite	d. burrascoso
4. Abruzzo/Molise ▶	a. poco nevoso	b. poco nuvoloso	c. tempestoso	d. secco
5. Lombardia orientale ▶	a. ventoso	b. afoso	c. nuvoloso	d. nebbioso
6. Regioni tirreniche ▶	a. ventoso	b. soleggiato	c. secco	d. umido

9 **Completa con le espressioni idiomatiche date. Attenzione: ce ne sono due in più!**

sulle spine ✦ in punto ✦ a quattr'occhi ✦ con le mani in mano ✦ in alto mare ✦ per filo e per segno
a bruciapelo ✦ su due piedi ✦ di stucco ✦ di gran lunga ✦ alla buona ✦ di punto in bianco
a malapena ✦ con i piedi di piombo ✦ su per giù ✦ tra due fuochi

1. Invece di usare il telefono, preferisco parlare di certi argomenti ....
2. Sono rimasto .... alla notizia che qualcuno aveva sparato .... all'impiegato delle poste, a pochi isolati di distanza.
3. Ennio mi ha lasciata ...., senza alcuna spiegazione. Cosa avrò fatto di male?
4. Non startene lì ....: aiutami a scaricare i bagagli!

5. Allora, com'è andato l'appuntamento di ieri sera? Raccontaci tutto .... Siamo curiosi, non tenerci ....!
6. Non saprei decidere così .... Spero di avere più tempo per pensarci su.
7. Dovrebbero fare attenzione: quel tizio è pericoloso. In questi casi è sempre meglio procedere .... e valutare prima la situazione.
8. Con questo abito riesco .... a respirare. Devo prendere la taglia più grande!
9. Da qui al quartiere Bicocca ci saranno .... cinque fermate della metropolitana.
10. Siamo già in ritardo. Dovevamo arrivare alla stazione alle dieci ....
11. Per favore, risolvete da soli i vostri conflitti, anziché mettermi costantemente .... Non è giusto che sia io a scegliere tra voi due!
12. Si vede subito che Giancarlo è una persona ...., sempre solare e cordiale.

10 Completa il testo con i connettivi dati, come nell'esempio. Attenzione: ce n'è uno in più!

tuttavia ✦ ossia ✦ al contrario ✦ anziché ✦ laddove
eppure ✦ addirittura ✦ nonostante ✦ infatti

CHI HA PAURA DEL VESUVIO?

Il Vesuvio, ubicato nel golfo di Napoli, è un vulcano dormiente, ...eppure....(1) è considerato il più critico d'Italia e ....(2) fra i più pericolosi d'Europa. Il Vesuvio è ....(3) costantemente sotto controllo per cogliere i segnali che potrebbero indicare un suo risveglio, ...(4) ci si chiede se sia possibile riuscire a prevedere quando potrebbe avvenire una nuova eruzione e quanto potrebbe essere violenta. Una prima risposta arriva dalla ricerca coordinata dal Politecnico di Zurigo, secondo la quale potrebbe intercorrere un intervallo di mille anni dall'ultima eruzione, ...(5) quella avvenuta nel 1944. I ricercatori hanno studiato le più violente eruzioni degli ultimi 10.000 anni, inclusa quella che nel 79 d.C. distrusse Pompei ed Ercolano, e hanno concluso che "non dobbiamo aspettarci un'eruzione vulcanica di grande volume e intensità del Vesuvio per ancora tanti anni". ....(6) una violenta esplosione, è più probabile che si verifichino piccole eruzioni, meno dannose, dopo un lungo periodo di riposo. ....(7) queste rassicurazioni, per evitare brutte sorprese, il Vesuvio resterà oggetto di monitoraggio. Occorre ricordare che, ...(8) di altri vulcani collocati in aree isolate, ai suoi piedi vivono più di 700.000 persone.

liberamente adattato da: www.tvsvizzera.it e www.ansa.it

11 Individua e correggi gli errori lessicali, come nell'esempio.

1. Il Vesuvio è un vulcano di buona lunga più pericoloso dell'Etna. ▶ ....di gran lunga....
2. Occorre allegare una perizia alla richiesta di risarcimento danni per eventi improntati. ▶ ....
3. Gli uragani esistono dalla fine dei tempi, eppure il fenomeno si è intensificato nell'ultimo decennio. ▶ ....
4. Diciamolo senza troppi piedi di parole: le piogge acide sono in aumento. ▶ ....
5. Non crederai alle baggianate su cosa piantare in giardino con la stella calante? ▶ ....
6. Il progetto di messa in dissesto delle aree a rischio venne accantonato. ▶ ....
7. Stamani mi sono alzato di bell'ora per studiare. ▶ ....
8. Il tasso di dispersione scolastica sfonda il 19%. ▶ ....

Giochi

Tutti gli esercizi sono disponibili in formato interattivo su www.i-d-e-e.it

Lavorare stanca

1 Completa le bizzarre offerte di lavoro con le parole date. Attenzione: ce ne sono due in più!

filiale | auge | stagista | florida | olfatto | transitoria | precaria | risibile | lusinghiero | contemplando | volatili

Cercatore di palline da golf

Impresa britannica assume una figura professionale per il recupero delle palline disperse nei campi da golf, ...(1) anche la possibilità di raccolta nei laghi e nei corsi d'acqua. Preferibile, dunque, il brevetto da sub e la capacità di nuotare in acque sporche, inquinate o abitate da animali. Posizione ....(2), rinnovabile dopo un periodo di prova.

Annusatore professionista

Azienda francese di profumi cerca un esperto per la creazione di una nuova linea di fragranze. Competenza necessaria: avere un ....(3) allenato a riconoscere anche gli odori più ....(4).

Addetto alle pulizie speciali

Ditta canadese, specializzata nella rimozione di gomme da masticare, assume ....(5) per la pulizia urbana, anche senza esperienze precedenti. Sede di lavoro: ....(6) distaccata dalla sede centrale di Toronto.

Assaggiatore di cibo per cani

..................................(7) azienda del settore cerca un assaggiatore con esperienza e conoscenze in chimica. Contratto a tempo determinato.

Spingitore di passeggeri

Azienda giapponese cerca uno spingitore per i mezzi pubblici. Anche se il nome in italiano risulta ....(8), la figura selezionata, in ....(9) in molti paesi asiatici, è ben pagata e ha come compiti principali quello di controllare la sicurezza dei passeggeri in attesa e di spingerli dentro e fuori dai vagoni della metropolitana negli orari di punta.

2 Abbina per formare frasi di senso compiuto.

1. In caso di tagli al personale
2. Antonio si è messo in testa
3. Il direttore gli ha rinnovato
4. Se a Margherita prendono
5. Si accontenterebbe anche di uno stage
6. L'allestimento della mostra è ancora in

a. di andare in ferie il giorno prima
b. a una cifra mensile risibile pur
c. i cinque minuti è meglio
d. alto mare, anche se nel giro di pochi minuti
e. la mia posizione è sacrificabile,
f. il contratto perché si è accorto

I. stare a distanza dal suo ufficio.
II. verrà annunciata in conferenza stampa.
III. visto che l'azienda non naviga in buone acque.
IV. che ha la testa sulle spalle.
V. di fare esperienza in quella compagnia.
VI. che scada il suo contratto.

1. ☐ ☐
2. ☐ ☐
3. ☐ ☐
4. ☐ ☐
5. ☐ ☐
6. ☐ ☐

3 Inserisci *pur* e *pure* al posto giusto nelle frasi, come nell'esempio.

1. Farebbe di tutto di ottenere un rinnovo del contratto.
   Farebbe di tutto pur di ottenere un rinnovo del contratto.
2. Dovrei invitarlo a casa mia dopo che mi ha offeso più volte?
   ....

3. Odiando il caldo eccessivo, in luna di miele siamo andati ai Tropici.
   ....
4. Dimmi quello che pensi onestamente di Lucia, anche se non dovesse piacermi.
   ....
5. Fosse l'unica possibilità, non accetterei mai di lavorare in quel cubicolo al buio!
   ....
6. Ammettiamo che tu abbia ragione, non avevi comunque motivo di gridare così.
   ....
7. Bruno prese in prestito decine di libri di vedere ogni giorno la bibliotecaria.
   ....
8. Non solo il capo non mi parla, ma tu mi eviti. Cosa ti ho fatto?
   ....

4 Indica in quale delle due frasi l'espressione evidenziata è usata in modo appropriato.

1
- a. Quando si sostiene un colloquio di lavoro è sempre meglio farsi i cavoli propri.
- b. Le persone invadenti non sanno farsi i cavoli propri.

2
- a. Il quadro barocco sopra al divano ultramoderno ci sta come i cavoli a merenda!
- b. Pur non avendo fame, ho mangiato un panino che ci stava come i cavoli a merenda!

3
- a. Anche se si incavola, Teresa perde la testa per la collera.
- b. Se a Mario prendono i cinque minuti e si incavola sul serio, sono guai!

4
- a. Ha cercato di salvare capra e cavoli, riducendo gli stipendi del personale.
- b. Per salvare capra e cavoli promise sia a me che a te la stessa promozione.

5
- a. Cavolo! Non mi aspettavo un palazzo così grande! Splendido!
- b. Sarai sempre nel mio cuore, ti voglio bene. Cavolo!

6
- a. Secondo voi potrei capire un cavolo a merenda sulla questione?
- b. Non capisco un cavolo di chimica. Avrei bisogno di lezioni private.

7
- a. Quella testa di cavolo di Marco mi ha mentito di nuovo!
- b. Per fortuna Nicola è una testa di cavolo che sa cavarsela anche da solo!

8
- a. Perché non ammetti di aver detto una cavolata inutile, col cavolo?
- b. Perché tocca sempre a me? Col cavolo che vado a prendere tua madre in stazione anche stavolta!

5 Completa le frasi con le parole mancanti (2 al massimo).

1. Durante la riunione, nonostante avessi alzato la mano, non mi è stata data ....
2. Dopo anni di carriera, il direttore si è tolto .... facendo spazio ai giovani.
3. Questo lavoro sembra impegnativo, ma non è che facciamo .... a cuore aperto!
4. Le .... impiegate per il lavoro di sartoria sono altamente specializzate.
5. L'elezione non è valida perché non è stato raggiunto il .... nella votazione.
6. Per un giornalista la curiosità è la linfa .... dell'ispirazione professionale.

6 Sottolinea le frasi concessive, poi trasforma le implicite in esplicite e viceversa.

1. Per essere stati al mare solo qualche ora, siete davvero abbronzatissimi.
   ....
2. Non riescono a mantenere la famiglia, benché aiutati da un sussidio statale.
   ....
3. Paolo sembra calmo e sereno, pur essendo incavolato.
   ....
4. Sebbene i clienti stiano aumentando, il negozio non aprirà altre filiali.
   ....
5. Neanche a cercarlo per settimane, troveresti un regalo perfetto come questo!
   ....
6. Non siamo riusciti a fare carriera, nonostante avessimo fatto del nostro meglio.
   ....

13

7 Ascolta l'avvocato che spiega come funziona l'indennità di disoccupazione in Italia e indica se le informazioni sono vere o false.

	V	F
1. Inoccupato e disoccupato sono sinonimi per le norme dello Stato italiano.		
2. Gli ammortizzatori sociali previsti a tutela degli inoccupati sono inferiori a quelli dei disoccupati.		
3. Un lavoratore licenziato ha diritto alla NASpI*, ovvero all'indennità di disoccupazione.		
4. Se un lavoratore si è dimesso a causa di un atteggiamento illecito del proprio capo può ottenere la disoccupazione, nonostante non sia stato licenziato.		
5. L'assegno di disoccupazione spetta a chi ha lavorato almeno 30 giorni nelle ultime 13 settimane.		
6. La NASpI garantisce un reddito ridotto rispetto al salario medio mensile del lavoratore negli ultimi quattro anni, fino a 1300 euro circa.		
7. L'indennità di disoccupazione dura al massimo due anni.		
8. È possibile percepire il sussidio di disoccupazione e contemporaneamente lavorare, entro un limite di reddito.		
9. L'assegno spetta anche a chi trova un nuovo lavoro, come dipendente pubblico a tempo indeterminato, ma non guadagna abbastanza da potersi mantenere.		
10. La domanda di disoccupazione all'INPS** può essere effettuata solo online.		

* NASpI: Nuova Assicurazione Sociale per l'Impiego
** INPS: Istituto Nazionale Previdenza Sociale

8 Completa le frasi con parole derivate da quelle date, come nell'esempio.

integrare ✦ candidarsi ✦ ammortizzatore ✦ contributo ✦ selezionare ✦ dare
licenziare ✦ assistenza ✦ stipulare ✦ sostegno ✦ apertura ✦ ambire

1. La legge prevede degli sgravi ...contributivi... e fiscali per i .... di lavoro, per incentivare la .... di determinati tipi di contratto lavorativo, come quello subordinato.
2. Gli aspiranti che intendano presentare la propria .... per il posto di responsabile delle vendite dovranno inviare la richiesta via email e .... un colloquio.
3. Dopo essersi occupata per anni di .... del personale per una compagnia internazionale, Martina ha deciso di mettersi in proprio e .... una sua agenzia. È sempre stata una tipa .... e finalmente ha realizzato il suo sogno.
4. Per evitare il ...., 300 dipendenti della celebre azienda di biscotti sono attualmente in cassa ....
5. Al fine di .... il disagio sociale e promuovere l'inclusione sono previsti contributi .... per i cittadini disabili e disoccupati.

9 Abbina e cancella i sinonimi, come nell'esempio. Poi trascrivi le parole rimaste per completare il testo.

~~tasse~~	mattanza	precario	scioperato	incentivare
sussidio	tredicesima	favorire	infortunio	strage
incidente	acuire	retribuzione	accrescere	mensilità
temporaneo	~~imposte~~	stipendio	inconcludente	sostegno

...tasse = imposte,...
....
....
....
....

La .... è un contributo aggiuntivo pagato in Italia a tutti i lavoratori dipendenti, pubblici e privati, nel mese di dicembre in occasione delle festività natalizie.

10 a Cancella nel testo le 3 frasi incoerenti, che non hanno attinenza con il resto del testo, come nell'esempio. Poi sottolinea l'alternativa corretta tra quelle date.

LAVORARE IN ITALIA: TRA PROBLEMI ACCERTATI E QUALCHE PREGIUDIZIO

1 Italiani fannulloni?

Il luogo comune ci vede come un popolo di scansafatiche fannulloni, poco inclini a operare / sgobbare (1). In realtà non è così. Un'indagine di Jobrapido, motore di ricerca di lavoro attivo in 58 Paesi, mostra uno scenario molto diverso: in termini di ore lavorate, nell'area dell'euro gli italiani, dopo i greci, sono quelli che in media trascorrono più tempo al lavoro, con 33 ore contro le 26 dei tedeschi che, invece, sono ritenuti efficienti lavoratori. Non solo. ~~Il numero di disoccupati sta diminuendo sensibilmente.~~ Il 92% degli italiani intervistati lavora o ha lavorato oltre l'orario stabilito e il 75% controlla le e-mail di lavoro anche in ferie o nel tempo libero, benché / pur (2) non sia stato richiesto dal datore di lavoro.

tratto da www.risorseumane-hr.it

2 **Lavoro in bianco e nero.**

I dati confermano che il lavoro in nero in Italia "produce" circa 77,8 milioni di euro all'anno: più di 3 milioni di persone si recano quotidianamente, o per qualche ora al giorno, nei campi, nelle aziende, nei cantieri o nelle abitazioni private per esercitare un'attività lavorativa irregolare / contraffatta (3). Il dato è destinato ad aumentare a causa dell'introduzione di tipologie contrattuali precarie come quelle per tirocinanti e stagisti. La situazione più critica si registra in Calabria in cui il tasso di irregolari raggiunge il 22% dei lavoratori. L'Ufficio studi della CGIA sottolinea che nelle zone in cui il lavoro in nero è più diffuso c'è maggior rischio di infortuni sul lavoro e di morti nere / bianche (4), malgrado le statistiche ufficiali non riportino questi dati: "dove dilaga l'economia sommersa (ovvero quella non dichiarata), infatti, le persone vittime di infortunio / licenziamento (5) o non denunciano l'accaduto o, quando sono costrette a farlo, dichiarano il falso per non arrecare alcun danno a coloro che li hanno ingaggiati irregolarmente". Nel Sud tuttavia questo fenomeno rappresenta per molte persone l'unica possibilità per portare a casa qualche soldo. Infatti, possiamo affermare che il lavoro nero è anche un vero e proprio contributo / ammortizzatore (6) sociale. Infatti, lo Stato prevede incentivi per l'occupazione e contributi economici per chi si trova senza lavoro, non per propria volontà. Quando queste forme di irregolarità non sono legate ad attività controllate dalle organizzazioni criminali o mafiose, costituiscono, in momenti difficili, l'unica opzione professionale per molte persone.

tratto da www.ilrestodelcarlino.it e www.quifinanza.it

3 **Giovani e giovanissimi.**

Infine, un altro problema che affligge il nostro Paese riguarda i più giovani. Spesso le imprese lamentano che tra il mercato del lavoro e il mondo della scuola non vi sia sufficiente collegamento. Il lavoro minorile in Italia è tre volte più diffuso che in Europa, una vera e propria protesta / piaga (7) sociale. Secondo un'indagine del sindacato CGIL, i minori tra i 7 e i 15 anni che lavorano potrebbero (è una stima) essere circa 260.000, oltre il 5% della popolazione in età di lavoro, contro una media europea dell'1,5%. Secondo una chiave di lettura accettabile / inalienabile (8), il dato sembra essere una ripercussione del fenomeno della dispersione / disuguaglianza (9) scolastica, visto che nel Belpaese, rispetto al resto d'Europa, sempre più studenti lasciano la scuola troppo presto. Oltre il 40% dei 14-15enni fa lavori occasionali, di brevissima durata, uno su 4 - tra quelli che lavorano - svolge attività regolari, di lunga durata, anche se / quantunque (10) la legge italiana vieti il lavoro al di sotto dei sedici anni, senza aver completato gli studi obbligatori. La maggior parte dei minori è impiegata in imprese a gestione familiare, soprattutto nei settori della ristorazione, del commercio e dell'agricoltura.

tratto da www.vdnews.tv

b Indica quali di questi argomenti e stereotipi vengono affrontati nel testo.

- [ ] 1. I giovani di oggi sono più fannulloni delle vecchie generazioni.
- [ ] 2. In termini quantitativi, greci e italiani lavorano più dei tedeschi.
- [ ] 3. I datori di lavoro sfruttano i dipendenti anche nel tempo libero.
- [ ] 4. Il lavoro irregolare aumenta il rischio di infortuni non denunciati.
- [ ] 5. Le persone qualificate hanno posizioni precarie da stagista.
- [ ] 6. In alcuni contesti, il lavoro in nero ha una funzione di aiuto sociale.
- [ ] 7. Il lavoro sommerso aumenta le tasse per i datori di lavoro.
- [ ] 8. L'abbandono scolastico acuisce il fenomeno del lavoro minorile.
- [ ] 9. La normativa italiana consente ai sedicenni di lavorare regolarmente.
- [ ] 10. Lo sfruttamento minorile si verifica soprattutto all'interno della famiglia.

Giochi

Tutti gli esercizi sono disponibili in formato interattivo su www.i-d-e-e.it

Benvenuti nel futuro!

1 **Completa con le parole mancanti. Poi trascrivi in ordine le lettere delle caselle rosse e scopri una curiosità.**

1. Per arrivare alla stazione conosco una ……: seguimi, così facciamo prima!
2. Certe imprese usano strategie di comunicazione sui social per …… la realtà a proprio vantaggio.
3. Per Sauro il cellulare è come un angelo …… che lo protegge nei momenti difficili.
4. I politici responsabili del disastro ecologico tentano di …… il caso. Oggi, infatti, a livello mediatico non se ne sente più parlare.
5. Il vigile cercava di …… il traffico di Via Roma a causa di un incidente stradale.
6. Il programma della gita è …… di variazioni, in base alle condizioni meteo.
7. Dopo il colloquio verrà scelta la persona più …… per il ruolo di stagista.
8. I motori di ricerca tendono a proporci …… di notizie che abbiamo già letto.
9. In Italia purtroppo si sta verificando una generale …… alla cultura, ovvero disinteresse delle masse verso libri e giornali.
10. Per questa ricerca, al fine di districarvi tra numerose *fake news* presenti in rete, cercate di …… soltanto alle informazioni documentate, non tendenziose.

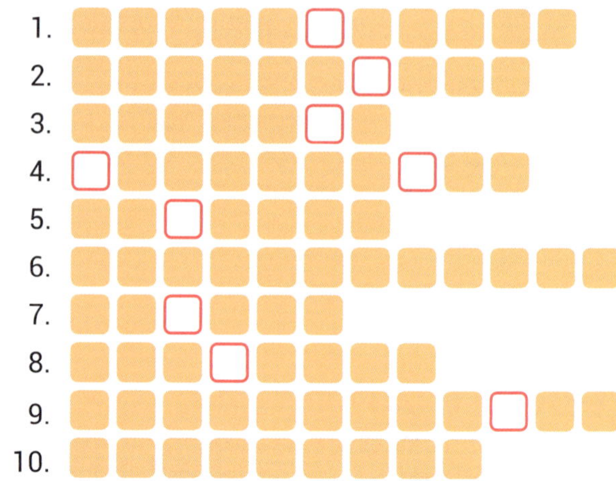

Curiosità

Si dice che sia un tentatore e chiunque venga mandato da lui si sente offeso:

☐☐ ☐☐☐☐☐☐☐

2 **Scegli l'alternativa corretta tra quelle date.**

1. Adoro passeggiare sul lungomare, fuorché quando piove / piova / piovere a dirotto.
2. Scrivimi pure un'e-mail, a meno che tu non preferisci / preferisca / preferire parlarne a quattr'occhi alla prossima riunione.
3. Carlotta sa fare di tutto, se non che / a meno di / eccetto dipingere.
4. Non farei mai il poliziotto, a meno che non / tranne / a meno di mi pagassero una cifra esorbitante.
5. Mio figlio odia fare qualsiasi attività fisica, tranne che giocare / giochi / gioca a calcetto.

6. Partirò sabato, eccetto / salvo che / se non i posti sul treno siano già al completo.
7. Avevo trovato la casa perfetta, se non che qualcun altro facesse / ha fatto / fare un'offerta prima di me.
8. A meno di / Salvo che / Tranne che non avere imprevisti, verremo alla tua festa di laurea.

3 Completa con i verbi dati al modo e al tempo corretti.

ammalarsi ❖ sposarsi ❖ dovere ❖ esserci ❖ assumere ❖ prendere ❖ scusarsi ❖ accettare

1. Vincenzo verrà sicuramente con i mezzi, salvo che .... lo sciopero dei bus.
2. Vi aiutiamo noi con il trasloco a meno che voi ormai non .... una ditta per il trasporto dei mobili.
3. Uso il computer per scrivere di tutto, fuorché .... appunti a lezione.
4. I signori Rossi non dissero altro se non che .... lasciare la città.
5. Mi immaginavo di tutto tranne che i miei figli .... così giovani.
6. Non ho intenzione di perdonare Mattia a meno che non .... con me.
7. A meno di ...., verrò sicuramente all'incontro.
8. Non vi resta che .... le condizioni contrattuali imposte.

4 Completa il testo con la forma corretta dei verbi tra parentesi.

QUALI LEGGI EUROPEE SULLE INTELLIGENZE ARTIFICIALI?

L'Unione Europea di recente .... (1. *pubblicare*) un *Codice etico sull'intelligenza artificiale* (I.A.), un documento che contiene le linee guida per progettare robot e sistemi informatici intelligenti secondo regole che .... (2. *valere*) per tutti a tutela dei consumatori e delle aziende. Non si tratta di uno scenario fantascientifico che .... (3. *rievocare*) le celebri leggi della robotica dello scrittore Isaac Asimov, ma di una prospettiva normativa essenziale per il futuro. Nello specifico, le linee guida individuano sette principi fondamentali che i sistemi di I.A. dovrebbero rispettare.

- **Azione e sorveglianza umane:** i sistemi di I.A. dovrebbero promuovere lo sviluppo di società giuste, ... (4. *sostenere*) l'azione umana e i diritti fondamentali senza ridurre, limitare o deviare l'autonomia dell'uomo.
- **Sicurezza:** è indispensabile che gli algoritmi matematici alla base di una I.A. affidabile .... (5. *essere*) sicuri e in grado di far fronte a errori o incongruenze durante tutte le fasi del ciclo di vita dei sistemi. Si pensi al caso di un'auto senza pilota che negli Stati Uniti ha investito e ucciso un ciclista perché non lo .... (6. *riconoscere*) come tale, probabilmente scambiandolo per un sacchetto di plastica al vento.
- **Riservatezza e gestione dei dati:** i cittadini .... (7. *dovere*) avere il pieno controllo dei propri dati personali e contemporaneamente i dati che li riguardano non potranno essere utilizzati per danneggiarli o discriminarli.
- **Trasparenza:** dovrebbe .... (8. *garantire*) la tracciabilità dei sistemi di I.A., ossia la possibilità di ricostruire, in ogni fase, il processo decisionale delle macchine, operazione non semplice.
- **Diversità ed equità:** i sistemi di I.A. dovrebbero tenere in considerazione tutte le capacità, le competenze e i bisogni umani ed essere accessibili a tutti, in modo tale che lo sfruttamento delle loro potenzialità .... (9. *andare*) a beneficio della collettività e non del singolo.

- **Benessere sociale e ambientale:** i sistemi di I.A. dovrebbero essere appositamente pensati e utilizzati per promuovere cambiamenti sociali positivi, affinché la sostenibilità e la responsabilità ecologica .... (10. *incrementare*).
- **Responsabilità:** dovrebbero essere previsti meccanismi che .... (11. *garantire*) la responsabilità dei sistemi di I.A. e dei loro risultati, nonché adeguati meccanismi di ricorso e risarcimento, in caso non .... (12. *filare*) tutto liscio.

adattato da www.cyberlaws.it e www.ilsole24ore.com

5 Inserisci nei quadrati la punteggiatura necessaria, come nell'esempio.

Il computer non è una macchina intelligente che aiuta le persone stupide ☐ anzi ☐(,) è una macchina stupida che funziona solo nelle mani delle persone intelligenti.

(U.Eco)

In questo nuovo ecosistema, il vero rischio è il caos ☐ Il fiorire di narrative di ogni genere rende difficile tenere un filo del discorso. La frammentazione sfida la nostra capacità di concentrazione ☐ ci rende lettori distratti ☐ più inclini a prendere spunti e slogan qua e là che non ad analizzare a fondo i temi.

(M.Bardazzi)

Twitter ☐ Mai usato. Non lo uso ☐ non uso Facebook ☐ non uso nulla. Sono strumenti per persone frustrate che invece di incontrarsi e parlarsi si mandano i messaggini.

(M.Cacciari)

Cinque italiani su cento tra i 14 e i 65 anni non sanno distinguere una lettera da un'altra ☐ una cifra dall'altra. Trentotto lo sanno fare ☐ ma riescono solo a leggere con difficoltà una scritta e a decifrare qualche cifra. Trentatré superano questa condizione ma qui si fermano ☐ un testo scritto che riguardi fatti collettivi ☐ di rilievo anche nella vita quotidiana ☐ è oltre la portata delle loro capacità di lettura e scrittura ☐ un grafico con qualche percentuale è un'icona incomprensibile.

(T. De Mauro)

6 Completa il testo con l'alternativa corretta.

Quando si parla di nuove tecnologie dell'informazione come internet, web, social media, chat, smartphone, tablet, sappiamo tutti che si tratta di mezzi e strumenti ormai completamente ....(1) nella vita quotidiana degli adolescenti, i cosiddetti *nativi digitali*. Proprio loro devono essere educati da piccoli perché queste tecnologie le usano, ma non le conoscono e in fondo neppure le capiscono profondamente. Tale ignoranza non gli consente di vedere i rischi e i pericoli impliciti in una realtà ....(2) pervasiva che si mescola con il mondo vero e, in diversa forma, ne ....(3) il peggio. Quindi devono imparare e, nell'immaginario collettivo, dove si impara? A scuola? Anche, ma forse a casa molto di più. Tuttavia ....(4) una domanda: chi ha "educato da piccoli" i genitori? Ovviamente nessuno su queste tematiche, ma il vostro analfabetismo non può essere una scusa o motivo di ....(5). La sicurezza nella società dell'informazione riguarda più la consapevolezza che la competenza tecnica. Disporre di buonsenso e di spirito ....(6) significa essere a metà dell'opera, per completare il lavoro si deve imparare ad avere Paura. Sì, proprio quella con la P maiuscola. Lo straordinario stato emotivo che ha permesso alla nostra specie di sopravvivere alle ....(7) di questo mondo: la sua scoperta vi aiuterà a cavarvela in quello oltre ....(8). Tuttavia, essa non deve trasformarsi in panico, ecco perché il senso comune è tanto importante. Vi ricordate il vostro ultimo viaggio in aereo? Ricordate di ....(9) le istruzioni della hostess per i casi di emergenza? Benissimo. A un certo punto arriva il momento delle maschere per l'ossigeno e non vi ....(10) che prima devono indossarla gli adulti, poi aiutare i bambini a fare altrettanto. Rispetto alla rete vale la stessa regola: mettetevi in sicurezza voi e poi occupatevi dei vostri figli. Questo è un esempio di buon senso applicato. In ultima analisi, si tratta soltanto di perdere la brutta abitudine di accendere il telefonino e nello stesso momento di spegnere il cervello.

adattato da *Questa casa non è un hashtag!: genitori e figli su internet senza rete*, di A. Curioni

1. a. irrotti b. integrati c. sopraesposti d. insabbiati
2. a. tecnica b. robotica c. virtuosa d. virtuale
3. a. ha assimilato b. ha aggiunto c. ha deviato d. ha impiegato
4. a. chiede b. pone c. sorge d. replica
5. a. collera b. compatimento c. scempio d. disaffezione
6. a. contrario b. sintetico c. critico d. intelligente
7. a. mazzate b. urgenze c. retrocessioni d. insidie
8. a. lo schermo b. il naso c. la cibernetica d. l'informatica
9. a. aver intuito b. esservi sorbiti c. aver attinto d. esservi districati
10. a. è passato b. sarà rassettato c. sarete accorti d. sarà sfuggito

7 Individua e correggi gli errori lessicali delle frasi.

1. So che Aurora è in vacanza dalla foto in costume che ha loggato ieri. ▶ ....
2. Signori, più tardi passerà la donna delle pulizie a resettare la camera. ▶ ....
3. Temo che la tua email sia finita nella posta insidiosa. ▶ ....
4. Carlo dovrebbe essere hackerato per aver pubblicato contenuti volgari. ▶ ....
5. Dopo un giorno di viaggio stancante si sono dovuti subire anche un'ulteriore attesa di tre ore, per lo sciopero dei treni. ▶ ....
6. Per Stefano Benni, nell'era dei portatili, l'ingombrante computer fisso sembra una cava. ▶ ....
7. Una volta scaricato il file con il contratto, lo firmi e lo scanneri, per inviarlo in formato digitale al nostro ufficio. ▶ ....
8. Mio figlio mi ha guardato con un cigno beffardo sul viso, perché non ero in grado di aggiornare l'antivirus sul mio cellulare. ▶ ....

8 Indica i casi in cui l'avverbio *non* è pleonastico.

- [ ] 1. Quando la situazione economica sarà peggiore non farò più investimenti.
- [ ] 2. Filava tutto liscio finché non sei arrivato tu.
- [ ] 3. Finché non ho preso una decisione, è meglio aspettare.
- [ ] 4. Gabriele spende più di quanto non riesca a mettere da parte.
- [ ] 5. C'è mancato poco che il professore non sorprendesse gli alunni a fumare in bagno.
- [ ] 6. È evidente che sappia fare meno di quanto non abbia dichiarato nel proprio curriculum.
- [ ] 7. Cerchiamo di bannare gli utenti molesti in modo che la community non abbia problemi.
- [ ] 8. Non appena avremo finito il trasloco, vi inviteremo a cena da noi.

☐ 9. A meno che non si tratti di una bugia, Antonio è assente dal lavoro per malattia.
☐ 10. Marianna è quasi vegetariana: non mangia alcun animale eccetto il pollo. Chissà perché!

14

9 a Ascolta e indica se le affermazioni sono vere o false.

	V	F
1. Il 5-10% degli utenti di internet non è in grado di controllare le proprie interazioni online a causa del deterioramento di materia bianca del cervello.		
2. Nelle persone che trascorrono molte ore online, le regioni del cervello che controllano l'attenzione sono rovinate come quelle di chi fa uso di droghe.		
3. Chi impiega i social network e internet per lavoro sviluppa una maggiore capacità di svolgere più compiti in contemporanea.		
4. L'aumento di attività contemporanee su internet rende più difficile trattenere in memoria le informazioni e isolarsi dalle interferenze esterne.		
5. Secondo uno studio, quasi il 90% delle persone sperimenta la sindrome della vibrazione fantasma almeno una volta a settimana.		
6. I social network hanno modificato il sistema nervoso, favorendo il rilascio di dopamina, l'ormone del benessere.		
7. Circa l'80% delle comunicazioni sui social è di tipo egocentrico, invece di riguardare esperienze condivise con gli altri.		
8. In media, le relazioni amorose iniziate online hanno minore probabilità di successo di quelle nate da spontanei incontri faccia a faccia.		

b Correggi le frasi false dell'esercizio precedente.

....
....
....
....
....

10 Completa le frasi con le parole mancanti.

1. Da quando lavoro da ...., invece che in ufficio, ho ricominciato a fumare.
2. I primi romanzi di fantascienza sono stati scritti a .... tra il XIX e il XX secolo.
3. Con il licenziamento così su due piedi ho ricevuto una .... inaspettata.
4. I moderni .... di ricerca sono un'evoluzione rispetto al passato per la rapidità di accesso alle informazioni, ma rappresentano un'................................ della nostra capacità di selezionare e confrontare i dati, quindi anche dello sviluppo di un pensiero ....
5. Nonostante abbia lavato i pantaloni due volte, ci sono ancora .... della macchia di vino.
6. Stefania parlava al telefono con tono ....: era evidente che stesse per piangere.

Giochi

Tutti gli esercizi sono disponibili in formato interattivo su www.i-d-e-e.it

Il pesce grosso mangia quello piccolo

1 a Completa la recensione del film *La terra dell'abbastanza* con l'alternativa corretta.

LA TERRA DELL'ABBASTANZA

Il film, diretto dai fratelli Fabio e Damiano D'Innocenzo, è un grido d'allarme per una generazione che perde la propria ....(1) e scivola in una discesa infernale, in cui la distinzione tra giusto e sbagliato, tra bene e male, sparisce in cambio della promessa di facili guadagni.
La pellicola ....(2) le vicende immaginarie, ma ambientate in un contesto sociale ....(3), di due giovani amici, Mirko e Manolo, diciottenni della periferia romana. Mentre ....(4) in macchina a tarda notte investono un uomo e decidono di scappare. La tragedia si trasforma in un apparente colpo di fortuna: l'uomo che hanno ucciso è il pentito di un clan criminale della zona e ....(5) i due ragazzi si sono guadagnati la possibilità di entrare a farne parte. La loro vita è sul punto di cambiare in modo radicale. Intorno a loro non stanno solo i membri della malavita organizzata, pronti a sfruttare l'apparente indifferenza nei confronti di quanto viene loro richiesto, come prostituire minorenni, spacciare droga, sparare, ma anche dei genitori che, per frustrazione e per debolezza, di fatto ....(6) al loro ruolo. I figli hanno 'sentito' questa insoddisfazione esistenziale e hanno reagito come potevano: smettendo di reagire. I protagonisti, infatti, di fronte al ....(7) compiuto "scelgono la via più facile, quella del silenzio, ma i fantasmi di quest'evento non gli lasciano ....(8) - hanno spiegato i registi - così cominciano a difendersi dai sensi di colpa. Credono sia più facile accumulare ulteriore carico di disumanizzazione invece che ripulirsi da quanto è accaduto. Al punto da non sentire più niente, coscienza compresa".

adattato da www.mymovies.it e www.comingsoon.it

1. a. paranza	b. microcriminalità	c. innocenza	d. sopraffazione
2. a. si ispira	b. narra	c. afferra	d. osserva
3. a. autentico	b. ambientale	c. sospeso	d. armato
4. a. passano	b. giungono	c. arrivano	d. sfrecciano
5. a. sparandogli	b. facendolo fuori	c. tagliandolo fuori	d. minacciandolo
6. a. hanno ingannato	b. hanno assunto	c. hanno abdicato	d. si sono risollevati
7. a. delitto	b. fiato sospeso	c. caso	d. racconto
8. a. resurrezione	b. sfida	c. materia	d. tregua

b Che cosa ha in comune la storia del film con quella de *La paranza dei bambini* (pag.119 del Libro)?

2 Abbina per formare frasi di senso compiuto.

☐ 1.	Non sempre è opportuno narrare...	a.	il suo capo, mostrandosi in disaccordo.
☐ 2.	Certi quartieri degradati possono alimentare...	b.	un pallido sole.
☐ 3.	Dopo una notte interminabile, stava sorgendo...	c.	adulti per forza.
☐ 4.	Mi resteranno sempre impresse...	d.	delitti efferati e fatti cruenti.
☐ 5.	Ilaria ha deciso di sfidare...	e.	da false promesse di futura ricchezza.
☐ 6.	Angelo è stato ingannato...	f.	l'odio e la violenza.
☐ 7.	Profonde rughe segnavano...	g.	il volto stanco del boss.
☐ 8.	Una volta persa l'innocenza, si diventa...	h.	nella memoria le sue parole.

3 Conosci i santi patroni delle città italiane? Inserisci l'aggettivo *Santo* alla forma corretta.

1. Milano ▶ .... Ambrogio
2. Firenze ▶ .... Giovanni
3. Venezia ▶ .... Marco
4. Palermo ▶ .... Rosalia
5. Napoli ▶ .... Gennaro
6. Padova ▶ .... Antonio
7. Prato ▶ .... Stefano
8. Viterbo ▶ .... Rosa
9. Bari ▶ .... Nicola
10. Parma ▶ .... Ilario

4 Completa la mappa concettuale con le parole date. Attenzione: c'è una parola in più!

svalutazione ✦ ferite ✦ palpeggiamenti ✦ intimidazione ✦ collera
verbale ✦ l'aggressore ✦ fisica ✦ stupro

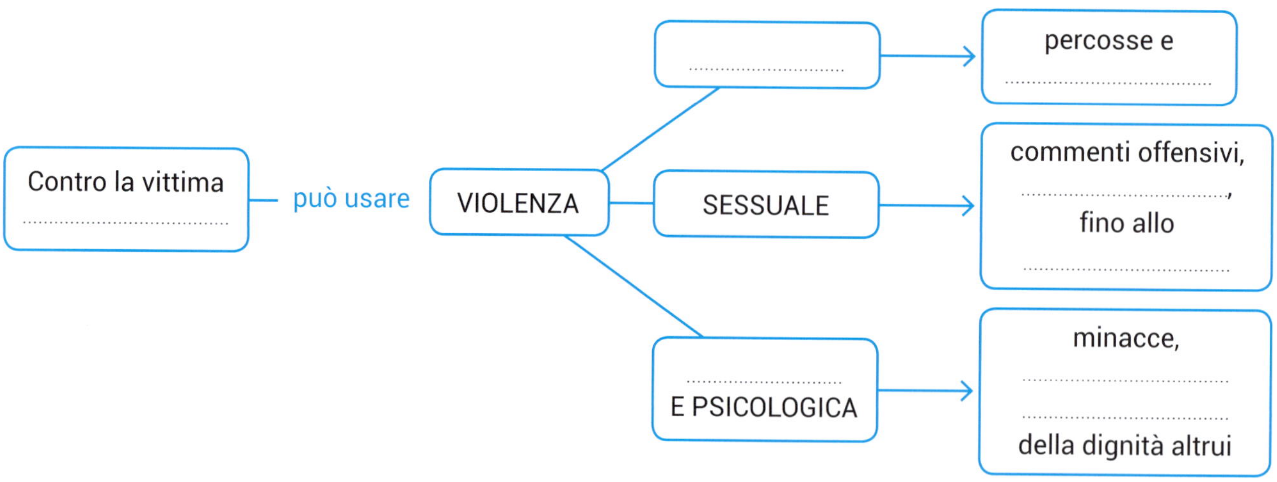

5 Leggi il passo di un romanzo sul femminicidio e inserisci le frasi mancanti al posto giusto. Attenzione: ci sono 2 frasi in più!

Dalla cella in cui si trova, colpevole di aver ucciso Stella, il quindicenne Cesare ricorda tutta la sua storia con la ragazza, dal primo incontro fino all'assassinio. Dalle parole e dai ricordi del giovane emerge il tentativo di mascherare da amore romantico un'ossessione morbosa e violenta, che degenera nel desiderio di possedere l'altro e, infine, nella convinzione di poterlo privare della propria vita.

«È stato solo per amore che l'ho uccisa, e mentre il sangue le usciva dalla gola non mi sembrava neanche lei. **a** ☐ E con quegli occhi spalancati mi guardava fisso e non diceva una parola. Si prese il collo tra le mani, ma lo stesso sangue usciva forte e non poteva farci niente, e io nemmeno potevo farci niente, e la mano col

coltello me la sentivo più pesante.
E adesso mi ricordo di quando l'ho conosciuta, quando l'ho vista per la prima volta che stava al bar davanti a scuola con gli amici e c'era uno che suonava la chitarra. **b** ☐ Dopo un po' si alzò, prese lo zaino e se ne andò, e io dietro.
Per strada camminava liscia come una modella e saltellava come se sotto i tacchi le avessero messo delle molle. E poi arrivò al semaforo ed era rosso, e allora si fermò e io mi avvicinai: eravamo fianco a fianco e, da vicino, era ancora più carina. Lo sai che sei carina - dissi - e lei rispose: "Certo che lo so". Allora rimasi come un cretino, fermo e muto senza una parola, perché quella risposta non me l'aspettavo. **c** ☐
Il giorno dopo con lo spray rosso disegnai quarantasette cuori sul marciapiede da casa sua alla fermata del bus e in ogni cuore c'erano scritti il mio nome e il suo. Quando li vide Stella si arrabbiò perché diceva che quelle erano cazzate. Io tutte le mattine presto andavo a correre, col sole cocente e con la pioggia, e a lei questa cosa piaceva perché diceva che ero forte e determinato.
Ci misi un bel po' a conquistarla, ma alla fine la spuntai. **d** ☐ La guardavo da lontano senza farmi vedere. Un pomeriggio le offrii il gelato e finalmente ci mettemmo insieme. Diceva che avevo qualcosa di particolare che lei non capiva. Diceva sempre che ero bellissimo. **e** ☐ Avevo lei, e invece di essere felice, tremavo per la paura di restare solo. Mi guardavo sempre intorno, in ogni istante, e li vedevo che la guardavano, gli altri, ma mi dicevo che loro potevano solo guardare, perché lei era mia.»

adattato da *Mia*, di A.Ferrara

1. Io la guardavo e anch'io in cuor mio avrei voluto saperlo fare, perché a lei quello che suonava si vedeva che piaceva.
2. All'inizio le davo gli appuntamenti e dopo non andavo.
3. Sembrava un'altra, una lontana che non potevo avere, che non avrei avuto mai.
4. Tuttavia, anche se stavamo insieme non ero tranquillo, no, non ero tranquillo mai, perché pensavo sempre che forse mi avrebbe lasciato.
5. Il semaforo era ancora rosso ma lei attraversò comunque senza guardare. E fu così che fece un incidente. Per un attimo pensai di poterla salvare.
6. E quando venne il verde non attraversai, me ne rimasi fermo come un palo mentre lei già se ne andava.
7. Le facevo mille regali ma lei sembrava più interessata a mio fratello.

6 **Completa i testi con parole derivate da quelle date, alla forma corretta, come nell'esempio.**

1 Purtroppo molte donne trovano difficile ....*denunciare*....(1) la violenza domestica, soprattutto quella psicologica, perché non sono pienamente consapevoli di subire ....(2) e tendono a giustificare la ....(3) del proprio aggressore, perché si sentono ....(4) di qualunque cosa il partner le abbia ripetutamente accusate: di essere troppo provocanti, troppo egoiste, incapaci di cavarsela da sole o prive di dignità. Diventano, così, complici inconsapevoli delle aggressioni ....(5) a loro danno.

colpa
maltrattare
denuncia
perpetrare
sopraffare

2 Spesso lo *stalking* a sfondo sessuale si camuffa. La linea di ....(1) tra un innocuo complimento, in cui viene apprezzato l'aspetto estetico, e un ....(2) tentativo di capire se la donna "ci sta", non è sempre così facile da individuare. È una questione di ....(3): c'è chi lo interpreta come un commento positivo e chi come una vera e propria coercizione.

invadere
demarcare
percepire

3 Lo sapevi che soltanto nel 1981 è stato abolito dal Codice ....(1) in Italia il cosiddetto "delitto d'onore", ovvero uno sconto di pena per gli uomini che avessero ucciso mogli, sorelle, figlie che avevano "disonorato" la famiglia, ad esempio con un ....(2)? È una vergogna che ci sia voluto tanto tempo per equiparare il trattamento riservato a uomini e donne, cancellando una legge orientata alla ....(3) delle motivazioni, vere o presunte, del femminicidio. Lo stesso si può dire per il "matrimonio riparatore" con cui si aveva l'abitudine di "risolvere" il problema delle donne ....(4) da uno stupro: le conseguenze ....(5) per il violentatore erano annullate se quest'ultimo sposava la vittima.

minimizzare
pena
legge
violare
tradire

7 a Abbina le parole ai significati (sono 2 per ciascuna).

1. RELAZIONE ✦ 2. PUNTO ✦ 3. BENE ✦ 4. LIRA ✦ 5. CALCIO ✦ 6. CLASSE ✦ 7. MOLE

- [ ] a. antico strumento musicale
- [ ] b. rapporto tra persone o cose
- [ ] c. opposto di male
- [ ] d. unità di misura fisica
- [ ] e. elemento geometrico minimo
- [ ] f. moneta italiana prima dell'euro
- [ ] g. gruppo sociale
- [ ] h. aula di scuola
- [ ] i. proprietà di qualcuno
- [ ] l. resoconto informativo
- [ ] m. elemento chimico
- [ ] n. massa di grandi dimensioni
- [ ] o. segno grafico di punteggiatura
- [ ] p. colpo dato con il piede

b Completa le frasi con 6 parole dell'esercizio precedente (attenzione: si possono ripetere!).

1. I clienti che intendano richiedere un risarcimento per i danni dell'alluvione devono inviare per e-mail i dati del proprio .... immobile e la .... tecnica dell'assicurazione. Data l'enorme .... di richieste che giungeranno a questo ufficio, si prega di indicare chiaramente nell'oggetto il nome della persona assicurata.
2. In .... di Mara c'è una ragazza che ha una .... segreta con il professore di Chimica. Ero sul .... di denunciare il fatto al preside per il .... degli alunni, quando ho scoperto che la giovane è maggiorenne.
3. L'altra notte ho sognato che stavo passeggiando per le vie di Torino e di .... in bianco qualcuno mi aggrediva tirandomi un .... allo stomaco. Riuscivo a scappare e correvo verso la famosa .... antonelliana che ospita il Museo del Cinema.
4. Dal .... di vista nutrizionale i formaggi sono ricchi di ...., quindi fanno .... alle ossa e ai denti.

5. La nostra .... dirigente è incapace di arginare il fenomeno della violenza negli stadi, dovuti sia alle tifoserie di .... più estreme che a singoli delinquenti in .... con partiti di ispirazione razzista.

8 **Completa con i verbi dati per formare proposizioni limitative, come nell'esempio. Poi indica se sono implicite (I) o esplicite (E).**

riscontrare | venire | studiare | guidare | dirsi | parere | sapere | battere | scoprire | saperne

1. Da quel che *abbiamo scoperto* noi, Mario è un asso a .... le moto sportive. ☐ ☐
2. A quanto ...., nessuno aveva intenzione di denunciare il boss. ☐
3. Reagire ad anni di violenze è facile a .... per chi non le ha mai subite. ☐
4. È un avversario difficile da ....: non sottovalutatelo! ☐
5. In base a quanto .... finora, si è trattato di un delitto commesso per denaro. ☐
6. Che io ...., Barbara è tornata tardi ieri sera, dopo essersi data alla pazza gioia. ☐
7. Per quanto .... io, la polizia è intervenuta rapidamente contro la baby gang. ☐
8. Per ...., vengo, ma non so quanto mi fermerò. ☐
9. Quanto a ...., Daniele fa solo il minimo indispensabile, senza affaticarsi troppo sui libri. ☐

15

9 **Ascolta l'intervista radiofonica sulle baby gang e individua le informazioni presenti.**

☐ 1. Le baby gang più diffuse a Milano operano in zone decentrate, a traffico limitato.
☐ 2. Le baby gang di Milano prendono il nome dalle sigle della zona o dal codice postale.
☐ 3. Rispetto alle bande di altre città europee, come Parigi, è diversa la composizione etnica.
☐ 4. Il giornalista accusa i gestori dei social network di non bloccare la diffusione di immagini postate dai giovani criminali.
☐ 5. Gli artisti di graffiti murali cercano di stimolare i giovani violenti a invertire la rotta.
☐ 6. Alcuni musicisti sono in parte responsabili di concorrere a stimolare fenomeni di violenza.
☐ 7. Per arginare il fenomeno, sarebbe utile investire in strutture sportive.
☐ 8. In media, i membri delle baby gang sono ragazzini di 10-12 anni.
☐ 9. A differenza delle generazioni precedenti, oggi le baby gang usano la potenza del fuoco.
☐ 10. Il fenomeno è più pericoloso di prima a causa dei social che creano un più ampio consenso.

10 **Correggi le parole evidenziate con altre più opportune al contesto.**

1. Credo che in certi quartieri avere un'arma serva a proteggersi per lecita .... difesa.
2. È stato arrestato per sfruttamento .... di minori, dato che picchiava i figli.
3. Per contrastare la supercriminalità .... servono programmi per educare i minori.
4. L'uso prolungato di droghe può essere invadente .... per l'organismo.
5. Non vorrai mica equivalere .... un'aggressione a una semplice lite di coppia?
6. Ho ottenuto la foto per gentile cessione .... dell'Archivio di Stato.

Giochi

Tutti gli esercizi sono disponibili in formato interattivo su www.i-d-e-e.it

Bada a come parli!

1 Indica il registro linguistico utilizzato in ciascuna frase.

☐ 1. Il costo dell'auto appare eccessivo.	a. aulico-solenne
☐ 2. La macchina costa un occhio della testa!	b. colto
☐ 3. L'importo indicato per il veicolo risulta esoso.	c. medio
☐ 4. 'Sta cosa costa una cifra.	d. colloquiale-familiare
☐ 5. L'auto costa troppo.	e. intimo-confidenziale

2 Completa il testo con le parole date, alla forma corretta. Attenzione: ce ne sono 2 in più!

squalificante ✦ sfrenato ✦ faziosità ✦ deleterio ✦ coesione
riluttanza ✦ arretrato ✦ intento ✦ campanilistico

LUOGHI COMUNI E COMUNI RIVALI: ALLE ORIGINI DEL CAMPANILISMO ITALIANO

Al Nord come al Sud, al mare e in montagna, l'Italia è percorsa da un'antica ....(1) tra città vicine, o meglio tra campanili vicini, da cui il termine ....(2), per indicare l'orgoglio di appartenere a una comunità, storicamente rappresentata dalla chiesa locale, rispetto alle altre confinanti. Piuttosto che nella patria, gli italiani cercano un senso di ....(3) e identità nella propria regione, nella propria città o, addirittura, nel proprio paesino. Così le antiche rivalità hanno dato vita a un ricco campionario di aggettivi, spesso ....(4), con cui descrivere gli "altri" italiani. I piemontesi sono falsi e cortesi, i romani burini e caciaroni*, i napoletani estroversi, furbetti e inaffidabili, i sardi pecorai e testardi, i veneti ubriaconi e così via. In alcuni casi, gli stereotipi sono talmente radicati da diventare sinonimi di certe caratteristiche considerate negative o addirittura .... (5): dare a qualcuno del "genovese", ad esempio, significa definirlo tirchio, avaro, a causa della fama di eccessivi risparmiatori tradizionalmente attribuita agli abitanti di Genova. Allo stesso modo il terrone, per i settentrionali, è sinonimo di incivile. La parola "terrone", sebbene di origini incerte, sembra essere entrata nell'uso in senso spregiativo o scherzoso, per indicare gli abitanti del Meridione come contadini legati alla terra, in quanto il Sud era un'area del nostro Paese caratterizzata da un'agricoltura ....(6).

In conclusione, la ....(7) a sentirci uniti ha radici lontane e l'aveva già notata due secoli fa il poeta tedesco Goethe che scriveva: "qui sono tutti in urto l'uno contro l'altro, in modo che sorprende. Animati da un singolare spirito di campanile, non riescono a sopportarsi a vicenda".

* burino: in romanesco è una persona maleducata e volgare; caciarone: chiassoso, rumoroso.

3 **Abbina prefissi e suffissi per formare le parole corrispondenti alle definizioni.**

1. Persona che parla inglese. ▶ ....
2. Paura di chi ama persone del proprio sesso. ▶ ....
3. Forma di governo in cui il popolo è al potere. ▶ ....
4. Disciplina scientifica che studia gli animali. ▶ ....
5. Elenco scritto dei libri consultati. ▶ ....
6. Paura dello straniero, del diverso. ▶ ....
7. Medico che cura i bambini. ▶ ....
8. Chi ha amore, passione per i libri. ▶ ....
9. La stessa forma di scrittura. ▶ ....
10. Chi prova simpatia per la cultura inglese. ▶ ....
11. Carnivoro, che si nutre di animali. ▶ ....
12. Luogo in cui si conservano raccolte di film. ▶ ....

omo-	-filo
xeno-	-fobia
anglo-	-logia
demo-	-crazia
zoo-	-fono
biblio-	-teca
ped-	-iatra
cine-	-fago
	-grafia

4 **Completa il testo con le parole mancanti, come nell'esempio.**

COME NASCONO I DIALETTI

I dialetti sono vere e proprie lingue, ma, come è stato talvolta detto, "senza una marina e un esercito". Le lingue, come oggi ....(1) intendiamo, sono nate con gli Stati Nazionali. Ad esempio, il francese è nato come lingua di una nazione fortemente accentrata sulla città di Parigi, identificandosi dunque con la parlata dello stesso centro ....(2) sulle rive della Senna; il tedesco trova le sue radici nella traduzione della Bibbia nel cuore della Germania; mentre, in Italia, le lingue sono nate in corrispondenza degli stati in cui l'Italia è rimasta divisa ....(3) al 1860. Certo, l'influenza dei tre grandi autori del Trecento, Dante, Boccaccio e Petrarca, ha ....(4) sì che la lingua italiana si identificasse con il toscano "purificato", che oggi è stato adottato in generale anche dai media. Tuttavia, per avere un "vero" dialetto bisogna che la lingua faccia uso di un lessico diverso da quello standard, come il napoletano, il sardo, il siciliano, il veneto o il romano che, a differenza del ....*toscano*.........(5), vanno oltre le diverse semplici regole di pronuncia locali e regionali. Oggi, nei media di massa c'è una predominanza delle varietà centro-meridionali, per ....(6) non linguistici, ma di produzione ed elaborazione culturale, legati alla stessa industria culturale.

Una soluzione che viene proposta oggi per impedire la scomparsa dei dialetti è il fenomeno opposto all'isolamento di coloro che li parlano/parlavano in maniera esclusiva: è il bilinguismo, ...(7) la contemporanea competenza dell'italiano standard e della lingua locale. Non è un caso che, ad esempio, nella provincia autonoma dell'Alto Adige, il ....(8) si realizzi in modo effettivo anche a livello istituzionale, proponendo nelle scuole, accanto allo studio dell'italiano e del tedesco, quello del ladino, esempio di un dialetto che è una vera e propria lingua sviluppatasi dal latino nelle tre valli, rispettivamente, di Fassa, Gardena e Badia. In ....(9), tornare alla conoscenza del dialetto, o non perderla, è fondamentale per conservare le nostre ....(10).

adattato dall'*intervista al semiologo G.Manetti su www.globalist.it*

5 **In ogni frase c'è un errore nei prefissi delle parole. Sostituisci i prefissi errati con quelli corretti.**

1. La tua decisione di trasferirti all'estero mi ha ripiazzato. ....
2. Nel quotidiano il dialetto tende a abbordare oltre i confini della sfera familiare. ....
3. Crescendo, ho dislegato il dialetto bergamasco alle conversazioni con i miei familiari. ....
4. Alla conferenza Gloria si è delungata troppo sui ringraziamenti. ....
5. Antonio sa cavarsela nelle situazioni più insparate. ....
6. Agli inesperti la faccenda pare sgarbugliata quando si parlano troppe lingue. ....

6 **Le parole evidenziate sono finite nella frase sbagliata. Rimettile al posto giusto.**

1. Come facciamo a non confezionare debiti per l'avvio della nostra attività?
2. A causa degli scavi archeologici, non è stato prestato l'edificio progettato.
3. Non bisogna scegliere ciò che serve a contrarre felici gli altri, ma noi stessi.
4. Quando dovete commettere la prova scritta di Chimica applicata?
5. Percorrere un furto, anche piccolo, significa rischiare una pena severa.
6. L'azienda ha costruito un contratto di vendita con la concorrenza.
7. Da qui per lo stadio bisogna rendere tutta via Dante, poi girare a destra.
8. Se tu avessi realizzato attenzione alle spiegazioni, ora sapresti come procedere.
9. L'artista è noto per aver stipulato sculture con materiali d'uso quotidiano.
10. Per il matrimonio di Marta, mi farò sostenere un abito in raso rosa.

7 **Sottolinea gli errori nell'uso del superlativo e correggili, come nell'esempio. Attenzione: alcune frasi sono corrette!**

1. Mauro è un atleta eccezionalissimo: il più meglio in gara. ▶ *eccezionale, il migliore*
2. Hanno realizzato un bellissimo e colossalissimo monumento in onore dei caduti in guerra. ▶ ....
3. Illustrissimo Presidente, Le scrivo per congratularmi con Lei. ▶ ....
4. Il campanilismo è frutto dell'eccessivissima faziosità tra città vicine. ▶ ....
5. La Divina Commedia è un magnificissimo capolavoro della letteratura occidentale. ▶ ....
6. Grazie alla melodia piacevolissima, quella canzone è diventata il tormentone dell'estate. ▶ ....
7. I quartieri spagnoli di Napoli sono favolosissimi per l'architettura ma trafficatissimi. ▶ ....
8. La nuova stazione è una gigantesca struttura in vetro. Strepitosissima! ▶ ....

8 **a** **Leggi il testo sui geosinonimi e completa con le parole date.**

papà ✦ lavandino ✦ anguria ✦ scemo ✦ cornetto ✦ asciugamano ✦ anglofilia
babbo ✦ gelato ✦ geosinonimi ✦ stampella ✦ sacchetto

Sono le 8 di mattina, andate al bar e ordinate il solito. Che naturalmente è "cappuccino e ....(1)", giusto? No, se siete del Nord Italia, il cornetto per voi è probabilmente qualcos'altro, un ....(2) di una nota marca o un portafortuna rosso a forma di corno. A colazione voi ordinate una brioche, vero? Ma fate attenzione a non chiedere una brioche o, peggio ancora, un croissant a Roma o a Catania perché, nel migliore dei casi, vi verrà lanciato uno sguardo misto di indignazione e smarrimento. Si possono creare fraintendimenti anche quando in un negozio di abbigliamento a Firenze chiedete una ....(3): per il commesso toscano si tratta di un attrezzo ortopedico che serve a chi ha problemi a camminare. Piuttosto avreste dovuto domandare una gruccia per appendere gli abiti! Al supermercato, finita la spesa, se siete in Puglia, vi servirà una busta, non un ....(4), né tantomeno una borsa di plastica, come la chiamano a Trieste. Per fortuna, nonostante l'..................................(5) dilagante, nessuno dice *shopper*! E i malintesi non finiscono qui. Quello che in tutta Italia è noto come ....(6), in alcune parti del Nord viene chiamato salvietta, un termine che però indica generalmente un tovagliolo di stoffa o di carta. Non c'è nulla di strano, in realtà, perché l'italiano è pieno di ....(7), ovvero una serie di sinonimi, con una distribuzione geografica differenziata sul territorio, che servono a indicare la stessa cosa. Uno dei casi più discussi è quello del nome da attribuire al gustoso frutto estivo. Il sostantivo italiano più diffuso è cocomero, mentre ....(8) è una variante settentrionale, e al Sud poi lo chiamano melone, da non confondere con quello giallo. Pensate poi alla figura paterna che in Italia ha dato luogo a due geosinonimi: la forma più utilizzata, ...(9), deriva dal francese ed è tipica al Nord, mentre la parola più antica, ...(10) (già presente negli scrittori del Trecento e negli storici Vocabolari della Crusca) è ormai percepita come regionale, tipica della Sardegna e dell'Italia centrale. Mi raccomando, però: quello di Natale si chiama Babbo! E badate bene a non usare questo vocabolo in Sicilia: in dialetto infatti è offensivo e significa ....(11)!

I geosinonimi sono tantissimi e spesso una forma di maggior prestigio si è imposta sulle altre: si pensi a "formaggio" che ha conquistato terreno rispetto alla forma laziale "cacio", o a "lavello" che risulta più standard rispetto alla variante toscana "acquaio" per indicare il ....(12) della cucina. Insomma, paese che vai, usanza (e parola) che trovi!

liberamente adattato da *www.it.babbel.com* e *www.accademiadellacrusca.it*

b Guarda le immagini e indica quelle il cui significato non viene citato nel testo.

a ☐

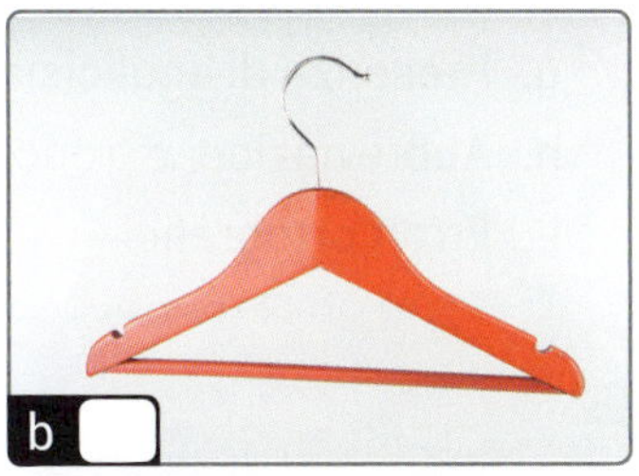
b ☐

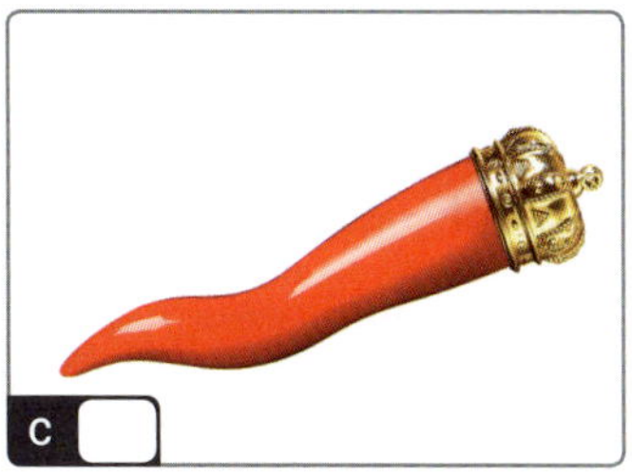
c ☐

d ☐

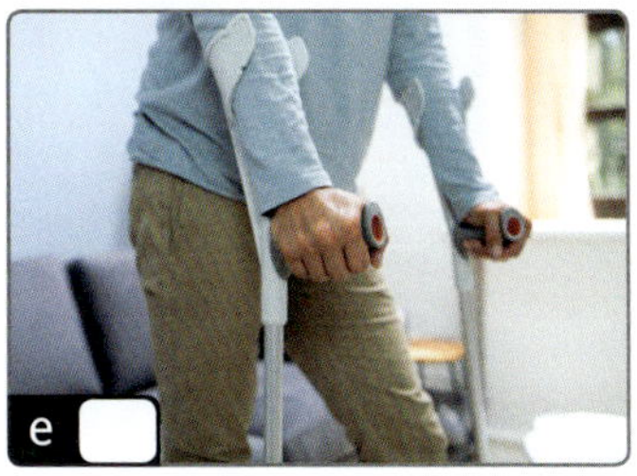
e ☐

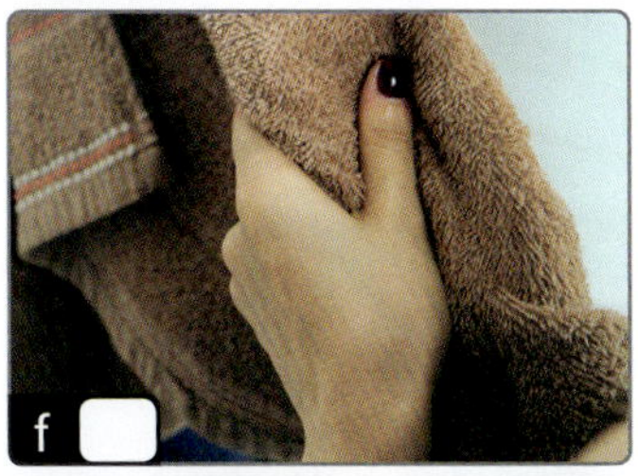
f ☐

g ☐

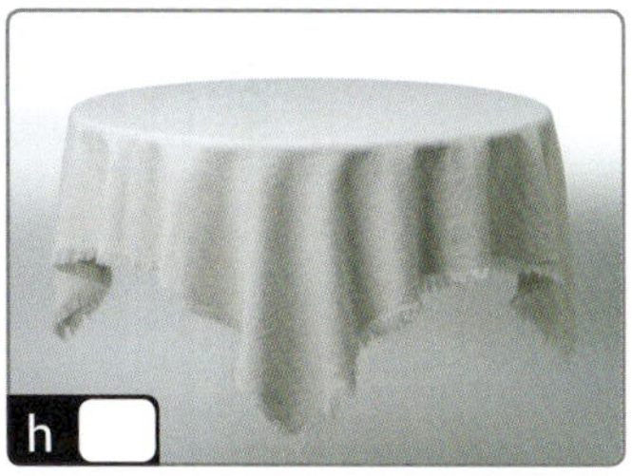
h ☐

i ☐

l ☐

16

9 Ascolta l'attore Gigi Proietti che parla in modo ironico del romano e indica l'alternativa corretta.

1. Secondo l'attore la volgarità:
   - ☐ a. cambia in base alle epoche
   - ☐ b. è una risposta alla rigidità religiosa
   - ☐ c. necessita sempre di confessione
   - ☐ d. è caratteristica solo del dialetto

2. Il principale vantaggio del romano rispetto all'italiano, a suo avviso, è:
   - ☐ a. la minor volgarità
   - ☐ b. la presenza del turpiloquio
   - ☐ c. la maggior rapidità espressiva
   - ☐ d. un vocabolario più ristretto

3. L'attore sostiene che le parolacce in romano si riferiscano a questi ambiti, tranne che:
   - [ ] a. alla sfera sessuale
   - [ ] b. agli escrementi
   - [ ] c. alle parti anatomiche inferiori
   - [ ] d. alla religione

4. Per indicare le differenze con il romano, l'attore usa frasi in italiano di registro:
   - [ ] a. intimo-confidenziale
   - [ ] b. colto
   - [ ] c. medio
   - [ ] d. colloquiale-familiare

10 a **Sottolinea e individua nelle frasi i fenomeni linguistici descritti, come nell'esempio.**

a. Assenza del congiuntivo
b. Presenza di turpiloquio
c. Uso regionale dell'articolo davanti ai nomi femminili
d. Forma di cortesia con il Voi
e. Tono e registro colto
f. Geosinonimi regionali
g. Presenza di anglicismi
h. Abbreviazioni e troncamenti
i. Errori ortografici

1.	Penso che è meglio rimanda' al prossimo weekend.	a, h, g
2.	La Giovanna racconta cazzate. Dice di no, ma chattava con quel tipo già due anni fà. Ho le prove...	
3.	Scusate Signore, Vi prego di spegnere il dispositivo elettronico durante il volo.	
4.	Il mi' babbo è in ospedale. So' preoccupatissimo!	
5.	L'eccessivo utilizzo di vocaboli stranieri rinvia a un'italofobia deleteria.	
6.	Credevo che faceva lei la spesa. Ci mancano sale, pollo, latte, riso, anguria e pasta.	

b **Correggi gli errori e i fenomeni linguistici individuati nell'esercizio precedente, in modo da scrivere le frasi in italiano medio-standard, come nell'esempio.**

1. *Penso che sia meglio...*
2. ....
3. ....
4. ....
5. ....
6. ....

Giochi

Tutti gli esercizi sono disponibili
in formato interattivo su www.i-d-e-e.it

All'ordine del giorno!

Unità 15

1 Abbina per formare delle frasi di senso compiuto.

- ☐ 1. Alle volte, nella vita, bisogna prendere...
- ☐ 2. Finché non sei arrivato tu, filava...
- ☐ 3. Durante il processo l'avvocato puntò...
- ☐ 4. È prerogativa di certi giornalisti compiacere...
- ☐ 5. Da quando Sabrina lavora da remoto non stacca...
- ☐ 6. La libertà espressiva è un diritto inalienabile, vale...
- ☐ 7. Devi scegliere se hai il coraggio di stare...
- ☐ 8. Carlo è talmente caparbio che non sa cedere...

a. il potere con le parole.
b. neanche di fronte all'evidenza dei fatti.
c. posizione e rischiare.
d. mai dallo schermo.
e. tutto liscio con gli ospiti.
f. dalla parte dei deboli.
g. il dito contro il colpevole.
h. a dire che non si può comprare.

2 Completa con le preposizioni mancanti, come nell'esempio.

1. Michele sta ...con... Gloria da 8 anni ormai. Perché non si sposano?
2. Non starmi .... dire che non sapevi dove fosse tuo fratello.
3. Ottenuta la promozione, mio marito non stava .... sé .... gioia.
4. La tua amica è stata per tutta la festa .... sue, senza parlare con nessuno.
5. Durante le indagini i poliziotti stavano addosso .... sospettato.
6. Sono troppo suscettibili e non sanno stare .... scherzo.
7. Il segreto della felicità sta .... godersi il presente, senza rimpianti.
8. Dopo le intimidazioni subite, i cronisti stettero a lungo .... chi va là.
9. Stando .... parole di un celebre giornalista, l'uomo sarebbe stato ricattato.
10. Perché non volete stare .... mia parte almeno una volta?
11. Mio figlio sta .... algebra come il gatto .... vasca da bagno!
12. Sono stati .... spine per ore, in attesa dei risultati delle analisi.

17

3 Ascolta l'intervista a Umberto Eco sui problemi del giornalismo contemporaneo e confrontala con quella a Matteo Gracis (p.140 del Libro). Poi indica quali rischi e difetti dei giornalisti vengono trattati in ciascun brano: A (Gracis), B (Eco). Attenzione: alcuni sono trattati in entrambi, altri in nessuno.

	A	B
1. Il pericolo di riportare più pettegolezzi scandalistici che notizie.		
2. Riunire notizie affini per tema creando allarme nell'opinione pubblica.		
3. L'esagerazione mediatica dei fatti, come megafono di fenomeni noti sui social.		
4. L'adesione delle notizie alla narrazione voluta dalle autorità ufficiali.		

	A	B
5. L'influenza della politica sulla stampa, chiara nel caso dei giornali di partito.		
6. La dipendenza della stampa italiana dai gruppi di potere economico.		
7. Il rischio per i giornalisti di perdere autonomia espressiva nella professione.		
8. La necessità di proteggersi dalla concorrenza dei blogger.		

4 **Riscrivi i titoli delle notizie in stile giornalistico, come nell'esempio. Puoi togliere gli articoli, mettere il verbo o l'ausiliare sottinteso, cambiare la posizione delle parole.**

1. Il preside di un liceo è stato denunciato per molestie sessuali.
   Preside di liceo denunciato per molestie sessuali
2. I ricercatori guadagnano stipendi da fame: 800 euro per uno su tre.
   ....
3. Il Milan è stato sconfitto dal Chievo a San Siro.
   ....
4. Stasera verrà trasmesso l'annuncio del Presidente del Consiglio.
   ....
5. In Iraq c'è stata una strage: sono stati uccisi 12 bambini.
   ....
6. In un anno, sono stati chiusi più di trecento negozi.
   ....
7. Dopo aver trovato il fidanzato online, lui le ruba 20mila euro.
   ....
8. Da gennaio sono state registrate 35 morti bianche nell'edilizia.
   ....

5 **Leggi e scegli l'alternativa corretta tra quelle date.**

PERCHÉ SOLO CATTIVE NOTIZIE?

Perché la tendenza maggiormente diffusa da anni è quella di divulgare / preservare (1) cattive notizie? È sufficiente, per rendersene conto, guardare un telegiornale o la prima pagina di un quotidiano, ma anche i post più letti e condivisi dopo l'avvenimento / avvento (2) dei social network. Le prime notizie e le più seguite sono sempre devastanti: riguardano morti, catastrofi, attentati, calamità / disguidi (3) naturali e cronaca nera. Le notizie positive invece / eppure (4) passano in pochi minuti, velocemente come se fossero scontate, o addirittura vengono ignorate.

Colpa dei media o del pubblico? La verità sta nel mezzo. Le motivazioni che spingono i mezzi di comunicazione di massa a perpetrare tale comportamento (o strategia?) sono principalmente due e sono legate tra loro in modo così perverso da creare un circolo vizioso / virtuoso (5).

La prima motivazione è ovvia e si piega alle logiche / bufale (6) dell'economia: tv e giornali sono aziende e come tali devono fare affari, hanno bisogno di ascolti. La quasi totalità del loro pubblico segue le disgrazie e, più la notizia è tragica più aumenta in maniera esponenziale la quantità di informazioni che il pubblico cerca per approfondire. Così i giornalisti diventano lo zerbino / il megafono (7) delle notizie catastrofiche che il pubblico apprezza e ricerca online. È vero che essere informati è fondamentale, tuttavia dovremmo anche chiederci cosa ci è davvero utile sapere dai media. Le masse sono purtroppo attratte dagli eventi più terribili. Da un lato perché sono spinte dalla curiosità e dal desiderio di emozioni forti, e dall'altro perché cercano inconsciamente / legittimamente (8) il beneficio dell'effetto consolatorio: ascoltando in tv una tragedia la mente si libera dalla preoccupazione dei problemi personali e quotidiani che, nel confronto con le notizie più cruente, sono minimi.

Come possiamo spezzare questo meccanismo perverso che in molti casi crea ansia e insonnia? Come restituire proposito / dignità (9) al lavoro dei giornalisti? Ricordiamoci che il pubblico è sovrano: i telegiornali e i giornali pubblicano quello che la gente segue, dunque se smettiamo di seguire un programma o un quotidiano che pubblica un certo prodotto questi dovranno adeguarsi. Tutto sta / fila (10) nello scegliere con consapevolezza come informarsi!

adattato da *www.casaestyle.it*

6 Trasforma il significato delle frasi con parole di senso opposto a quelle evidenziate, come nell'esempio.

1. La notizia è scollegata da ......correlata a...... quanto mi ha raccontato una fonte attendibile.
2. Il fenomeno delle *baby gang* è in crescita .... nelle metropoli.
3. Su questa faccenda abbiamo una totale divergenza .... di opinioni.
4. I corrispondenti in zone di guerra lavorano in contesti altamente innocui ....
5. Il giornalista indipendente non si preoccupa di dispiacere .... le autorità.
6. La censura serve a deregolamentare .... la pubblicazione di notizie e immagini per impedire che si diffondano contenuti decenti ....
7. L'attuale contesto mediatico risulta unito .... in una miriade di pagine online.
8. La forza trainante della professione di giornalista è l'ignoranza .... della verità.
9. Dobbiamo impegnarci per contrastare in modo inefficace .... gli ostacoli.
10. Un giornalismo di alta qualità è oggi la regola ....

7 Cerchia nel crucipuzzle le parole legate al giornalismo (sono 5 orizzontali e 5 verticali).

O	G	R	A	F	I	C	O	P	I
R	M	E	N	S	I	L	E	O	N
C	C	D	L	E	C	R	I	M	V
R	P	A	P	A	R	A	Z	Z	I
O	R	Z	A	L	O	E	F	I	A
N	A	I	M	O	N	D	E	D	T
I	T	O	T	N	A	I	H	T	O
S	T	N	V	E	C	T	Z	A	L
T	U	E	B	Z	A	O	C	H	I
A	L	D	M	E	N	T	C	E	E
Q	U	O	T	I	D	I	A	N	O
D	I	V	U	L	G	A	T	O	N

8 **Completa i testi con i tempi dell'indicativo e del condizionale dei verbi tra parentesi, facendo attenzione a distinguere tra notizie certe e fatti non confermati.**

1. L'origine del termine "bufala" per indicare una notizia falsa .... (*sembrare*) derivare dall'ambito gastronomico, non in riferimento alla celebre mozzarella ma alla carne. Stando alla tesi di Riccardo Cimaglia, accademico della Crusca, alcuni ristoratori romani disonesti avevano l'abitudine di spacciare la carne di bufala per vitello, molto più pregiato. Per questo motivo la parola .... (*assumere*) nel tempo il significato di falsità. Secondo altri linguisti, invece, l'origine .... (*rimandare*) al senso figurato dell'espressione "prendere per il naso", vale a dire "prendere in giro, raggirare qualcuno", come si fa per tirare l'animale - la bufala appunto - che ha l'anello al naso.
2. Furto alla Galleria Nazionale: rubati due capolavori di Tintoretto. Le telecamere di sorveglianza, scollegate dal malvivente, non .... (*consentire*) di identificare il colpevole. Secondo fonti non ufficiali, un uomo vestito da Babbo Natale .... (*avvistare*) la notte della vigilia, mentre .... (*arrampicarsi*) lungo le pareti del museo. Il costume .... (*servire*) al ladro per confondersi in mezzo alla folla durante la sfilata natalizia.
3. Livorno: trovato cadavere di una donna di 77 anni sulla spiaggia. A scoprire il corpo stamani .... (*essere*) i proprietari del bar "Stella" che immediatamente .... (*chiamare*) le autorità competenti. Una delle ipotesi è che la vittima si trovasse lungo la passeggiata quando .... (*avere*) un malore e .... (*cadere*) in acqua. La polizia scientifica in ogni caso .... (*condurre*) delle indagini per accertare le cause del decesso.
4. Milano, ... (*scoprire*) appalti truccati nei servizi di ristorazione. 11 gli arresti per corruzione. Stando all'inchiesta della Guardia di Finanza, ... (*assegnare*) con modalità illecite undici contratti di fornitura, per un valore complessivo di 39 milioni di euro, da parte di diversi enti locali lombardi a favore delle imprese a cui .... (*collegare*) direttamente o a quelle disposte a pagare una tangente del 2% della cifra bandita.

9 **a** **Leggi l'articolo sul rapporto tra giornalismo e indagini e completa con le parole date.**

sentenza ✦ stando ✦ dati ✦ regola ✦ cronisti ✦ involuzione
stampa ✦ tutela ✦ divulgare ✦ timori

"Quando sento parlare di regolamentazione dell'attività dei giornalisti avverto una particolare ansia, ma il racconto giornalistico non dev'essere lo strumento di una parte". Da Perugia, dove si svolge il Festival del giornalismo, così Roberto Saviano ha voluto replicare alle parole di Nicola Gratteri, procuratore* di Catanzaro, che si era detto preoccupato dalla nuova legge che ....(1) i rapporti tra la stampa e gli uffici del pubblico ministero, tutelando la presunzione d'innocenza delle persone indagate in delitti e vietando di fatto ai cronisti di ....(2) notizie sull'attività investigativa prima della ....(3).

Ma se Gratteri ha parlato di “.......................................(4) della libertà di stampa” e di “legge che impedisce ai giornalisti di fare il proprio lavoro”, Saviano ha un punto di vista diverso. ....(5) alle sue parole: “La possibilità di raccontare i meccanismi mafiosi è parte necessaria del contrasto a questi fenomeni – afferma lo scrittore napoletano – ma i giornalisti non devono diventare uno strumento delle procure, ovvero di una parte in causa del procedimento. L’attenzione del giornalista deve essere sempre rivolta alla ricerca e alla ....(6) della verità, e questa non si protegge facendo coincidere l’attività giornalistica con quella della procura, cioè dell’accusa”. L’autore di Gomorra però condivide alcuni dei ....(7) espressi da Gratteri, sostenendo che la stessa ricerca della verità non si protegge impedendo ai ....(8) di accedere alle informazioni e ai .... (9) delle inchieste giudiziarie. “Bisogna essere attenti a non trasformare i giornalisti nell’ufficio ....(10) delle procure, e allo stesso tempo a non costringere i giornalisti a stare zitti e buoni”.

★ procuratore: magistrato, giudice.

adattato da *www.futura.news*

b **Indica se le affermazioni sul testo sono vere o false.**

	V	F
1. La nuova legge limita la libertà di stampa dei giornalisti durante le inchieste.		
2. Per il procuratore di Catanzaro la nuova legge favorisce i mafiosi indagati.		
3. Per Saviano i giornalisti rischiano di fare da ufficio stampa dell’accusa.		
4. Per contrastare le mafie, secondo Saviano, occorre una censura delle procure.		
5. Secondo Gratteri si sta verificando un declino della libertà dei cronisti.		
6. Saviano ha paura che la nuova legge possa mettere a tacere i giornalisti.		

10 **Completa le analogie con le parole mancanti. Poi trascrivi le lettere delle caselle in rosa e scopri qual è il colmo per un giornalista.**

1. Gli ingredienti stanno al cuoco come le .... ai giornalisti.
2. L'editore sta alla casa .... come il direttore sta alla redazione del giornale.
3. Due facce stanno alla stessa .... come due coinquilini stanno al medesimo appartamento.
4. Lo .... sta a chi vi passa sopra come un servo sta al proprio padrone.
5. Le casse stanno alle trasmissioni radio come il .... sta alla voce.
6. La .... sta al problema come la causa all'effetto o l'ignoranza alla disinformazione.
7. L'inviato speciale sta alla politica estera come il .... sta al pettegolezzo di attualità.
8. I sindacati stanno a uno sciopero come le autorità stanno a una .... stampa.

1.										
2.										
3.			D							
4.	Z									
5.			G							
6.	R									
7.										
8.	C							N		

Curiosità

IL MASSIMO PER UN GIORNALISTA È PASSARE LA __ __ T __ __ __ N __ __ __ __ __ CO A SCRIVERE __ RON __ C __ NE __ __.

Giochi

Tutti gli esercizi sono disponibili in formato interattivo su www.i-d-e-e.it

Così vicini, così lontani

Quaderno degli esercizi

1 a **Leggi i brevi racconti dei migranti e completa con le parole date. Attenzione: ci sono 2 parole in più!**

scheletro ✦ molla ✦ processione ✦ patria ✦ patrigno
espatriare ✦ riduzione ✦ governare

1. Ho lasciato il mio Paese dopo esser stato torturato per l'appartenenza religiosa di mio padre. Mia madre ha usato tutti i nostri risparmi per .... Io volevo trovare protezione in un Paese dell'Unione Europea dove potermi curare. A causa delle violenze subite in Nigeria avevo infatti problemi allo .... e ai muscoli. Grazie a due interventi chirurgici qui in Italia adesso posso di nuovo camminare senza stampelle.
2. Non volevo partire. Amavo la mia .... La .... è scattata quando l'uragano ha colpito il nostro villaggio e ho assistito alla .... verso la città dei profughi rimasti senza casa, come me.
3. La mia è stata una scelta obbligata per le politiche errate del mio Paese e per la ...., sempre più consistente, del numero dei ricercatori. Se volevo svolgere la professione per cui mi ero laureata, dovevo a tutti i costi farlo all'estero.

b **Abbina le testimonianze dell'esercizio precedente ai corrispondenti motivi della migrazione.**

a. Assenza di diritti civili
b. Fattori economici
c. Aridità del suolo
d. Disastri naturali
e. Mancanza di servizi sanitari
f. Malnutrizione
g. Mancanza di lavoro
h. Sovrappopolazione

1. ☐ ☐
2. ☐ ☐
3. ☐ ☐

2 **Sottolinea e correggi gli errori nell'uso dei pronomi con la dislocazione a sinistra, come nell'esempio. Attenzione: alcune frasi sono senza errori!**

1. Il caffè l'ho bevo sempre macchiato caldo. ▶ .... lo ....
2. La cugina di Luigi la voglio bene. ▶ ....
3. Questa cornice ce l'ha regalata mio zio per le nozze. ▶ ....
4. A Gino lo avevano promesso un contratto a tempo indeterminato. ▶ ....
5. I compiti l'ho finiti un'ora fa. ▶ ....
6. A Giuliana non intendo dargliela questa soddisfazione. ▶ ....
7. Di problemi li abbiamo già abbastanza, incluse le bollette. ▶ ....
8. Davvero non c'hai mai vista Modena? Dovresti andarci! ▶ ....
9. A Nicola non le offrire le salsicce: è vegetariano! ▶ ....
10. Vi giuro che la verità avrei voluto dircela sin da subito, ma non potevo. ▶ ....

3 **Completa le frasi con i monosillabi dati, mettendo l'accento quando necessario, come nell'esempio.**

te | da | di | li | si | ne | se | la

1. Vuoi venire a prendere un ..tè.. a casa .... Marisa?
2. Nel cassetto non ci sono .... coltelli .... cucchiai. Per caso .... hai già messi in tavola?
3. .... errori .... ho commessi tanti, ma adesso voglio solo rimediare.
4. .... Daniele avesse saputo la verità, sarebbe fuggito subito di ....
5. Chi mi .... una mano a preparare .... valigia?
6. Devo prendere questa medicina due volte al ...., sempre dopo i pasti.
7. Sul suo viso .... vedono le tracce indelebili di un passato tormentato.
8. Spero che tu mi dica di ....: voglio stare per sempre con ....!

4 **I verbi evidenziati, sinonimi di *dare*, sono stati scambiati con quelli di altre frasi. Rimettili al posto giusto.**

1. Perché vuoi sempre somministrare la colpa dei tuoi misfatti a qualcun altro?
2. Margherita è sadica: si diverte a garantire danno alle compagne di classe.
3. Il dirigente riceve soltanto se si è affidato un appuntamento.
4. L'articolo 3 della Costituzione intende attribuire l'uguaglianza religiosa.
5. Con mia grande sorpresa, l'incarico più importante era stato fornito a Cesare.
6. Potrete iscrivervi dopo che il mio collega vi avrà concesso i moduli necessari.
7. Il farmacista può arrecare alcuni medicinali solo con la ricetta medica.
8. Se avessero fissato più permessi edilizi, avremmo evitato l'abusivismo.

5 **a** **Individua il valore, o i valori, della proposizione implicita al participio passato.**

Co = concessiva ✦ Ca = causale
R = relativa ✦ T = temporale

	CO	CA	R	T
1. Ottenuto il visto per il Paese di accoglienza, potrete partire.				
2. L'uomo col cappello, nascosto tra la folla alla mostra, era l'artista.				
3. Pur rimproverati dal docente, continuarono a dare fastidio in classe.				
4. Intimorito dalla responsabilità, il calciatore sbagliò il tiro finale.				
5. Benché irritato, sei venuto lo stesso ad aiutarmi. Grazie!				
6. Esaurita la pazienza, perdemmo le staffe.				
7. Uscito dalla palestra, Mario si fermava sempre in pasticceria.				
8. La stagista, assunta dal collega, non mi pare competente.				

b Trasforma le proposizioni implicite dell'esercizio precedente in esplicite, usando le congiunzioni date.

che ✦ quando ✦ dopo che ✦ siccome ✦ sebbene

1. ....
2. ....
3. ....
4. ....
5. ....
6. ....
7. ....
8. ....

18

6 Ascolta la conferenza di un ricercatore e indica se le affermazioni sono vere o false.

	V	F
1. Sui migranti si sentono più spesso storie negative che positive.		
2. Alcuni rifugiati hanno regalato i soldi ricevuti dallo Stato per gli italiani vittime del terremoto.		
3. La famiglia del ricercatore è emigrata in Belgio a seguito di un disastro ambientale.		
4. Il nonno del ricercatore è morto a Marcinelle insieme ad altri 136 minatori italiani.		
5. In Inghilterra, dove ha fatto il dottorato di ricerca, non è stato percepito come un migrante ma solo come un italiano all'estero.		
6. I media, i social e la politica influenzano la nostra percezione della migrazione, puntando sulle emozioni e le reazioni istintive.		
7. L'Eurobarometro è il servizio della Commissione Europea che monitora i flussi migratori in Europa e il loro impatto nella vita pubblica.		
8. Il terrorismo è la seconda causa di preoccupazione dell'opinione pubblica europea, dopo l'immigrazione.		
9. In 19 Paesi europei su 28 l'idea del rapporto tra immigrati extraeuropei e popolazione residente è più del doppio di quanto non sia davvero.		
10. In Italia gli immigrati da Paesi extraeuropei sono il 24.6% della popolazione.		
11. L'idea di un esodo di massa dai Paesi africani verso l'Europa è un falso mito.		
12. Il ricercatore è formato nel settore della mediazione linguistica e interculturale.		

7 Completa i paragrafi con le parole della famiglia del sostantivo a destra, come nell'esempio.

A	Il fenomeno ...*migratorio*...(1) esiste dalla notte dei tempi, dato che la necessità di spostarsi è caratteristica tipica di un'umanità, da sempre costituita tanto da popoli sedentari, quanto da gruppi nomadi, ovvero ....(2). Eppure, nonostante questo, ...(3) dal proprio Paese spaventa perché significa doversi integrare in un nuovo ambiente, spesso culturalmente diverso, come sanno bene i numerosi ....(4) in Italia e gli italiani ....(5) all'estero.	MIGRAZIONE
B	Il mediatore culturale è una figura professionale dedicata all'inclusione, affinché lo straniero sia ....(1) nella società e possa accedere ai servizi essenziali al pari degli altri cittadini, sentendosi parte ....(2) della comunità che lo ospita. Ci si riferisce alla scuola, alle cure mediche ma anche ai rapporti con le strutture amministrative per ottenere servizi come i documenti, il sussidio di disoccupazione, gli assegni ....(3).	INTEGRAZIONE

8 **Completa le coppie di frasi con le parole date. Poi trascrivi le lettere corrispondenti alle parole polisemiche con significati opposti, come nell'esempio e scopri una curiosità.**

pauroso ✦ espresso ✦ alto ✦ ospite ✦ penna ✦ curioso ✦ consumare ✦ affittare
sbarrare ✦ tirare ✦ spolverare ✦ tagliare

C 1. • L'azienda è in ....alto.... mare con la ristrutturazione della filiale di Matera.
• Purtroppo in Italia si registra un ....alto.... tasso di disoccupazione.

O 2. • Non mi piace il caffè fatto con la moka, preferisco un .... al bar.
• Vorrei prenotare due biglietti del treno .... Milano-Bari.

A 3. • Vittorio è un tipo ...., non ha certo un cuor di leone!
• Al cinema ho visto un film talmente .... che sono scappata dalla sala.

C 4. • Prima della cottura in forno, bisogna .... le melanzane con il parmigiano.
• Oggi giornata di pulizie. Ho trascorso la mattina a .... i mobili del salotto.

I 5. • Secondo me è meglio .... le verdure a cubetti, invece che a rondelle.
• Lo sapevi che hanno cercato di .... fuori Rebecca dal progetto?

S 6. • Lo scrittore appese la .... al chiodo, dopo aver pubblicato dodici romanzi.
• Preferisci i fusilli o le .... con il ragù?

C 7. • I signori Cristofani hanno deciso di .... il loro appartamento al 2° piano.
• Non posso permettermi un mutuo, quindi dovrò .... un monolocale.

H 8. • L'associazione invita a .... meno energia, evitando gli sprechi.
• Per non .... il tappeto, chiese al marito di non camminarci sopra!

I 9. • Credo che il tuo sia un caso .... che merita di essere studiato.
• Per essere un ricercatore universitario, Duccio non è molto ....

A 10. • Bambini, smettete di .... palline di carta al vostro compagno!
• Per sembrare più magra, Sandra ha l'abitudine di .... dentro la pancia.

R 11. • La Signora Zanardi, proprietaria del B&B dove abbiamo alloggiato, è stata un' .... straordinaria.
• Non posso invitarti a cena perché sono .... da mia zia stasera.

E 12. • La polizia ha dovuto .... la strada in cui era avvenuto l'incidente.
• Scoperta la verità, ha saputo solo .... gli occhi ed è scappato via.

Curiosità

Un verbo che può significare "inseguire", di solito riferito agli animali per ucciderli, oppure l'opposto, "tirare fuori, mandare via qualcuno o qualcosa", è: C _ _ _ _ _ _ _ _ _ _ .

9 **Abbina le frasi agli aggettivi con valore avverbiale corrispondenti.**

☐ 1. Michele è abituato a sgobbare, non ha paura di lavorare...	a. dritto.
☐ 2. Invece di lasciarmi sulle spine, preferirei che tu mi parlassi...	b. duro.
☐ 3. Per favore, soffro il mal d'auto, vai più...	c. forte!
☐ 4. Il poliziotto si accorse che il sospettato lo stava guardando...	d. chiaro.
☐ 5. Gli adolescenti non sono proprio abituati a rigare...	e. sodo.
☐ 6. Hai una famiglia sulle spalle, non mollare, devi tenere...	f. poco.
☐ 7. A causa dei pesanti debiti, dovranno imparare a spendere...	g. storto.
☐ 8. Mio nonno è sordo come una campana: devi parlare più...	h. piano!

10 **Inserisci le parole date, come nell'esempio. Attenzione: alcune parole si ripetono!**

tessuto ✦ una cornice ✦ gravide ✦ sostenibile ✦ genere
adesione ✦ insediativo ✦ assunzione

1. Che ....genere.... di documenti serve per ottenere il permesso di soggiorno?
2. La lingua è il primo requisito per integrarsi nel .... sociale del Paese ospitante.
3. Per fortuna, il sistema .... delle città italiane non ha dato origine a molti quartieri isolati, abitati solo da migranti.
4. Non posso permettermi il lusso di comprare .... che costa più del quadro!
5. In quel negozio ho comprato un .... pregiato, realizzato in modo sartoriale.
6. Ricorda che le tue scelte sono .... di conseguenze anche per il futuro.
7. Occorrono politiche ad hoc per facilitare l'.............................. dei migranti ai valori della comunità di accoglienza.
8. Il regolamento dell'azienda prevede la parità di ...., ma nei fatti al momento dell'.............................., le donne .... vengono escluse dalla selezione del personale.
9. Gli obiettivi cruciali dell'associazione sono l'inclusione sociale e lo sviluppo ....
10. Ogni rapporto delle istituzioni con i cittadini deve inquadrarsi in .... di trasparenza delle comunicazioni.

11 **Leggi il testo e abbina i titoli ai paragrafi corrispondenti. Poi sottolinea l'alternativa corretta tra quelle date.**

CITTADINI ITALIANI SI DIVENTA

1 ☐ La cittadinanza italiana è trasmessa secondo il principio dello *ius sanguinis* (in latino "diritto di sangue") da genitore a figlio. Il principio dello *ius soli*, che invece prevede che la cittadinanza venga/vada acquisita per il fatto di essere nati sul territorio dello stato, non è previsto dalla legge italiana, fuorché/benché in rarissimi casi. Sono italiani i figli di almeno un genitore italiano, i figli di ignoti o apolidi* nati nel territorio della Repubblica, i discendenti di italiani che possano dimostrare le proprie origini con documenti ufficiali.

2 ☐ E i figli di immigrati nati in Italia? Per lo Stato non sono cittadini italiani, ma hanno la medesima/reciproca nazionalità dei suoi/propri genitori, fino ai 18 anni, quando possono fare richiesta di cittadinanza. Fino ad allora, i giovani che sono sempre vissuti in territorio italiano, nati in Italia da genitori stranieri, risultano anch'essi stranieri.

3 ☐ E per chi si trasferisce in Italia in età adulta? Due sono i casi, in base alle leggi vigenti/vincolanti, per cui uno straniero può richiedere la cittadinanza italiana: per matrimonio o per residenza. Nel primo caso il processo è tutt'altro che immediato. Le nozze con un cittadino italiano sono un requisito ma non assumono/comportano in automatico il riconoscimento della cittadinanza. Infatti occorrono due anni di residenza legale in Italia dopo il matrimonio.

4 ☐ I tempi si allungano per chi invece presenta domanda di cittadinanza per residenza. Sono infatti necessari dieci anni, trascorsi regolarmente e con continuità in Italia, che si riducono a cinque per i rifugiati politici e a quattro anni per i cittadini di Paesi membri dell'Unione europea. Oltre al periodo di soggiorno in Italia bisogna possedere un determinato reddito/lavoro a tempo pieno.

5 ☐ In ogni caso sono necessari documenti che governino/attestino un'adeguata conoscenza della lingua italiana, l'assenza di precedenti penali/nocivi nel paese d'origine e in tutti gli altri in cui si è vissuti. La modalità esclusiva di presentazione della richiesta è online e i documenti originali devono essere postati/scannerizzati e allegati alla domanda.

* apolidi: emigrati privi di cittadinanza del Paese d'origine.

adattato da *www.programmaintegra.it* e *www.laleggepertutti.it*

a. Minori vittime di un principio obsoleto b. Requisiti per i coniugi di italiani
c. Modulistica richiesta d. Linee generali e. Stranieri residenti

Tutti gli esercizi sono disponibili in formato interattivo su www.i-d-e-e.it

Fatta la legge, trovato l'inganno

Unità 17

1 Completa le notizie con le parole date.

sancito ✦ ridondante ✦ malizioso ✦ fiaccolata ✦ auspicabile ✦ il fianco ✦ la scena
adito ✦ lectio magistralis ✦ estemporaneo

1. Domani inaugurazione in Comune della mostra realizzata dai carcerati. La scelta della sede aveva già dato .... a numerose polemiche contro il sindaco.
2. Stasera .... in piazza Verdi in memoria delle vittime di violenza domestica.
3. Attacco diretto al celebre cronista Rai che presta .... alle critiche del pubblico.
4. Dopo l'annuncio .... del presidente sul cambio improvviso di progetto, i finanziatori minacciano di ritirare i fondi.
5. La corte vota per abolire il diritto di aborto, ... da una legge del 1973.

6. Convegno sulle strategie comunicative: come evitare di annoiare il pubblico con un discorso ....
7. Il .... sospetta il male dove non c'è.
8. Porto abusivo d'armi: per il ministro sarebbe .... una legge più severa.
9. Domenica di derby. Due squadre laziali e due torinesi si contenderanno ....
10. Celebrazioni in onore di Santa Caterina: panegirico, messa e .... sulla santa.

2 Trasforma le espressioni evidenziate in litoti, come nell'esempio.

1. Don Abbondio era nato pauroso. ▶ *non era nato coraggioso/(con un) cuor di leone*
2. Mi piacerebbe sapere la tua opinione in proposito. ▶ ....
3. Credo che Dario sappia bene cosa lo aspetta d'ora in poi. ▶ ....
4. In quella classe sono sette gli studenti bocciati. ▶ ....
5. Elio, che è carino e intelligente, sarebbe la persona giusta per te. ▶ ....
6. Dall'espressione del viso sembra che stiate male. Avete la febbre? ▶ ....
7. I principi sanciti dalla Costituzione sono espressi in modo talvolta pleonastico e impreciso. ▶ ....
8. Maurizio è esperto di investimenti. Perché non lo chiami per una consulenza? ▶ ....
9. Laura ci ha fatto un discorsetto da quattro soldi. ▶ ....
10. Giorgio si è impegnato molto e ha affrontato prove durissime. ▶ ....

3 **Abbina per formare frasi di senso compiuto.**

- ☐ 1. Il giudice ha emesso...
- ☐ 2. I profughi hanno sporto...
- ☐ 3. Il sospettato è stato condannato...
- ☐ 4. I membri di una baby gang sono stati colti...
- ☐ 5. La donna dovrà scontare...
- ☐ 6. I presunti mafiosi saranno sottoposti...
- ☐ 7. I testimoni oculari hanno fornito...
- ☐ 8. Accusato ingiustamente di aver commesso...

a. una pena di 7 anni di carcere.
b. all'ergastolo, dopo tre anni di processo.
c. un delitto premeditato, l'uomo si è tolto la vita.
d. una sentenza che ha dato adito a molte polemiche.
e. prove schiaccianti sull'efferato delitto di Barletta.
f. a processo penale, rimanendo nel frattempo agli arresti domiciliari.
g. in flagrante durante il linciaggio di un coetaneo.
h. denuncia per sfruttamento minorile.

4 **Leggi la recensione del romanzo di Sibilla Aleramo e sottolinea l'alternativa corretta tra quelle date.**

❝Il caso, il destino, forse l'oscura logica delle cose aveva voluto che, finalmente, io fossi costretta a mostrare all'uomo di cui ero schiava tutto il mio orrore per il suo abbraccio.❞.

Sibilla Aleramo

Edito / Editato (1) per la prima volta nel 1906, il romanzo autobiografico *Una donna* fu uno dei primi libri femministi in Italia. La fortuna immediata dell'opera sia in patriota / patria (2) che all'estero fece conoscere la vicenda dell'autrice, Marta Felicina Faccio, meglio nota con lo pseudonimo* di Sibilla Aleramo, una delle prime donne in Italia a rifiutare pubblicamente il proprio ruolo di moglie e madre in nome della libertà. Nel romanzo la scrittrice ripercorreva le scene / tappe (3) della propria vita fino alla difficile scelta di abbandonare il figlio e la dimensione materna / matrigna (4) per non rinunciare a se stessa. Soffocata da un matrimonio umiliante, dopo aver tentato / tentare (5) il suicidio con il veleno, alla fine decise di ribellarsi. L'uomo, un impiegato della fabbrica paterna, che l'aveva prima additata / violentata (6), quando lei aveva solo 15 anni, e poi sposata – all'epoca si chiamava matrimonio riparativo / riparatore (7) – non meritava il suo sacrificio. Da qui la rinascita, il rifiuto di continuare a subire il costume / l'onta (8) di una relazione imposta con un uomo ottuso, violento e possessivo, da cui tuttavia aveva avuto più tardi il figlio Walter. Maturata la dolorosa decisione di abbandonare la famiglia, si trasferì a Roma dove iniziò a frequentare gli ambienti intellettuali e iniziò la carriera letteraria.
La sua autobiografia è un capolavoro: senza mai fare nomi (i personaggi sono sempre chiamati con il loro ruolo: marito, madre, figlio...) denuncia / fa irruzione (9) la condizione delle donne, vittime di un bagaglio / costume (10) che le voleva subordinate all'uomo, e rivendica la parità di genere / penale (11).

★ pseudonimo: nome d'arte, usato per firmare le proprie opere.

5 **Completa coniugando il verbo tra parentesi per formare una frase temporale, implicita o esplicita, che esprima anteriorità (A), contemporaneità (C) o posteriorità (P), come nell'esempio.**

P 1. ......Dopo aver mandato...... (lui-*mandare*) all'aria la festa, Sergio se ne andò di corsa.

A 2. .... (voi-*arrivare*) sono scivolato per le scale.

C 3. Come fai a concentrarti sui compiti .... (tu-*ascoltare*) la musica?

A 4. Mia suocera vorrebbe invitarci a cena .... (noi-*partire*) per le vacanze.

C 5. .... (lei-*spiegare*) la professoressa di storia dell'arte, io andavo in estasi.

P 6. .... (io-*apprendere*) la notizia, ho pianto lacrime amare.

P 7. .... (noi-*esaurire*) le sue risorse, non potremo più fare niente per salvare il pianeta.

A 8. .... (lui-*affrescare*) la cupola, l'artista aveva già dipinto la pala d'altare.

C 9. Perché non venite con noi al mercato floreale .... (*terminare*) il concerto?

A 10. I fratelli moldavi non conoscevano nessun italiano, ... (loro-*trasferirsi*) in Italia.

6 a Trova e correggi gli errori nell'uso delle frasi temporali, come nell'esempio. Attenzione: alcune frasi sono corrette!

1. Finendo gli allenamenti, posso tornare a casa. ▶ .... Finiti ....
2. Essendo subito molte delusioni, Salvatore faticava a fidarsi. ▶ ....
3. Greta nuotò finché non ebbe le forze in corpo. ▶ ....
4. Festeggeremo quando riuscirai a prendere una sufficienza in geometria. ▶ ....
5. Avendo aspettato gli amici, Enrico cercava argomenti di conversazione. ▶ ....
6. La costa siciliana era dominio greco, prima di conquistare i Romani. ▶ ....
7. Il mammone, dopo aver valutato le altre opzioni, dà sempre ragione alla propria madre. ▶ ....
8. Una volta ascoltare i rimproveri del padre, si sentirono in colpa. ▶ ....

b Indica se le frasi esprimono anteriorità (A), contemporaneità (C) o posteriorità (P).

1. ☐ 2. ☐ 3. ☐ 4. ☐ 5. ☐ 6. ☐ 7. ☐ 8. ☐

7 Leggi l'articolo 4 della Costituzione italiana e scegli l'alternativa corretta.

ARTICOLO 4

La Repubblica riconosce a tutti i cittadini il diritto al lavoro e promuove le condizioni che rendano effettivo questo diritto.
Ogni cittadino ha il dovere di svolgere, secondo le proprie possibilità e la propria scelta, un'attività o una funzione che concorra al progresso materiale o spirituale della società.

1. L'articolo inizia con il termine "la Repubblica". Che cosa si intende in questo contesto?
   - ☐ a. la popolazione italiana, ovvero tutti i cittadini della nazione.
   - ☐ b. la forma di governo democratica.
   - ☐ c. lo Stato italiano con i suoi enti e le sue leggi.

2. Secondo l'articolo 4, la Repubblica ha il dovere di:
   - ☐ a. sviluppare le giuste condizioni affinché ciascuno possa lavorare.
   - ☐ b. trovare un lavoro a chi è inoccupato o disoccupato.
   - ☐ c. promuovere la possibilità di scelta professionale dei cittadini.

3. Per il cittadino il lavoro è chiamato "dovere" perché:
   - ☐ a. ogni cittadino deve necessariamente lavorare per opere comuni.
   - ☐ b. è inteso come dovere morale di contribuire al progresso collettivo.
   - ☐ c. vi è l'obbligo di difendere il posto di lavoro da ingiusti licenziamenti.

4. Cosa si intende con "progresso spirituale"?
   - ☐ a. la fondazione di nuove religioni.
   - ☐ b. le attività della mente e dello spirito.
   - ☐ c. lo sviluppo di abilità divine.

19

8 Ascolta l'intervista a un politico sul sistema carcerario italiano e completa la sintesi con le parole mancanti.

Il politico sostiene che il carcere sia inutile e ....(1). Impegnato da tempo nella difesa dei diritti dei ....(2), è l'autore del libro *Abolire il carcere* che ha dato adito a molteplici discussioni. Il dato allarmante segnalato è il numero di morti in prigione in Italia negli ultimi quindici anni: 2.368, ossia una persona ogni due giorni, con un tasso di suicidi che è 17 volte superiore alla media. Il fenomeno del ....(3), ovvero della sovrappopolazione delle carceri, si è ridotto sensibilmente, ma resta il problema della convivenza forzata in spazi ristretti, al punto da arrivare a 10.000 detenuti in più rispetto ai numeri previsti dai regolamenti. A differenza del nostro Paese, ...(4) ha invece saputo valorizzare i programmi di riabilitazione dei carcerati. Per il politico si tratta di un modello virtuoso da seguire, poiché in quel Paese non esiste ....(5). Dunque, a suo parere, non è il numero degli anni di pena a convincere qualcuno a non commettere di nuovo ....(6).

9 Leggi le comunicazioni in burocratese e riscrivile con un linguaggio più semplice, come nell'esempio. Puoi usare il dizionario, se necessario.

1. IN AUTOSTRADA: È severamente vietato il conferimento di rifiuti.
2. SUL BUS: Occorre obliterare il titolo di viaggio al momento della salita.
3. AL PARCO: Per motivi igienico-sanitari si invitano i signori a non condurre i cani nello specchio acqueo.
4. DAL DENTISTA: Si informano i signori pazienti portatori di protesi, nel caso in cui necessitino di rimozione della stessa, di chiedere al personale sanitario l'apposita custodia, onde evitare smarrimenti.
5. IN AGENZIA: Si prega di apporre firma in calce a ciascuna pagina del contratto.
6. IN UFFICIO: L'Ufficio Economico cesserà il pagamento degli emolumenti a decorrere dal 18 maggio, per la durata di 15 giorni.

10 a Completa il testo con i pronomi dati.

ella ✦ coloro ✦ chicchessia ✦ qualsivoglia ✦ codesta ✦ checché

In relazione alla richiesta, inviata da ....(1) Associazione, in qualità di rappresentante legale degli interessi di ....(2) che hanno sporto denuncia collettiva, si ricorda che ....(3) comunicazione inerente l'oggetto, da ora in avanti dovrà corrispondersi esclusivamente per via telematica ufficiale e non attraverso l'invio di messaggi dei singoli denuncianti. Ogni altra forma di messaggio, inviata da ....(4), non avrà alcuna validità ai fini del presente oggetto, come stabilito da normativa, ...(5) ne scriva il Presidente della suddetta Associazione. Non volendo disconoscere il diritto ad una comunicazione trasparente, si invita a consultare il nostro sito e inoltre a contattare l'avv. Mara Barbagli per ulteriori chiarimenti, di cui si allegano i dati di contatto. ....(6) si occuperà anche della raccolta documentale.

Distinti saluti

L'ufficio legale

b Indica quali elementi del burocratese sono presenti nel testo.

- [ ] a. uso di forme passive
- [ ] b. nominalizzazione dei verbi
- [ ] c. termini tecnici giuridici
- [ ] d. litoti per attenuare le affermazioni
- [ ] e. prevalenza di forme impersonali
- [ ] f. prevalenza di forme verbali esplicite
- [ ] g. vocaboli con funzione dispregiativa

11 Completa il cruciverba. Poi trascrivi le lettere delle caselle colorate e scopri un proverbio italiano.

1. Annullare una legge.
2. Lo emette il giudice in un processo.
3. Lo sono i diritti fondamentali sanciti dalla Costituzione.
4. Può essere premeditato o d'onore.
5. Quando è buona si può ridurre la pena di un detenuto.
6. Sinonimo di carcere.
7. Il contrario di condannato.
8. Il risarcimento in denaro si dice anche...

Curiosità

Cosa significa?

Ci sono tre persone a cui bisogna sempre raccontare la verità: il prete per ricevere l'assoluzione, il medico per ricevere la giusta cura e l'.............................. per ricevere la difesa migliore.

A confessore, medico e ________ non tenere il ver celato.

Giochi

Tutti gli esercizi sono disponibili in formato interattivo su www.i-d-e-e.it

Scienza e letteratura: «Una cosa vale l'altra»

Unità 18

1 Rileggi il testo a pag.167 del Libro e scegli l'alternativa corretta.

1. A quale teoria scientifica fa riferimento il racconto?
   - [ ] a. la legge di gravitazione universale
   - [ ] b. l'espansione dell'universo
   - [ ] c. la creazione del cosmo dal Big Bang
   - [ ] d. la teoria della relatività generale

2. La proposta della signora Ph(i)Nko ha dato origine:
   - [ ] a. alla fame nel mondo
   - [ ] b. all'esigenza di nutrimento
   - [ ] c. alla generosità umana
   - [ ] d. al pensiero creatore
3. Quale dei seguenti termini del testo non appartiene al linguaggio scientifico?
   - [ ] a. mucchio
   - [ ] b. ammassi galattici
   - [ ] c. nebula
   - [ ] d. gas stellari
4. Quale dei seguenti vocaboli del testo è un latinismo?
   - [ ] a. Pbert Pberd
   - [ ] b. raggiera
   - [ ] c. idem
   - [ ] d. ve'

2 Completa le frasi con l'indicativo o il congiuntivo dei verbi dati.

1. I miei genitori vogliono una casa a poco prezzo che .... (*essere*) in centro.
2. L'operaio seccante che mi .... (*trovare*) sempre tra i piedi si chiamava Gilberto.
3. Non c'è alcuna possibilità che le leggi sugli OGM .... (*abrogare*).
4. Le tagliatelle dello zio Pino sono le migliori che .... (*potere*) esistere.
5. Adoro guardare la nonna che .... (*impastare*) con il matterello.
6. L'azienda intende assumere solo persone che .... (*lavorare*) anche la domenica.
7. Non esisteva limite che voi non .... (*potere*) superare.

8. Sul balcone vidi il vicino che, a quanto ne sapevo, ... (*partire*) il giorno prima.
9. Guido aveva bisogno di qualcuno che lo .... (*aiutare*) a fare le pulizie in casa.
10. Cristina è la sola che ieri mi .... (*chiedere*) come stavo.

3 Individua e trascrivi i nomi collettivi presenti nei testi (sono 14). Poi scrivi a quale nome individuale si riferiscono, come nell'esempio.

1

Benvenuti a Monte Argentario, un incantevole tratto di costa affacciato sul mar Tirreno, con una vista mozzafiato sulla Corsica e sull'arcipelago toscano! Oltre alle splendide spiagge dalle acque cristalline e alle pinete circostanti, vale la pena di visitare la zona lagunare di Orbetello che è un'oasi naturale protetta in cui poter ammirare stormi di fenicotteri rosa. La nostra agenzia organizza viaggi ed escursioni, sia con minibus che in barca, con sconti per le scolaresche.

2

Concerti di Ferragosto: venerdì a Villa Dante si esibirà l'orchestra Rossini, con brani classici di Mozart e Vivaldi. Sabato pomeriggio, invece, al teatro comunale si contenderanno la scena i partecipanti al concorso "Canta che ti passa". Ospite d'eccezione in giuria il pianista Giovanni Allevi. Il pubblico è invitato a presentarsi un quarto d'ora prima dell'inizio dello spettacolo.

3

A Natale quando arriva la folla dei nostri parenti il caos è simile a quello di una mandria bovina in migrazione: compatta e determinata, avanza in blocco, chi con un mazzo di fiori, chi con dolci di varia natura in mano. I bambini sono gli unici a uscire dal branco per andare a curiosare i regali sotto l'albero o per giocare chi alle bambole chi agli eserciti in guerra.

1

nome collettivo	nome individuale
arcipelago	*isole*

2

nome collettivo	nome individuale

3

nome collettivo	nome individuale

4 Completa il cruciverba.

Verticali

1. Periodo di dieci anni.
2. Gruppo di quattro musicisti.
4. Gruppo di dodici unità.
6. I guanti e i pantaloni si vendono al...

Orizzontali

3. Periodo di sei mesi.
5. Tra la ventina e la quarantina.
7. Insieme di mille unità.

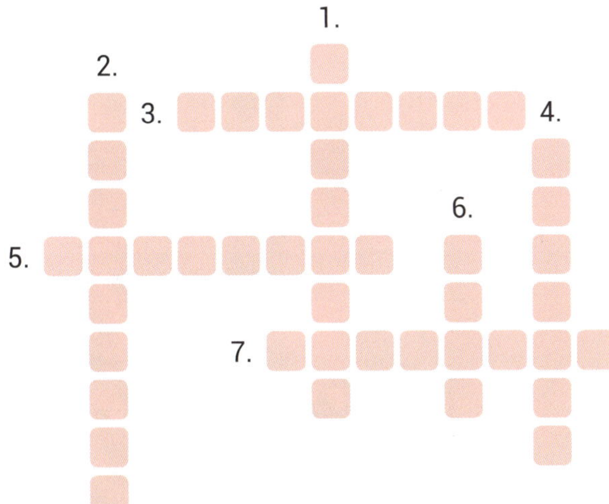

5 Scegli l'alternativa corretta tra quelle date.

1. Il nonno si sente solo come un gatto / cane. Perché non vai a fargli visita ogni tanto?
2. Mio fratello ha sempre una fame da lupi / cani!
3. In quest'aula siamo pigiati come acciughe / api. Possiamo spostarci in quella accanto?
4. In montagna c'è un tempo da pecore / lupi: preferirei andare al mare.
5. Come fa Lisa a ricordarsi di quando aveva tre anni? Ha una memoria da cane / elefante!
6. Dopo la discussione, Ennio lasciò la stanza come un topo / cane bastonato.
7. Da piccoli si arrampicavano sui pini come scoiattoli / cani.
8. I miei cugini litigano in continuazione: insieme sono come cane / topo e gatto.
9. La festa è stata un disastro. Su una ventina di invitati c'erano solo quattro cani / gatti.
10. Quell'attore recita come un cane / una pecora. Ma come ha ottenuto la parte?

20

6 Ascolta la lezione del professore di matematica Piergiorgio Odifreddi sul romanzo *La solitudine dei numeri primi* e individua le informazioni presenti.

- ☐ 1. La lezione è parte di un seminario interdisciplinare di informatica e letteratura.
- ☐ 2. Paolo Giordano e il professore si conoscono perché vivevano nello stesso quartiere.
- ☐ 3. Paolo Giordano ha conseguito il dottorato in Fisica dopo aver scritto il romanzo.
- ☐ 4. Il professore ironizza sul fatto che intraprendere la via della scrittura di "storielle" potrebbe migliorare la condizione precaria dei dottorati.
- ☐ 5. L'autore del romanzo, pur essendo laureato in Fisica, si è interessato anche di informatica.
- ☐ 6. Paolo Giordano aveva intitolato il proprio romanzo *Dentro e fuori dall'acqua*.
- ☐ 7. Il film riproduce in modo fedele la vicenda narrata nel romanzo di Giordano.
- ☐ 8. Il tema della lezione è se i numeri primi possano effettivamente definirsi solitari.
- ☐ 9. I numeri primi, essendo un insieme finito di numeri, rappresentano un esempio di numeri naturali.
- ☐ 10. In matematica i numeri primi sono infiniti.

7 Completa con il connettivo appropriato scegliendo tra: *finché, fino a, mentre, dacché*.

AG 13.2 p. 154

1. Hanno suonato al citofono .... mi stavo facendo la doccia.
2. Non farti castelli in aria .... non saprai la risposta di Arianna.
3. .... Alessio è partito non abbiamo avuto sue notizie.
4. Quel ragazzo le ha chiesto di uscire insieme per mesi .... ottenere un sì.
5. Luciano dovrà tenere duro .... la situazione non sarà risolta.

6. .... cenavamo in giardino, abbiamo visto una stella cadente.
7. .... Federica ha perso il lavoro è entrata in depressione.
8. I compagni di classe si burlavano di lui .... farlo piangere.

8 Individua e correggi gli errori nell'uso dei pronomi combinati, come nell'esempio.

1. Non ce l'ha faccio a prestarti quella cifra, mi spiace. ▶ ce la
2. È inutile nascondersi. Si vi vede da lontano! ▶ ....
3. C'è lo accompagnate voi Angelo in stazione? ▶ ....
4. Anche se non mi piace il nuovo ufficio, con il tempo mi si abituerò. ▶ ....
5. Le mamme li si capisce solo in età adulta. ▶ ....
6. A essere troppo generosi con chi non merita, spesso si ci pente. ▶ ....
7. Non ce l'è vedo proprio quelle signore eleganti a impastare le tagliatelle! ▶ ....
8. A Marco non lo si può dare la parola in pubblico: dice sempre cavolate! ▶ ....
9. Possibile che tu faccia sempre di testa tua quando si ti dà un consiglio? ▶ ....
10. Al giorno d'oggi ce si sposa sempre più tardi, dopo i trent'anni. ▶ ....

9 Completa le frasi con le parole corrispondenti alle immagini geometriche (in senso letterale o figurato), come nell'esempio.

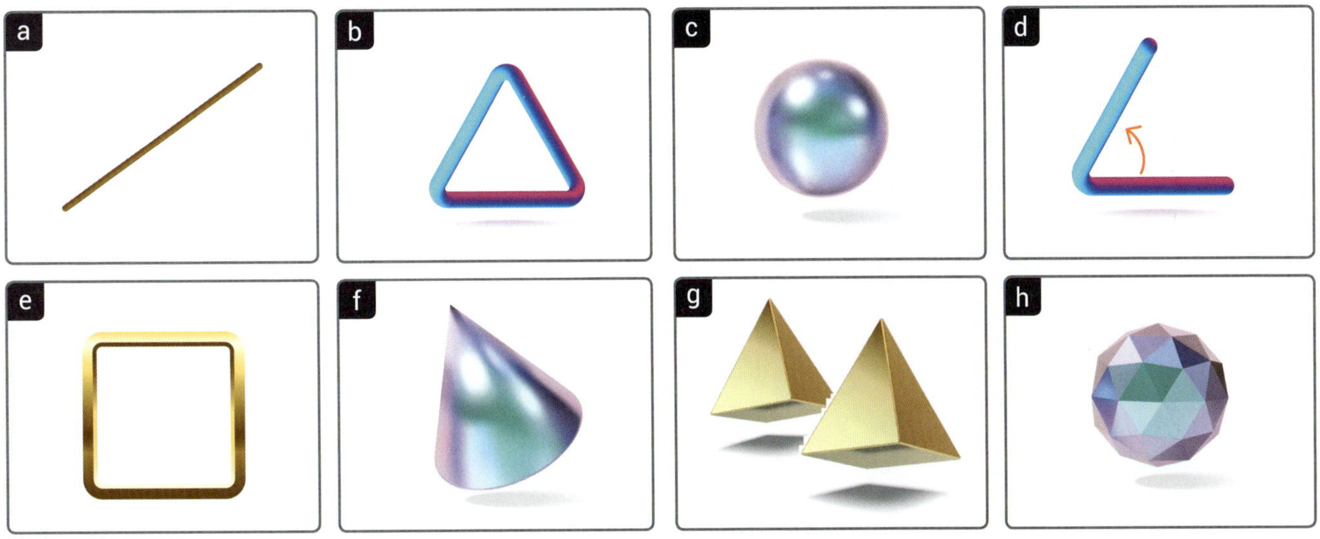

- [f] 1. Preferisco gustarmi il gelato nel cono piuttosto che nella coppa.
- [ ] 2. I cronisti di guerra sono sempre in prima ....
- [ ] 3. Per dare sfogo alla rabbia, Gianni ogni tanto va al .... di tiro.
- [ ] 4. Il .... non è solo un segnale stradale: è anche uno strumento musicale dell'orchestra.
- [ ] 5. Voltando l'.................... del palazzo ti troverai in piazza Matteotti.
- [ ] 6. Secondo alcuni studi le .... egizie sono posizionate come le stelle di una costellazione.
- [ ] 7. Nelle città di origine romana le strade sono disposte in un .... di vie parallele e ortogonali.
- [ ] 8. Non discuto di certi argomenti che sono inerenti alla .... del privato.

10 **Completa il testo con i numeri mancanti. Poi trascrivili sotto, compi le operazioni e scopri un modo di dire.**

Dopo aver litigato con Mario volevo parlargli a quattr'(1) occhi per chiarire, così decisi di cercarlo al bar, dove però c'erano solo ....(2) gatti che giocavano a carte. Di lui neanche l'ombra. Bussai a casa sua: nessuna risposta. Provai al ristorante, già convinto di non trovarcelo, perché non c'è due senza ....(3), e così fu. Non ci avevo pensato, così su ....(4) piedi, ma forse non aveva ancora iniziato la pausa pranzo. Allora andai nel suo negozio e lo trovai che si faceva in ....(5) per riparare un tavolo in legno, mentre il commesso serviva i clienti. Per non sbandierare ai ....(6) venti la nostra discussione del giorno prima, dovuta al suo conto eccessivo (visto che siamo amici mi aspettavo un trattamento di favore), mi avvicinai e gli dissi sottovoce che volevo parlargli. Lui mi guardò con un'aria soddisfatta, quella di chi ha sudato ....(7) camicie per terminare un lavoro ed è fiero del proprio operato, e mi disse di aspettarlo fuori. Dopo pochi minuti mi raggiunse e con aria innocente mi disse che si era confuso e mi aveva dato la fattura di un altro cliente. Sollevato per il malinteso, gli sorrisi. In quattro e quattr'..............(8) eravamo tornati amici come prima.

[4] + [ ] - [ ] + [ ] + [ ] + [ ] - [ ] - [ ] = [ ]

Curiosità

"Sparare a .... su qualcuno" significa criticarlo aspramente e con violenza.

11 **Leggi e completa con le parole mancanti.**

QUANTI PROVERBI!

I proverbi e i modi di dire, che sintetizzano l'esperienza collettiva in una formula intuitiva di saggezza, sono usati da sempre. Alcuni risultano trasparenti nel loro significato. Basti pensare al celebre "Tra i due ....(1) il terzo gode" o all'invocazione di autonomia di "Chi fa da sé fa per ....(2)" o ancora all'espressione "essere cani ....(3)", ovvero sfrenati e senza vincoli. In questi casi valgono le parole del filosofo Benedetto Croce che riteneva che i proverbi fossero "il monumento parlato del buonsenso".

A volte invece si è persa la capacità di ricostruire certi riferimenti citati nei proverbi, spesso legati a eventi o costumi del passato. Quanti di noi, infatti, sanno perché si dice che "è successo un ....(4)" quando avvengono fatti caotici? Pochi colgono il riferimento storico ai moti rivoluzionari popolari di due secoli fa. Lo stesso vale per il termine "don ....(5)" che designa il seduttore: tutti lo usano, ma non sono in molti a intuire il richiamo all'opera lirica. Un altro esempio è il detto "prendere due ....(6) con una fava". Perché proprio la fava? Un tempo questo ortaggio veniva utilizzato nelle trappole per la caccia degli uccelli, perciò il proverbio allude alla possibilità di ottenere un doppio vantaggio, come quello di catturare due animali con una sola esca*. Sempre ai tempi antichi fa riferimento l'espressione "dare un ....(7) al cerchio e uno alla ....(8)", un modo di dire che deriva dall'attività del bottaio, l'artigiano che costruiva le botti battendo con il martello un po' sul ....(9) di ferro e un po' sul legno.

Da dove deriva infine l'espressione "essere ....(10) come le acciughe" per indicare la scomodità di trovarsi in mezzo alla folla? Dall'antica usanza di stipare questi pesci in grandi quantità nei barili. Insomma, paese che vai, usanza - e proverbio - che trovi...

* esca: cibo o boccone di cui ci si serve per attirare e catturare gli animali selvatici o i pesci.

Giochi

Tutti gli esercizi sono disponibili in formato interattivo su www.i-d-e-e.it

Unità 19

Accidenti! Ho il conto in rosso...

1 **Individua in ciascuna lista la parola intrusa.**

1.	smisurato	gigantesco	stratosferico	stupendo
2.	impennata	aumento	recessione	rialzo
3.	innegabile	inevitabile	irreversibile	ineluttabile
4.	ininterrotto	incessante	continuo	innocuo

2 **Completa le frasi con le locuzioni avverbiali date.**

senz'altro ✦ alla lettera ✦ pressappoco ✦ a fatica ✦ alla svelta
nei paraggi ✦ per l'appunto ✦ a poco a poco ✦ per caso ✦ in tutta sincerità
per forza di cose ✦ per niente ✦ a priori

1. Dopo l'intervento chirurgico al ginocchio, riuscii .... a salire i gradini.
2. Per fortuna con le nuove generazioni si sta sviluppando .... un atteggiamento sempre più rispettoso per l'ambiente.

3. Ci siamo imbattuti .... in un magnifico ristorante pluristellato dove cenare.
4. Il centro d'accoglienza è stato allestito .... del porto.
5. Non devi prendere le mie parole ....: ho detto che non sei proprio magrissima, ma non intendevo definirti grassa!
6. .... non capisco che cosa ci trovi in quella ragazza. Non mi sembra .... adatta a te.
7. Vincenzo sta .... meglio dopo aver saputo che gli è stato concesso il mutuo.
8. Se la legge non porrà .... un freno all'evasione fiscale, l'economia sommersa crescerà in modo esponenziale nei prossimi mesi.
9. Ginevra e Alice hanno .... la stessa età. Potrebbero giocare insieme.
10. Donatella non si è vista oggi in palestra. Deve aver avuto, ..., qualche imprevisto.
11. Non capisco perché mi sia negata .... la possibilità di fare un tirocinio senza avere neanche l'opportunità di un colloquio.
12. Mia nonna si chiama Natalina perché è nata, ..., il giorno di Natale.

3 **Completa i testi con i sostantivi derivati dai verbi dati, come nell'esempio.**

a

Secondo una recente indagine, casa e cibo sono i settori di ....consumo.......(1) più diffusi tra gli italiani. In particolare si nota una nuova ....(2): il cibo sulla tavola è prima di tutto sostenibile, ma questo concetto si fa più articolato e include, a fianco del generico ....(3) per l'ambiente, l'aggiunta di .... (4) locale e di filiera controllata. Compare anche il principio della giusta ....(5) per i vari produttori della filiera.

tratto da *www.helpconsumatori.it*

tendere
remunerare
consumare
produrre
rispettare

b

Una ricerca di Trade Republic mostra come la ....(1) degli italiani nei confronti degli ....(2) sia cambiata rispetto a qualche anno fa. I meridionali si sentono più competenti e preparati nel settore ma lamentano l'assenza di un'..........................(3) finanziaria diffusa. L'..........................(4) al mercato dei capitali non dovrebbe essere un privilegio di pochi professionisti, ma alla portata di tutti. Sul tema dei ....(5), invece, il 50% degli italiani dichiara di mettere da parte soldi per progetti a lungo termine, come l' ....(6) di un immobile o il pensionamento.

tratto da *www.corriere.it*

accedere
investire
acquistare
educare
propendere
risparmiare

4 **Le parole evidenziate sono finite nella frase sbagliata. Rimettile al posto giusto.**

1. A causa degli ingenti debiti contratti, l'azienda ha dovuto dichiarare un acconto. ▶ ....
2. Il colosso petrolifero è primo sul podio delle aziende più ricche d'Italia, con il condono di circa 28 miliardi di euro all'anno. ▶ ....
3. In pochi sostengono la necessità di un fatturato dei servizi pubblici come le ferrovie. ▶ ....
4. Per sanare* l'abuso edilizio del vostro immobile dovete sperare che lo Stato vi conceda la fattura. ▶ ....

5. Dobbiamo per forza di cose depositare le spese mediche nel tempo, grazie agli sgravi fiscali. ▶ ....
6. Leggi l'articolo e scopri come ammortizzare un finanziamento auto a una persona diversa dal proprietario della vettura. ▶ ....
7. Per caso sai come si fa a intestare un assegno sulla carta di debito? ▶ ....
8. Per l'acquisto della nuova cucina abbiamo dovuto versare una privatizzazione del 30%. ▶ ....
9. La TARI è il fallimento sui rifiuti, un'imposta destinata a finanziare i servizi di raccolta e smaltimento. ▶ ....
10. Per favore, controlla di nuovo la tassa emessa ieri per il sig.Pertini. Occorre correggere l'indirizzo del cliente che risulta errato. ▶ ....

* sanare: rendere regolare.

5 Completa il testo con le parole mancanti.

TASSE: COSA PENSANO GLI ITALIANI DELL'EVASIONE FISCALE?

Le tasse in Italia sono considerate troppo alte dai cittadini e più della metà degli italiani tende a giustificare l'evasione fiscale in determinate situazioni. È quanto emerge dal rapporto Italia Eurispes, presentato oggi e ....(1) dall'agenzia stampa Adnkronos.

La maggior parte dei cittadini, in ....(2) misura, giustifica l'evasione fiscale: ma sono alquanto diverse le ....(3) di questa risposta. Per il 25,1% l'evasione non è grave solo se compiuta da ....(4) riesce a fatica a sostenere la pressione fiscale; per il 19,6% è grave per chi possiede grandi patrimoni; per il 9% il reato fiscale non è un problema serio perché in Italia le tasse e le ....(5) sono eccessive. La sanzione più giusta per i grandi evasori, ...(6) gli intervistati, è il sequestro dei beni per quattro italiani ....(7) dieci (40,9%), multe e sanzioni ....(8) e amministrative per tre su dieci (29,6%). Mentre solo il 17,3% ritiene che il carcere ....(9) la giusta punizione. Meno tasse, stando agli intervistati, rilancerebbero soprattutto i consumi mettendo più soldi in tasca ai cittadini (37,5%) e ....(10) slancio all'economia e alle imprese (22,6%), mentre inciderebbero negativamente sulla disponibilità e qualità dei servizi per un altro 22,6% e farebbero aumentare il peso del ....(11) pubblico per il 17,3%. Inoltre, il 36,4% degli italiani ritiene che sarebbe opportuno ridurre la ....(12) pagata per l'imposta sui consumi e per la tassa sugli immobili di proprietà.

adattato da *www.laleggepertutti.it*

6 Correggi gli errori nell'uso delle espressioni idiomatiche, come nell'esempio.

1. Le indagini hanno aggiunto una tassa importante per stimare le cifre del lavoro nero in Italia. *un tassello*
2. Marcello mi ha chiesto un prestito per la rata del mutuo, dato che è al rosso.
3. Le cose hanno preso un brutto andare da quando c'è il nuovo direttore.
4. Il suo comportamento la dice alta su che tipo di padre fosse.
5. Dopo una serie di decisioni e investimenti sbagliati da parte del direttore, l'azienda è rimasta bagnata.
6. Se vuoi lasciarti alle spalle questa relazione disastrosa dovresti metterci un sasso sopra e guardare avanti.
7. È ingiusto che i furbetti riescano sempre a renderla franca, mentre chi è onesto viene spesso controllato dalle autorità.
8. Dopo la festa in villa mancava in appello un pregiato vaso cinese.
9. È inutile che continui a inventare cavolate! A questo punto, non c'è scusa che terrei!
10. Da giovani non avevano il foglio d'un quattrino ma erano felici lo stesso.

7 a Ascolta l'intervista e completa la sintesi con le parole mancanti (al massimo 3).

Il conduttore presenta il libro *Gli scrocconi*, scritto dal giornalista Francesco Vecchio, il cui sottotitolo è: "Per ogni italiano che lavora dieci vivono ....(1)". L'autore afferma che l'idea del libro gli sia venuta notando lo squilibrio insostenibile tra chi porta avanti l'economia del Paese e chi si fa trascinare. In particolare ha curiosato sul sito irpef.info in cui, se il cittadino inserisce il proprio ....(2) lordo annuo, scopre quanti italiani sono più ricchi o più poveri di lui, secondo ....(3). Se il reddito è di 35.000 euro lordi all'anno, cioè di 1800 euro netti al mese, per il fisco il 90% dei cittadini italiani è ....(4) ed è quindi giusto che paghi più tasse. Ma chi sono i veri scrocconi? L'autore ribadisce di aver scritto il libro proprio a tutela dei cittadini bisognosi, da non confondere con chi scrocca, affinché lo Stato sia capace di discernere gli uni dagli altri. Tra le analisi che il giornalista ....(5) si chiede come siano fatte le statistiche sulla povertà, denunciando l'assurdità che le indagini siano condotte dall'ISTAT attraverso ....(6) in cui si chiede ai cittadini di dichiarare i propri guadagni e consumi. Sappiamo tuttavia che nel nostro Paese in molti guadagnano con la ....(7) oppure spendono nel gioco d'azzardo e nel consumo di ....(8) perciò le loro dichiarazioni di povertà non sono affidabili.

b Nell'intervista vengono usate alcune espressioni idiomatiche. Prova a spiegarne il significato o, se vuoi, cercalo online.

- Tirare la carretta = ...
- Fare di tutta l'erba un fascio = ...

8 Completa le frasi con i verbi dati alla forma corretta, come nell'esempio. Attenzione: c'è un verbo in più!

ricorrere | soccorrere | incorrere | trascorrere | decorrere | precorrere | accorrere | discorrere | scorrere | concorrere

1. Mentre io e Claudia *discorrevamo* di politica, i bambini guardavano la tv in salotto.
2. Centinaia di volontari .... a L'Aquila in occasione del terremoto del 2009 affinché i cittadini rimasti senza casa ....
3. Alessandro Volta è stato un fisico italiano, inventore della pila, celebre per .... i tempi negli studi sull'elettricità.
4. Coloro che non presenteranno la dichiarazione dei redditi nei tempi stabiliti dalla legge, ... in sanzioni pecuniarie.
5. Lo stipendio solitamente .... dal primo mese di lavoro, ma viene accreditato il ventisettesimo giorno del mese.
6. Prima di fare un investimento bisognerebbe .... all'aiuto di un consulente finanziario.
7. Ritengo che tanto la strategia errata in campo quanto la scelta dei giocatori .... alla sconfitta della squadra nella partita finale di domenica scorsa.
8. Ieri Piero .... il pomeriggio in banca per capire come aprire un mutuo.

9 Individua e correggi gli errori nell'uso dei pronomi relativi (per posizione, accordo grammaticale o preposizione), come nell'esempio. Attenzione: alcune frasi sono corrette!

1. La prossima è una gara difficile, per la quale vincere dovrà impegnarsi più del previsto. ▶ *per vincere la quale*
2. L'azienda alla quale lavora Livia sta delocalizzando la produzione in Romania. ▶ ....

3. Abbiamo assaggiato diversi vini delle Langhe, due dei cui, Barbera e Barolo, sono tra i miei preferiti. ▶ ....
4. Il numero a quale ho inviato un messaggio era sbagliato. ▶ ....
5. Le sole persone delle quali mi fido in quanto a soldi sono i miei familiari. ▶ ....
6. Questo Paese, il cui ha vissuto per anni al di sopra dei propri mezzi, adesso ne paga le conseguenze. ▶ ....
7. Gianni ha prestato la macchina a Sara, il quale aveva la propria dal meccanico. ▶ ....
8. I primi su quali ricadrà la riforma delle pensioni sono i lavoratori sopra i 60 anni. ▶ ....
9. I genitori temono che Gianluca, il quale ha conseguito una laurea in Lettere, non trovi lavoro. ▶ ....
10. Ho conosciuto il marito di Patrizia, la quale è un importante imprenditore. ▶ ....
11. Le azioni di quali ti parlavo qualche giorno fa hanno avuto un'impennata. ▶ ....
12. Dovete presentare domanda entro il termine previsto, decorso il cui, non vi è più possibilità di essere ammessi. ▶ ....

10 **a** Completa il cruciverba.

Orizzontali

3. Chi lavora in nero ed evade il fisco.
4. Sinonimo di "avaro", in senso dispregiativo.
6. Si dice di chi fa sempre pagare gli altri.
9. Trasferimento di un impianto industriale in un altro Paese, in cui la manodopera è più a buon mercato.
10. Sinonimo di "avere il conto in rosso" è "essere in..."

Verticali

1. Esagerato, smisurato.
2. Riceve denaro da un creditore.
5. Chi presta denaro a interesse approfittando delle difficoltà altrui.
7. Perdita di valore della moneta.
8. Il patrimonio lasciato dai genitori ai figli dopo la morte.

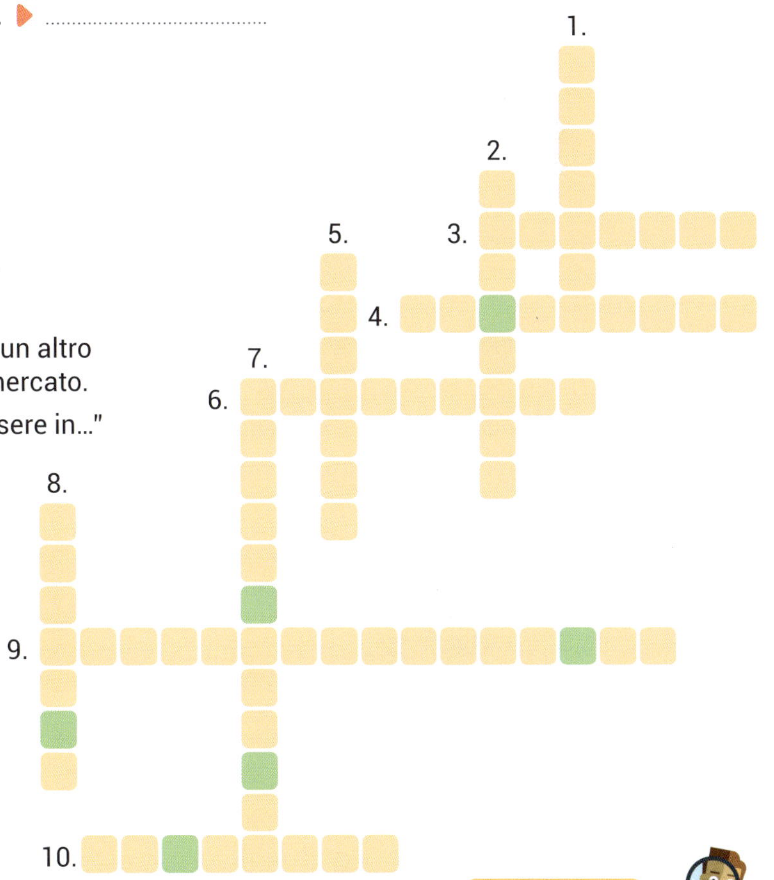

b Trascrivi nell'ordine giusto le lettere delle caselle verdi e scopri una curiosità.

Curiosità

☐☐☐☐☐☐ in italiano è una parola con più significati. Sicuramente conoscerete quello relativo ai libri o alle canzoni, ma in economia la parola indica uno strumento finanziario che rappresenta un investimento. Quelli "di Stato" sono obbligazioni (= bond) emesse dai Governi per il finanziamento del proprio Paese e delle sue attività istituzionali. In Italia sono emessi dal Ministero dell'Economia e delle Finanze.

Tutti gli esercizi sono disponibili in formato interattivo su www.i-d-e-e.it

A proposito di poesia...

Quaderno degli esercizi

1 a Leggi la poesia di Eugenio Montale e il relativo commento. Poi scegli l'alternativa corretta.

Spesso il male di vivere ho incontrato
era il rivo strozzato che gorgoglia
era l'incartocciarsi della foglia
riarsa, era il cavallo stramazzato.
Bene non seppi, fuori del prodigio
che schiude la divina Indifferenza:
era la statua nella sonnolenza
del meriggio, e la nuvola, e il falco alto levato.

Spesso il male di vivere ho incontrato in *Ossi di seppia, 1925*

La poesia è costituita da due terzine / quartine (1) che formano una struttura simmetrica: nella prima strofa / rima (2) vengono delineate tre immagini che rappresentano il male di vivere, la sofferenza, mentre nella seconda troviamo l'opposto, il bene evocato da altrettanti simboli positivi. Nonostante il componimento risalga al 1925, come nelle poesie medioevali italiane, il titolo corrisponde al primo verso / poema (3), *Spesso il male di vivere ho incontrato*. La metrica / La parafrasi (4) del componimento presenta uno schema di quartine / rime (5) perfette (ABBA - *incontrato / gorgoglia / foglia / stramazzato*), tranne che nell'ultimo suono / verso (6), il quale, in maniera singolare, richiama l'incipit della poesia.

b Abbina le parole poetiche evidenziate al loro significato.

☐ 1.	il rivo	a.	il miracolo
☐ 2.	strozzato	b.	mezzogiorno
☐ 3.	gorgoglia	c.	il piegarsi
☐ 4.	l'incartocciarsi	d.	caduto, morto
☐ 5.	riarsa	e.	il fiume
☐ 6.	stramazzato	f.	ostacolato, chiuso in gola
☐ 7.	il prodigio	g.	bruciata, secca
☐ 8.	schiude	h.	apre
☐ 9.	meriggio	i.	fa rumore, brontola

2 Completa le frasi con le parole date. Attenzione: ce n'è una in più!

soprammobili ✦ sovrappopolazione ✦ sovrabbondante ✦ sovrattassa ✦ sopracciglia
sovraeccitazione ✦ sovrastante ✦ soprannome ✦ sovrumano ✦ sopralluogo
sovrintendenza ✦ sovrappeso ✦ sopraffazione ✦ sopravvento

1. La .... dei beni culturali ha organizzato un .... a Pompei per verificare lo stato di conservazione del sito archeologico.
2. Hanno chiesto un risarcimento per i danni causati dall'incendio nel locale ....
3. Coloro che non avranno rispettato i termini temporali previsti per il pagamento dell'imposta saranno soggetti a una ....

4. Pare che le .... folte non siano più di moda. A me invece piacciono, perché valorizzano i miei occhi.
5. In certe aree urbane il problema della mancanza di risorse idriche si intreccia a quello della .... crescente.
6. A volte, i meccanismi diabolici della .... prolungata fanno sì che le vittime giustifichino il proprio carnefice.
7. Per via della bassa statura, il mio .... al liceo era "tappo".
8. La razionalità non riesce sempre a prendere il .... sulle nostre emozioni.
9. L'atleta, che si era ferito durante la corsa, dovette fare uno sforzo .... per terminare la gara.
10. Mio marito non ha ancora capito che spolverare i .... del salotto è parte integrante delle pulizie domestiche.
11. Una presenza .... di prodotti sul mercato può causarne la riduzione del prezzo.
12. Dopo la gravidanza Mara si sente in ....: vorrebbe fare una dieta.

3 **Riordina i paragrafi del testo. Poi completa con i verbi pronominali dati alla forma corretta, come nell'esempio.**

passarla liscia | darsela a gambe | prendersela comoda | starsene con le mani in mano
passarsela male | legarsela al dito | mettercela tutta | raccontarla giusta

LUOGHI COMUNI SUI POETI

A ☐ Tra i numerosi stereotipi sui poeti, in primis bisogna ricordare l'idea che siano persone pigre che abbiano tempo da perdere. Ma questo falso mito ha radici storiche. Nel Medioevo per essere scrittori, oltre all'appartenenza a un ceto sociale privilegiato, occorreva avere tempo a disposizione, vale a dire poter usufruire dell'ozio negato alle classi popolari, ...prendendosela comoda........(1) per dedicarsi alla scrittura. In effetti, la possibilità di ....(2) senza essere impegnati in altre attività era privilegio dei nobili o dei chierici, come Dante o Petrarca.

B ☐ Sono altrettanto noti gli eccessi del poeta barocco Giambattista Marino che venne più volte rinchiuso in carcere, come accadde nel 1600 a seguito di una condanna per aver falsificato degli atti giudiziari. Lo scrittore venne liberato e ....(3) grazie alla mediazione dei nobili romani che ne apprezzavano le doti espressive. Già alla corte di Torino comunque il Marino aveva acquisito fama grazie alle dispute contro il poeta genovese Gaspare Murtola, che avevano assunto toni talmente accesi da arrivare al tentato omicidio: dalle offese a colpi di sonetti a quelle con le pistole. Marino rimase insoddisfatto della lieve punizione - l'allontanamento dalla corte - assegnata al suo rivale per il fallito tentativo di farlo fuori e non servì a nulla il fatto che ....(4).

C ☐ Un altro luogo comune diffuso sui poeti è quello della loro povertà. Effettivamente la scrittura di poesie non garantisce ricchezza né al vivo né ai suoi eredi, per quanto possa essere celebre. Nonostante ....(5) per ottenere il successo, infatti, molti poeti sono rimasti ignoti ai loro contemporanei e

hanno raggiunto la gloria solo dopo la morte, come Dino Campana. Ma, dato che la poesia non è una professione, occorre ricordare che sono esistiti numerosi poeti che non ....(6) grazie al loro lavoro principale: uno su tutti l'americano T.S. Eliot, vincitore del premio Nobel, che lavorò per anni nell'ufficio esteri della Lloyd Bank di Londra e diresse una delle più importanti case editrici inglesi.

D ☐ Infine, i poeti sono spesso accusati di essere bugiardi. D'altro canto la menzogna è innata nel mestiere dello scrittore e le parole dei poeti devono essere prese con le dovute cautele. Emblematico è il caso di Gabriele D'Annunzio, poeta, soldato, dongiovanni, sempre inseguito dai creditori per mantenere il proprio lussuoso stile di "vita inimitabile", il quale non mancava occasione per attirare su di sé l'attenzione dell'opinione pubblica. Ebbene, svariate volte il poeta abruzzese finse la propria morte con annunci profetici sui giornali. Insomma, non sempre i poeti ce ....(7), quando per motivi espressivi quando per spettacolarizzazione, ma ciò non ci impedisce di apprezzarne i magnifici versi. Come affermava Jean Cocteau, "il poeta è un bugiardo che dice sempre la verità".

E ☐ Tuttavia, non tutti hanno avuto solide carriere aziendali alle spalle, anzi spesso il mito del poeta dalla vita folle e sregolata si rivela corretto. Si pensi al caso del francese Verlaine che abbandonò la moglie e il figlio appena nati per ....(8) con l'amante Rimbaud, altro famoso poeta simbolista, dedicandosi a una vita di vagabondaggi.

22

4 Ascolta un estratto dal discorso del poeta Montale in occasione del Premio Nobel per la letteratura. Poi individua le informazioni presenti.

Potrà sopravvivere la poesia nell'universo delle comunicazioni di massa?

☐ 1. Nonostante le numerose attività intellettuali, il poeta è stato per un periodo senza lavoro, a causa della dittatura fascista.

☐ 2. L'arte contemporanea, a suo avviso, non può essere pianificata come si fa invece in un progetto aziendale.

☐ 3. Il problema della società attuale è la concezione consumistica dei prodotti artistici.

☐ 4. L'autore ha un atteggiamento critico verso le discoteche, da lui viste come luogo in cui i giovani cercano di allontanare la solitudine.

☐ 5. Artisti e poeti contemporanei, spinti dal bisogno di un successo immediato, dimenticano di esprimere la propria coscienza.

☐ 6. I mezzi di comunicazione di massa hanno favorito l'annullamento della riflessione critica e dell'isolamento necessari per la poesia.

☐ 7. In futuro la poesia tornerà alla semplicità delle origini, dato che per scriverla occorrono solo carta e penna.

☐ 8. L'incendio della biblioteca di Alessandria dimostra quanto, ancora oggi, la letteratura che sopravvivrà nei secoli è soggetta a fattori casuali, incidentali.

☐ 9. La produzione poetica attuale è talmente sterminata che qualche libro dovrà per forza resistere nel tempo.

☐ 10. La poesia contemporanea è una produzione influenzata dal gusto dell'epoca.

5 Abbina le parole alle espressioni di significato opposto. Attenzione: ce n'è una in più!

☐ 1.	vivido	a.	reprimere
☐ 2.	argine	b.	emergere
☐ 3.	farla franca	c.	estensione illimitata
☐ 4.	tirare fuori	d.	svegliare
☐ 5.	narcotizzare	e.	poco chiaro
☐ 6.	dilagare	f.	retaggio
☐ 7.	affondare	g.	essere colti in flagrante
		h.	ridursi

6 Scrivi il poeta o l'artista da cui deriva l'aggettivo dato, indicando se si tratta del nome [N] o del cognome [C], come nell'esempio.

		N	C
1. dantesco ▶	....		
2. machiavellico ▶	....		
3. dannunziano ▶	....		
4. petrarchesco ▶	....		
5. manzoniano ▶	....		
6. foscoliano ▶	....		
7. leonardiano ▶	....		
8. raffaellesco ▶	....		
9. ariostesco ▶	*Ariosto*		x
10. leopardiano ▶	....		

7 Completa con alcune parole della poesia di Alda Merini a pag.193 del Libro, come nell'esempio.

1. *Giacché* vai dal macellaio, mi compreresti due etti di bresaola?
2. I signori sono invitati gentilmente a parlare .... durante la conferenza.

3. Le glorie .... di certi poetucoli sono legate soltanto alle mode del momento.
4. Mi si è rotto il .... della scarpa. Dove potrei comprarne uno?
5. In alcune culture agli estranei non si .... la mano per presentarsi.
6. In questo ...., invece che in ufficio, vorrei essere rilassata su una spiaggia deserta accompagnata da un bell'uomo: ma sono solo sogni a occhi aperti e belle ....
7. Hanno guardato al telegiornale il servizio sulla guerra nel proprio Paese d'origine col cuore in ....
8. Patrizia si prende cura dei genitori malati e ciò le toglie .... per il lavoro.

8 a Abbina le poesie al titolo corrispondente, come nell'esempio. Per aiutarti puoi consultare il dizionario.

1. *Soldati* ✦ 2. *Il lampo* ✦ 3. *Passioni*
4. *Dormire* ✦ 5. *Ora che sale il giorno*

A. ....

E cielo e terra si mostrò qual era:
la terra ansante, livida, in sussulto;
il cielo ingombro, tragico, disfatto:
bianca bianca nel tacito tumulto
una casa apparì sparì d'un tratto;

come un occhio che, largo, esterrefatto,
s'aprì si chiuse, nella notte nera.

G. Pascoli

B. ....

Finita è la notte e la luna
si scioglie lenta nel sereno,
tramonta nei canali.
[...]

S. Quasimodo

C. Domire

Vorrei imitare
questo paese
adagiato
nel suo camice
di neve

G. Ungaretti

D. ....

Si sta come
d'autunno
sugli alberi
le foglie

G. Ungaretti

E. ....

Sono fatte di lacrime e di sangue
e d'altro ancora.
Il cuore
batte a sinistra.

U. Saba

b Leggi il commento alla poesia A dell'esercizio precedente e correggi gli errori lessicali evidenziati, come nell'esempio. Per aiutarti rivedi le figure retoriche dell'unità 7 (pag. 61 del Libro).

Il componimento del poeta decadente Giovanni Pascoli venne editato nella raccolta poetica Myricae, in particolare nella terza edizione del 1894. A livello metrico, la poesia è composta da due terzine, rispettivamente di cinque e di due righe, con la presenza di rime senza uno schema fisso.

La poesia mostra gli effetti visivi della caduta di un lampo che, durante un pomeriggio sereno, illumina a poco a poco la campagna circostante. Per descrivere la terra il poeta ricorre a un'iperbole, definendola "ansante" come un essere umano che respira a fatica e "livida" come il colore della pelle di chi è malato. In questo buio scenario si staglia l'immagine della casa bianca, in analogia con l'oscurità del cielo, sovraccarico di nuvole. Il tema centrale è dunque un fenomeno naturale che irrompe con violenza e turba una situazione di calma, metafora delle tragiche difficoltà che sconvolgono la vita quotidiana, come dimostra la metonimia con il grande occhio che si apre e si chiude rapidamente.

1. ....
2. ....
3. ....
4. ....
5. ....
6. ....
7. ....
8. metonimia > similitudine

Giochi

Tutti gli esercizi sono disponibili in formato interattivo su www.i-d-e-e.it

Che Dio ci aiuti!

1 a Abbina le espressioni che hanno significato simile o che si possono usare nello stesso contesto.

☐ 1.	Maledizione!	a.	Madonna mia!
☐ 2.	Va' a farti benedire!	b.	Accidenti!
☐ 3.	Per amor di Dio!	c.	Va' all'inferno!
☐ 4.	Santo cielo!	d.	Che Dio ci aiuti!
☐ 5.	Signore, aiutaci tu!	e.	Speriamo bene!
☐ 6.	Che Dio ce la mandi buona!	f.	Per carità!

b Completa i dialoghi con le espressioni a sinistra dell'esercizio precedente.

1. • Sul serio avete investito un capitale in quelle azioni ad alto rischio?
   • Sì, ci siamo lasciati convincere dal consulente finanziario. ....!
2. • Mamma, mi è caduto a terra il cellulare e si è rotto lo schermo.
   • ...., Jacopo! È il secondo in sei mesi. Io non te lo compro più!
3. • Ho affidato al nuovo stagista il compito di preparare la relazione.
   • ....! Proprio a lui?...Farà un disastro!
4. • Fiorella, abbiamo di nuovo il conto in rosso ed è appena arrivata la bolletta del gas.
   • Non so proprio come faremo... ....!
5. • Senti, Marina, sono stufo delle tue bugie! ....!
   • Perché dici così? Non sto mentendo. Ti giuro, è la verità!
6. • Stiamo finendo la benzina e non ci sono aree di servizio per chilometri...
   • ...., Marco! Perché non ti sei fermato prima? Ora controllo sul navigatore.

2 Completa con le parole date. Attenzione: ce ne sono due in più!

ecclesiale ✦ parrocchia ✦ confessione ✦ il rito ✦ agnostico ✦ credente
l'oratorio ✦ ateo ✦ catechismo ✦ la dottrina ✦ la fede

1. La religione non mi interessa affatto. Non credo che si possa discutere di Dio come di qualcosa di tangibile. Quindi sono ....
2. Nella nostra .... organizziamo una raccolta di indumenti usati per le persone bisognose. Se vuoi darci una mano, puoi passare domani sera.
3. Anche se mi reputo una persona ...., professo la religione a modo mio, senza bisogno di frequentare l'ambiente ....
4. .... è diventato un punto di riferimento per i ragazzi del quartiere.
5. Non saprei dire a quale .... religiosa appartenga Enzo. Che sia valdese?

6. Il modello formativo del ...., come insieme di insegnamenti cristiani per i più giovani, si è fortemente incrinato. Non sanno neanche chi sia Mosè!
7. Messa natalizia di mezzanotte. Dopo .... seguirà la processione al presepe.
8. .... cattolica ci insegna che esistono inferno, paradiso e purgatorio.

3 Correggi gli errori nell'uso degli articoli e delle preposizioni davanti a *che*.

1. Piove a dirotto e Saverio non è ancora tornato dalla discoteca, al che mi preoccupa. ▶ ....
2. Ho aspettato in coda alle poste per un'ora, il che me ne sono andato via. ▶ ....
3. Ho perso la pazienza con un cliente importante, il che me ne pento. ▶ ....
4. Il Comune ha stanziato fondi consistenti per le famiglie residenti con più figli, del che centinaia di cittadini hanno fatto richiesta. ▶ ....
5. Giulia è una fedele praticante, del che non significa che sia bigotta. ▶ ....
6. Eravamo in ritardo per lo spettacolo, del che abbiamo preso una scorciatoia. ▶ ....

4 Completa il cruciverba. Poi trascrivi, in ordine, le lettere delle caselle colorate e scopri una curiosità.

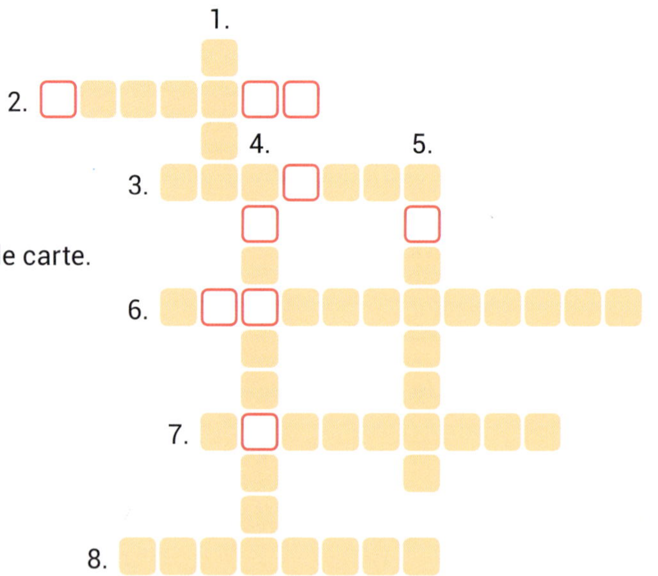

Verticali

1. Insieme a speranza e carità è uno dei principi cardine del cattolicesimo.
4. Chi pretende di prevedere il futuro consultando le carte.
5. Come i cristiani e gli ebrei, professano la fede in un unico Dio.

Orizzontali

2. Quello secondo Giovanni è uno dei testi sacri del cristianesimo.
3. Per i cattolici quelli commessi devono essere confessati dal fedele a un sacerdote.
6. Quello religioso è un tipo di fanatismo che non accetta compromessi o aperture verso altre confessioni.
7. Forza malvagia, secondo la superstizione, che può essere allontanata con talismani.
8. Mandare qualcuno a farsi... è come mandarlo all'inferno.

Curiosità

L'espressione "ESSERE COME IL DIA□O□□ E L'A□QU□ □A□□□" significa essere due opposti inconciliabili, dato che l'una viene usata per allontanare l'altro.

5 **Completa i testi con il participio presente o passato dei verbi dati, con funzione aggettivale (A), sostantivata (S) o verbale (V), come nell'esempio.**

A

Il ....(1) scolastico dell'Istituto Fermi informa i docenti e le famiglie degli ......studenti......(2) di aver pubblicato sul sito una circolare ....(3) le modalità del nuovo Esame di Stato e invita tutti gli ....(4) a prenderne visione entro i termini ....(5) dalla legge ....(6).

studiare (S)
riguardare (V)
vigere (A)
interessare (S)
dirigere (S)
prevedere (A)

B

Secondo le statistiche ....(1) la religione, il 66% degli italiani si dichiara cattolico, anche se non è un fedele ....(2), ovvero senza frequentare la chiesa o la parrocchia. Si tratta di una quota ....(3) rispetto all'anno ....(4). Il 10% circa, invece, si professa ....(5) in Dio, ma senza aderire a una precisa confessione religiosa. Infine, se si esclude chi appartiene ad altre religioni, la parte ....(6) degli italiani afferma di essere atea o agnostica.

crescere (A)
rimanere (A)
praticare (A)
scorrere (A)
inerire (V)
credere (A)

C

La tradizione contadina suggerisce di seminare patate e carote nelle fasi di luna ....(1) e di irrigare in modo periodico il terreno ....(2), evitando i momenti di sole ....(3). Si consiglia inoltre di aggiungere ....(4) minerali come fosforo e potassio ....(5) fondamentali proprietà per la produzione agricola degli alimenti.

nutrire (S)
cuocere (A)
calare (A)
avere (V)
coltivare (A)

6 **Riordina le parole per formare le definizioni dei vocaboli dati. Inizia con le parole evidenziate in verde.**

1. DOGMA: credo religioso ✱ principio ✱ di un determinato ✱ delle verità di fede. ✱ facente parte
2. SETTA: di fedeli ✱ proveniente da ✱ maggioritaria. ✱ insieme ✱ dottrina religiosa ✱ di una particolare ✱ un'altra religione
3. SCAMPO: pericolosa. ✱ salvezza ✱ d'uscita ✱ da una situazione ✱ o via
4. LAICO: persona ✱ dalla Chiesa ✱ nelle proprie ✱ autonoma ✱ scelte ideologiche.
5. CURIA ROMANA: del Vaticano. ✱ l'amministrazione ✱ di enti ✱ complesso ✱ che formano
6. SCENEGGIATA: si vuole. ✱ il pubblico ✱ messinscena ✱ credere ✱ per commuovere ✱ o per fargli ✱ ciò che

23

7 Ascolta l'intervista e scegli l'alternativa corretta.

1. Per Fusaro l'ateismo delle nuove generazioni è preoccupante perché:
   - [ ] a. non credono più nell'esistenza di Dio, a causa della propria fragilità.
   - [ ] b. sono disinteressate alla ricerca di verità più profonde.
   - [ ] c. non sono capaci di far dialogare consumismo e religione.

2. Per appassionare i giovani alla religione occorrerebbe:
   - [ ] a. una guida in grado di innescare il desiderio di conoscenza.
   - [ ] b. una revisione della dottrina del catechismo.
   - [ ] c. una nuova traduzione dei testi sacri del cristianesimo.
3. A suo dire, la cultura occidentale oggi crede soltanto:
   - [ ] a. alla sopravvivenza dell'anima dopo la morte.
   - [ ] b. alla paura della morte invece che alla salvezza assoluta.
   - [ ] c. alla scienza medica e alla sopravvivenza fisica.
4. A differenza della filosofia, la religione cerca la verità:
   - [ ] a. attraverso dogmi che non contrastino con la razionalità.
   - [ ] b. con concetti dogmatici spiegabili attraverso la ragione.
   - [ ] c. tramite rappresentazioni di fede, sebbene in conflitto con la ragione.

8 a Sottolinea il significato corretto dei verbi alterati.

1. Parlottare : parlare a fatica / a voce bassa.
2. Fischiettare : fischiare con insistenza e allegria / distrattamente a voce bassa.
3. Canticchiare : cantare ripetutamente, di continuo / senza impegno, sottovoce.
4. Saltellare : fare salti piccoli e ripetuti / pochi salti.
5. Piagnucolare : piangere in modo lamentoso / lacrime amare.
6. Giocherellare : giocare in maniera distratta / continuamente, senza sosta.
7. Rubacchiare : rubare ogni tanto piccole cose / spesso e con intensità.
8. Ridacchiare : ridere a crepapelle, smoderatamente / maliziosamente con risatine brevi.
9. Scoppiettare : fare rumori secchi e ripetuti / scoppiare in fretta, velocemente.
10. Bucherellare : fare tanti, piccoli / pochi, grandi buchi.
11. Leggiucchiare : leggere spesso e volentieri / distrattamente, a fatica.
12. Tagliuzzare : tagliare in numerosi piccoli pezzi / frequentemente.

b Completa con alcuni dei verbi dell'esercizio precedente alla forma corretta, come nell'esempio.

1. Il fuoco *scoppiettava* nel camino mentre noi ci gustavamo una cioccolata calda.
2. Ernesto riesce a malapena a sopravvivere: si arrangia .... qualche euro.
3. I bambini .... in cortile finché le maestre non li richiamarono in classe.

4. Dovresti smetterla di .... come un bambino per queste sciocchezze!
5. Mentre parla al telefono, Laura .... sempre con una penna o una matita.
6. Mi sono ferito con le forbici mentre .... un foglio di carta.
7. Gli imputati erano tutti in un angolo che .... tra loro con aria misteriosa, ogni tanto .... alle spalle del poliziotto.
8. Più che finire il libro, mi sembra che tu lo .... con poca attenzione.

9 Completa il testo con le parole mancanti.

I VIZI CAPITALI SONO ANCORA ATTUALI?

In origine erano un elenco di comportamenti considerati la radice di ogni male che conducevano alla corruzione dello spirito. Di cosa stiamo parlando? Dei sette vizi (ormai non più) capitali che, ...(1) lettera, significa "mortali" poiché conducono alla morte dello spirito. Questa lista di peccati fu realizzata da un monaco, Evagrio Pontico, ...(2) verso la seconda metà del 300 d.C., e includeva i seguenti: ira, gola, pigrizia, invidia, superbia, lussuria e avarizia.

L'elenco è ancora attuale oppure dovrebbe essere aggiornato? A detta della psicoterapeuta e scrittrice Vera Slepoj, questi vizi sono sempre validi, sebbene ....(3) assunto nuove forme rispetto al passato (si pensi alla superbia nella società dei selfie e dei social). In ogni caso, a suo ....(4), dovremmo aggiungere alla lista anche due peccati tipici del nostro tempo: il narcisismo e la dipendenza. Diversa, ...(5), è l'opinione pubblica in Gran Bretagna. Secondo un recente sondaggio della BBC, la maggioranza della popolazione "non crede più che i sette vizi capitali abbiano ....(6) rilevanza nella loro vita, e pensano che dovrebbero essere aggiornati, per rispecchiare la società moderna". Il sondaggio suggerisce che i sette peccati originari non abbiano più l'importanza di un tempo e debbano ....(7) sostituiti con un nuovo elenco di tabù contemporanei che colgano l'essenza della moralità moderna. In cima alla lista c'è ora la crudeltà, seguita dall'adulterio, dal fanatismo, dalla disonestà, dall'ipocrisia e dall'egoismo.

Ma se l'elenco dei peccati è tanto lungo, ha senso continuare a cercare di definirli?

Quando si parla di vizi e di ....(8) peccaminose si sente spesso dire che è inutile soffermarsi a parlarne e a riconoscerli come tali, perché vi si cade comunque, oppure che, ...(9) sommato, non sembrano poi così negativi: tanto vale quindi abbandonare un'inutile ossessione prendendo la vita come viene. Tuttavia, uno studio attento degli autori che si sono occupati di questo ....(10) etico rivela invece come la sbrigativa liquidazione dei vizi come inutile retaggio del passato e l'invito a "lasciarsi andare" non hanno certamente reso la vita più sana nella società contemporanea.

adattato da *www.metismagazine.com* e *www.fmgb-prov.it*

10 Cancella la parola intrusa in ciascuna lista di parole.

1	2	3	3
salvezza	farla grossa	credente	precetto
scampo	farla franca	osservante	dottrina
via di fuga	sbagliare gravemente	bigotto	principio
benedizione	peccare	praticante	dogma
riparo	combinarla grossa	fedele	curia

Giochi

Il futuro della medicina è già qui

1 a **Leggi l'intervista e sottolinea l'alternativa corretta tra quelle date.**

LE MEDICINE DEL FUTURO

Per alcuni, il prefisso "nano" evoca strani scenari fantascientifici / biotecnologici (1). Eppure, la nanoscienza indica semplicemente una tecnica di manipolazione delle particelle su scala nanometrica, cioè molecolare. Più che farci paura, questa tecnologia dovrebbe ostinarci / infonderci (2) speranza, sostiene Cornelia Palivan, professoressa di Chimica fisica all'Università di Basilea e membro dell'Istituto svizzero di nanotecnologia di Basilea.

Allora cosa significa sviluppare nanotecnologie oggi?

Con il mio gruppo stiamo lavorando all' implementazione / intuizione (3) della nanotecnologia in diversi ambiti, dalla medicina, all'ecologia e alla scienza dell'alimentazione. Lo stiamo facendo attraverso lo sviluppo dei cosiddetti "materiali bio-ibridi", che sono ottenuti combinando biomolecole, come le proteine, con materiali sintetici in piccolissime quantità.

In quali campi le nanotecnologie potrebbero fare la differenza in futuro?

In medicina, sicuramente nella revisione / diagnosi (4) e cura dei tumori. Le nanoparticelle sono conosciute come agenti di contrasto e potrebbero essere molto utili per identificare tumori in zone specifiche del corpo o monitorare la direzione delle cellule cardiache / cancerogene (5). Inoltre, le nanotecnologie danno una spinta significativa alla medicina personalizzata e ciò è essenziale nella cura del cancro. Nel campo della terapia potrebbero prendere il sopravvento / coscienza (6) sulle tradizionali cure chemioterapiche rendendole esponenziali / vetuste (7), perché permettono di attaccare specifici anticorpi. Ecco perché possiamo considerare le nanotecnologie le "medicine" del futuro.

Ciò significa che in futuro solo una parte della popolazione, quella più agiata, potrà permettersi di curare il cancro, per esempio?

Sfortunatamente sì, se i costi delle terapie non diminuiscono. Mi piacerebbe essere più ottimista, ma non vedo ancora una prospettiva. I rischi di disuguaglianze sono sempre dietro / davanti (8) l'angolo. Ci vorrebbe una visione politica d'insieme e un'azione a livello internazionale. Le iniziative dei singoli / similari (9) Paesi non bastano.

Lei immagina un futuro in cui le nanotecnologie possano allungare la vita umana?

Alcuni esperimenti sono peraltro / in corso (10), ma è molto difficile perché il corpo umano è qualcosa di meraviglioso e complicato. Inoltre, ci sono due grandi sfide da superare. Una è allungare la vita, e su questo i passi fatti / presi (11) sono numerosi, l'altra è migliorare la qualità della vita. Abbiamo già visto che, con l'aumento dell'età media, anche le cause / malattie (12) neurodegenerative stanno crescendo. Da questo punto di vista, vivere una vita in salute per il maggior tempo possibile è più importante che vivere più a lungo.

liberamente adattato da www.swissinfo.ch

b **Indica quali informazioni sono presenti nel testo A (es.1a), quali nel testo B (pag.204 del Libro) e quali in nessuno dei due (N).**

	A	B	N
1. Le nanotecnologie rappresenteranno il futuro della medicina.			
2. Applicare dispositivi nanotecnologici al nostro organismo è una forma di evoluzione per il genere umano.			
3. I nanorobot hanno applicazioni anche nel settore ambientale.			

	A	B	N
4. Le nanotecnologie saranno in grado di individuare nell'organismo le cellule malate di cancro.			
5. La scienza riesce a prolungare l'aspettativa di vita ma non sa ancora migliorare nel contempo la salute degli anziani.			
6. Le patologie neurodegenerative sono in aumento nei giovani.			
7. Economicamente, le nanotecnologie non sono alla portata di tutti.			
8. La longevità aumenterà in modo esponenziale grazie ai materiali bio-ibridi.			

2 Abbina per formare frasi di senso compiuto.

☐ 1. Le teorie etiche di quell'autore attingono...
☐ 2. Alessia riesce a malapena a vivacchiare dato che...
☐ 3. L'uomo sarà processato con l'accusa di furto...
☐ 4. Mio figlio diventa nervoso se non ha il cellulare...
☐ 5. Dopo aver avvisato la polizia dell'accaduto, il direttore...
☐ 6. I gladiatori romani a volte erano costretti a combattere...
☐ 7. Francesca è una persona con cui si parla facilmente, è...
☐ 8. Quanto al cucito, purtroppo non ho preso da mia madre che...
☐ 9. Perché non mi aiutate con la spesa invece di starvene...
☐ 10. Credo che la situazione vi sia sfuggita...

a. proprio alla mano. Vedrai che ti piacerà!
b. a mano armata.
c. se ne laverà le mani.
d. a piene mani alla teologia cattolica.
e. invece ha le mani d'oro.
f. ha le mani bucate e sperpera fino all'ultimo centesimo.
g. a mani nude contro animali selvatici.
h. sempre a portata di mano.
i. di mano. Vi serve aiuto?
l. con le mani in mano?

3 Le parole evidenziate sono finite nella frase sbagliata. Rimettile al posto giusto.

1. Hai mai sentito parlare di **donatori** di pelle? Si pratica di solito sulle persone gravemente ustionate. ▶ ....
2. **L'ibernazione** del chirurgo non mi convince. Vorrei sentire un secondo parere. ▶ ....
3. I medici effettueranno **la diagnosi** degli organi dopo il decesso. ▶ ....
4. Ho fatto **clonazione** per mesi dopo l'operazione al braccio, ma ancora non ho ripreso del tutto le funzionalità. ▶ ....
5. Claudio è infermiere e lavora presso l'Associazione **Genetica** Volontari Di Sangue. ▶ ....
6. Quando sento parlare di **riabilitazione** mi vengono i brividi: la ritengo una pratica aberrante che solleva serie questioni bioetiche. ▶ ....
7. Dopo la laurea, Cinzia ha frequentato un master in **trapianto** medica. ▶ ....
8. Non startene là fuori con questo freddo! Rischi **l'espianto**! ▶ ....

4 **Indica nelle seguenti frasi se il *si* ha funzione riflessiva (R), impersonale (I) o passivante (P). Poi riscrivi alla forma passiva le frasi in cui è presente un *si* passivante, come nell'esempio.**

		R	I	P
1.	In questo negozio si vendono protesi chirurgiche. ▶ *vengono vendute*			X
2.	Quando si sta male occorrono farmaci antidolorifici. ▶			
3.	Dopo l'amputazione di un arto, solitamente si propone al paziente una protesi. ▶			
4.	Non si accettano soldi contanti, solo pagamenti con carta di credito. ▶			
5.	I medici si sono fatti in quattro per arrivare a una diagnosi. ▶			
6.	Nel prossimo convegno si parlerà di clonazione animale. ▶			
7.	Giorgio si lamenta troppo: ha solo un po' di febbre! ▶			
8.	Questo medicinale si può acquistare in farmacia, solo con la ricetta medica. ▶			

24

5 **Ascolta l'intervista al prof. Pessina sulla bioetica e abbina le domande del giornalista che sono state cancellate nell'audio. Attenzione: ce ne sono due in più! Poi completa la sintesi con le parole mancanti (al massimo 4).**

☐ L'importanza della bioetica nella formazione dei giovani medici nasce dalle riflessioni 1
del suo stesso ....(1), Potter, il quale aveva messo in luce ....(2), cioè la differenza, tra la preparazione scientifica, unita alle capacità tecnologiche dello scienziato, e la consapevolezza etica dell'uomo contemporaneo le cui convinzioni sono vincolate alla mentalità dell'epoca e a ciò che la persona ha appreso dall'ambiente nell'infanzia, senza avvertire l'esigenza di verificarne la validità.

☐ Sebbene l'opinione pubblica ritenga che la bioetica ponga 2
....................(3) alla ricerca e alla scienza, in realtà essa può dare un grande contributo perché si occupa di individuare le priorità. Questa disciplina può indurre a collocare la medicina in un ambito umanistico, sfuggendo al rischio di un modello puramente ....(4) in cui al centro vi è ....(5), invece della persona con la sua salute e i suoi bisogni.

☐ Innanzitutto occorre considerare ....(6) non come un pericolo ma come una ri- 3
sorsa, come accade in una sinfonia di più strumenti suonati insieme, ognuno con la propria musica. Perciò la necessità oggi è quella di creare dei significati comuni ai diversi approcci religiosi. L'aiuto può provenire ....(7), sia che a occuparsi di bioetica sia un fisico, un medico o un biologo.

☐ Credo che sia fondamentale per un giovane andare a verificare ....(8). Cartesio 4
diceva: "Prima di voler cambiare ....(9), riformando la terra e i costumi, è bene che io incominci a pensare all'ordine dei miei pensieri."

a. Qual è il rapporto tra bioetica e progresso tecnologico?
b. Qual è l'influenza religiosa della morale cattolica sulla bioetica?
c. Cosa consiglia ai nostri studenti?
d. Che cos'è la bioetica e perché è utile per chi studia la professione medico-sanitaria?
e. Quali progressi tecnologici sono stati compiuti seguendo un approccio bioetico?
f. Come si coniuga la bioetica con il multiculturalismo etico e religioso?

6 **Individua e correggi gli errori nella posizione degli avverbi, come nell'esempio. Attenzione: non tutte le frasi contengono errori!**

1. L'accesso in reparto è consentito soltanto ai visitatori nei seguenti orari: 12-14, 18-20.
   L'accesso in reparto è consentito ai visitatori soltanto nei seguenti orari: 12-14, 18-20.
2. So che non ami condividere le informazioni sul tuo stato di salute, ma dovresti parlare di quanto ti ha almeno detto il medico con i tuoi familiari.
3. Per mia fortuna, non ho subito interventi chirurgici mai.
4. Dimesso appena dall'ospedale, Aldo dovrà proseguire le cure a domicilio.
5. Sono deluso dal tuo comportamento e pure mi sento offeso dalle tue parole.
6. Per una volta, potremmo anche darci alla pazza gioia, non trovate?
7. Nonostante abbia trascorso 8 ore in sala operatoria, il chirurgo non affatto era stanco.
8. Perché ti sei rivolto a quel dottore se uno dei suoi pazienti ne ha parlato neanche bene?
9. Sempre ho stimato medici e infermieri che lavorano nei turni di notte.
10. Sono arrabbiato con Costanza perché mi ha poco trattato gentilmente.

7 **Abbina le barzellette al finale corrispondente.**

☐ 1. Al telefono: "Pronto, dottore. Mia suocera è stata morsa da un serpente." Risponde l'altro: "Guardi che ha sbagliato numero, questo è uno studio veterinario".

☐ 2. Il bambino: "Mamma, ma perché mentre mangiamo ti alzi da tavola e vai a prendere le medicine in un'altra stanza?".

☐ 3. Una signora va dal medico e gli dice che non riesce a smettere di fumare. Il dottore allora le chiede se ha provato con le caramelle.

☐ 4. La sala d'aspetto del medico è stracolma di pazienti. Esce l'infermiera e avvisa il pubblico: "Scusate, signori, un avviso. Per proteggere la vostra privacy non possiamo chiamare i pazienti per nome." Tutti pensano all'assegnazione di un numero di prenotazione, come alle poste, ma...

☐ 5. "Dottore, credo che mi servano gli occhiali".

☐ 6. Un anziano racconta al bar che con le donne è sempre stato un disastro.

a. "Lo penso anch'io. Questa è una salumeria!".
b. "Ho tentato, dottore, ma non mi si accendono...".
c. "Da piccolo quando si giocava al dottore a me toccava sempre guidare l'ambulanza!".
d. "Sì, appunto...lei sta bene, è l'animale che si sente male!".
e. "Quindi, entri pure la signorina con forti problemi intestinali".
f. "Beh, il dottore mi ha detto che vanno prese lontano dai pasti!".

8 a Leggi i seguenti avvisi dal medico e indica se sono ironici (I) o umoristici (U).

Se, dopo aver gentilmente bussato, la porta resta chiusa significa che il dottore:
a) è uscito per una visita
b) sta effettuando una visita
c) è in bagno
d) è al telefono con un altro paziente
In ogni caso è del tutto inutile ostinarsi a bussare.

1 ☐

Coloro che si sono fatti da soli la diagnosi tramite Google e desiderano un secondo parere medico possono consultare Yahoo.

2 ☐

Strappare le riviste in sala d'attesa stimola indubbiamente la creatività del bambino. Peraltro la raccolta nel bidone degli effetti di tale creatività educa il bambino attraverso l'esempio a comportarsi un domani da adulto civile e responsabile.

3 ☐

Si informano certi pazienti che lavarsi prima delle visite programmate non cancella gli elementi utili alla diagnosi, per cui possono tranquillamente procedere a una doccia. Non vi sono evidenze scientifiche che causi malattie!

4 ☐

b Scrivi brevemente su quale aspetto ironico o umoristico si basa ciascun avviso.

1. ....
2. ....
3. ....
4. ....

9 Individua e correggi gli errori lessicali, come nell'esempio.

1. Mio marito deve stare seduto perché ha appena fatto l'abilitazione. *la riabilitazione*
2. Si pregano i pazienti di tenere spenti i cellulari durante la decenza in ospedale.
3. È possibile sostituire l'arto imputato con una protesi.
4. La visita è stata ripida: il medico mi ha solo ostacolato il cuore.
5. La clonazione di cellule umane solleva problemi immorali ed è vietata dalla legge.
6. Marta è contraria alla produzione di vicini attraverso la manipolazione dei geni.
7. Oggi la questione dell'ingegneria generica è quanto mai cruciale in medicina.
8. Le analisi del sangue sono frutto dell'osservazione al telescopio.
9. Il desiderio di longevità ha preso il vento sui naturali processi di invecchiamento.
10. Per proseguire l'obiettivo di una cura rapida, seguire la terapia sottoscritta dal medico.

Giochi

Tutti gli esercizi sono disponibili in formato interattivo su www.i-d-e-e.it

Politica: diamo a Cesare quel che è di Cesare

1 Completa le frasi sulla politica con le parole date. Attenzione: c'è uno spazio in più!

dirigente ✦ elettore ✦ imputati ✦ partito ✦ una campagna ✦ debito ✦ democrazia
sindaco ✦ poltrona ✦ la corruzione ✦ amputati ✦ candidato

1. Il bello della .... è questo: tutti possono parlare, ma non occorre ascoltare.
2. Il colmo per un politico è cercare un buon .... per sua figlia.
3. Quando un uomo è .... al Parlamento, per lui tu sei un amico, quando è stato eletto sei un suo ...., quando infine è nel pieno delle sue funzioni sei solo un contribuente.
4. In Iran ai ladri vengono .... gli arti, in Finlandia sono ...., in Italia sono deputati.
5. "Secondo lei in Italia .... è un problema?". "Se mi dà 50 euro le dico di sì!".
6. Chi dice che la politica è un'arte non ha mai visto all'opera la nostra classe ....
7. Chi paga il .... pubblico guadagna in media mille euro al mese, chi lo crea ne guadagna ventimila.
8. Durante .... elettorale l'aria è piena di discorsi e i discorsi sono .... aria fritta!
9. Il massimo per un .... è avere una moglie... fuori dal comune!
10. Come gli amanti delle serie TV, anche i nostri politici sono attaccati alla ....

tratto da www.frasicelebri.it

2 Completa la recensione con l'alternativa corretta tra quelle proposte.

Parte del gruppo GEDI e la Repubblica

MYmovies.it
IL CINEMA DALLA PARTE DEL PUBBLICO

Cerca un cinema | Registrati | Accedi

Film | Serie TV | Festival | Cinema | MYMOVIES LIVE | TROVA STREAMING | Dvd | Guida TV | News

Cerca su MYmovies.it

Vai alla ricerca avanzata »

QUALUNQUEMENTE: PRIMO FILM CON PROTAGONISTA CETTO LA QUALUNQUE

Uno spettro si aggira per la Calabria: è lo spettro della ....(1). Contro questo spiacevole inconveniente, rappresentato dal ....(2) sindaco di Marina di Sopra, un certo De Santis, la parte "furba" del paese schiera l'uomo della provvidenza: Cetto La Qualunque, imprenditore senza scrupoli di ritorno da un periodo di latitanza con una nuova moglie, che chiama Cosa, e la sua bambina, che non chiama affatto. Volgare, disonesto, corrotto, ma soprattutto fiero di essere tutto questo e molto di peggio, Cetto prima ricorre alle ....(3) mafiose, poi a dosi inimmaginabili di propaganda cafona, quindi assume uno specialista. Il fine, e cioè la ....(4) alle elezioni, giustifica interamente i mezzi, che in questo caso vanno dal comizio in chiesa, all'offerta di ragazze seminude come fossero caramelle scartate, alla reclusione in carcere del figlio Melo al suo posto. Fino alla più sporca delle truffe.
Questo il primo capitolo della trilogia cinematografica conclusa con la pellicola "Cetto c'è, senzadubbiamente".

1. a. criminalità
   b. stupidità
   c. legalità
   d. corruzione
2. a. candidato
   b. sostenitore
   c. nuovo
   d. perdente
3. a. pene
   b. intimidazioni
   c. sanzioni
   d. abolizioni
4. a. vincita
   b. sopraffazione
   c. campagna
   d. vittoria

Il film di Albanese (anche attore nei ....(5) del protagonista) e Manfredonia non va scambiato per un film d'intrattenimento, anche se qualche buona ....(6) di spirito per fortuna non manca ("Presto io sarò sindaco per cui tu, per legge, vicesindaco"), e nemmeno per una tragicommedia alla Fantozzi: piuttosto, è un film violento, che non fa sconti e regala al "cattivo" una vittoria su tutta la linea. Il qualunquismo di questo imprenditore prestato alla politica, sempre allegro e in movimento da ....(7) di potere a un altro, menefreghista in teoria e in pratica, dovrebbe essere qualcosa di cui ridere per isteria dettata dalla paura, non per il piacere di guardarci allo specchio. Se proprio occorre dargli un'etichetta, si dirà che è un film "di denuncia", con i pregi e i limiti dei film impegnati, che ha scelto la via ....(8) e della caricatura anziché quella della tragedia.

adattato da *www.mymovies.it*

5. a. ruoli
   b. costumi di scena
   c. vincoli
   d. panni

6. a. idea
   b. volgarità
   c. battuta
   d. frase

7. a. un abuso
   b. uno scandalo
   c. uno sfarzo
   d. un vuoto

8. a. della parodia
   b. della satira
   c. del doppio senso
   d. della morale ironica

3 **Cancella le parole con significato contrario, come nell'esempio. Poi trascrivi le parole rimaste abbinandole al sinonimo corrispondente.**

~~sfarzo~~	ingombrante	depravato	estremista	ipocrita	sostenitore
furbesco	avversario	scandalizzarsi	~~sobrietà~~	penoso	palese
affollare	virtuoso	piccolo	tragico	moderato	sincero
onesto	comico	cafone	corrotto	nascosto	diradarsi

.... sfarzo/sobrietà, ...

....

....

1. astuto ▶ ....
2. patetico ▶ ....
3. maleducato ▶ ....
4. indignarsi ▶ ....

4 **a** **Individua e correggi gli errori ortografici. Attenzione: alcune frasi sono senza errori! Poi indica quando l'uso dei pronomi personali atoni in ciascuna frase dipende dal registro colloquiale di ambito familiare, come nell'esempio.**

[X] 1. Ieri mi sono guardata tutta la cuarta stagione della mia serie tv preferita. .... quarta

[ ] 2. Per scaricare la tenzione, dopo un esame Gioia si fuma sempre una sigaretta.
....

[ ] 3. Quando ho fretta, faccio la doccia ma non mi lavo i cappelli.
....

[ ] 4. Franco non vuole saperne dei miei debiti. Se ne lava le mani.
....

[ ] 5. Un mio cliente mi ha regalato un orologio doro. Secondo te, posso tenermelo?
....

☐ 6. Con una cifra simile vi potreste finamente permettere una crociera ai Caraibi.

....

☐ 7. Certo che non hanno fame: hanno appena finito di mangiarsi un bello panino!

....

☐ 8. Anche se ce la metti tutta, ti prendi solo insuffícenze perché non hai metodo.

....

☐ 9. Ci dovremmo scandalizzare e invece siamo assuefatti alla corruzzione.

....

☐ 10. Fatevi una passeggiata all'aria aperta. Vi farà bene!

....

☐ 11. Adesso ci ascoltiamo una canzone all'aradio.

....

☐ 12. Cerca di rilassarti e di goderti lo spettacolo, invece di piagnucolare. ....

b Rileggi la frase 1 dell'esercizio 4a: quale particolarità noti, insieme all'uso affettivo del pronome personale?

☐ a. L'omissione del complemento oggetto, non necessario.
☐ b. La preferenza per i tempi composti del verbo.
☐ c. Il cambiamento del verbo ausiliare.
☐ d. L'obbligo di inserire il soggetto per esprimere il coinvolgimento emotivo.

5 Leggi il testo e cancella in ciascun paragrafo le frasi incoerenti, come nell'esempio.

VOTARE? NO, GRAZIE. MI ASTENGO.

1 Numerosi sono i dati che mostrano come negli ultimi decenni l'astensionismo stia divenendo in Italia un fenomeno dilagante. Una delle principali ragioni di tale tendenza sarebbe da rintracciare nella relazione tra elettori e classe politica e nella sfiducia dei primi nei confronti dell'efficacia del processo elettorale che tiene i votanti con il fiato sospeso. Un sentimento diffuso di disillusione incentiverebbe dunque l'astensionismo.

2 Decisamente differente, sotto questa prospettiva, il panorama delle consultazioni elettorali in Italia circa ottant'anni fa, quando fu introdotto nel marzo 1946 il suffragio universale. Questo provvedimento~~, ignorato dalle suffragette italiane,~~ diede infatti inizio a un periodo di partecipazione politica caratterizzato da entusiasmo e spirito di rinnovamento.

3 Come emerge anche dalle analisi del rapporto Censis sul fenomeno dell'astensionismo, si può parlare di una ascesa strutturale di lungo periodo, dovuta anche all'assenteismo dei politici nelle sedute parlamentari, come è possibile osservare dalle percentuali di elettori astenuti, drammaticamente aumentata negli anni dal 7,1% di astenuti del 1968 al 27% dell'ultimo anno. Anche nei referendum la partecipazione è scesa. Ma perché?

4 La scarsa partecipazione alle urne elettorali non dipende tanto da questioni organizzative e logistiche. Infatti, coloro che per motivi sanitari non possono re-

carsi a votare hanno la possibilità di usufruire del voto domiciliare, come previsto per i referendum. Inoltre, elevata è in generale l'adesione dei cittadini italiani domiciliati all'estero, che contribuiscono sensibilmente ad alzare la quota di partecipazione nazionale, mostrando scetticismo verso l'esito ormai scontato delle votazioni. Diversa è la situazione degli studenti e dei lavoratori fuori sede ai quali non è consentita alcuna agevolazione per votare lontano da casa. Tuttavia, la maggiore difficoltà sta forse nella mancanza di una forte motivazione a spostarsi per un'operazione, quella del voto, che è percepita come inutile e incapace di fare davvero la differenza.

5 Una ricerca della LUISS di Roma individua in effetti la causa principale delle astensioni in una perdita di credibilità nei confronti della classe politica e dirigente. Perciò è stata avviata una mobilitazione online per promuovere e incentivare l'affluenza di chi vive lontano dal seggio di appartenenza. I cittadini mettono in dubbio la reale capacità della politica di risolvere i problemi economici e sociali della gran parte della popolazione.

liberamente adattato da *www.msoithepost.org*

6 Completa le frasi con i verbi dati al congiuntivo o all'indicativo, come nell'esempio.

sposarsi ✦ uscire ✦ essere ✦ stupire ✦ potere ✦ andarsene
volere ✦ sudare ✦ ridurre ✦ succedere

1. Devo ammettere che Maria ....*ha stupito*.... tutti con la notizia della sua gravidanza.
2. Ammettiamo pure che il governo .... le tasse sul carburante, come promesso, il prezzo resterà comunque alto.
3. La cartomante ha previsto che entro un anno voi ....
4. Da giovane i miei genitori credevano che le mie idee .... strampalate.
5. Ciro, considera che il tuo collega .... sette camicie per questa promozione.
6. Da regolamento è previsto che gli studenti minorenni .... di scuola fuori orario solo con l'autorizzazione scritta dei genitori.
7. Non si capisce come Clara .... sbandierare ai quattro venti il segreto che le avevo confessato.
8. Dall'espressione del fratello, Lucio capì subito che .... qualcosa di terribile.
9. Pensavi forse che io .... senza salutarti?
10. Ho capito che tu .... fare il medico, ma sei pronto a studiare altri otto anni?

7 Scegli l'alternativa corretta tra quelle date.

1. Anche i sindacati hanno iniziato a parlare in politicante / politicizzato / politichese.
2. La vittoria della bustarella / coalizione / primaria di centrosinistra in una zona dove tradizionalmente era in minoranza può essere spiegata soltanto con un inciucio / boicottaggio / ottimismo politico.
3. Purtroppo il fenomeno del populismo / nepotismo / conformismo sta dilagando anche nelle università dove vediamo sempre più spesso gli stessi cognomi in cattedra.
4. Sindaco arrestato per aver ricevuto una presunta politicante / tangente / militante da un imprenditore locale per l'appalto / l'abuso / il comizio edilizio di opere comunali.

5. La società consumista / teppista / populista pensa che l'individualismo sia un valore.
6. L'attuale favoritismo / esibizionismo / menefreghismo della popolazione verso la politica militante / populista / capitalista mostra la crescente sfiducia nei partiti.
7. Domani il candidato Rocci illustrerà il suo programma in un ribaltone / comizio / referendum in piazza Dante.
8. Non darò mai il mio voto a quel politicante / politichese / politichello incompetente!

25

8 **Ascolta l'ex magistrato Davigo che presenta il proprio libro sul sistema della corruzione in Italia e completa le frasi della sintesi (massimo 5 parole).**

1. La principale difficoltà nell'arginare la corruzione è dovuta al fatto che per anni l'attività della politica è stata quella di contenere .... sulla corruzione, attraverso l'approvazione di leggi che rendevano inutilizzabili le prove acquisite, che cambiavano i reati contestati, o che prevedevano che coloro che avevano certi incarichi pubblici ....
2. La situazione era talmente paradossale che un giorno venne inviato dalle ...., preoccupate per l'indipendenza della magistratura in Italia, un giudice malese per verificare la situazione.
3. Il Ministro della giustizia allora in carica disse che insieme al suo partito avrebbe accolto il giudice ma che non avrebbe accettato .... da nessuno.
4. Dopo la visita, l'inviato malese scrisse .... in cui denunciava la violazione di alcuni principi fondamentali dello stato di diritto da parte dei politici italiani e il Ministro della giustizia cercò di screditarne la testimonianza sui giornali.

5. La reazione del politico la dice lunga sul fatto che in Italia non ci sia stata alcuna concreta ....
6. Il fenomeno purtroppo nel nostro Paese è seriale e diffusivo, cioè chi lo pratica tende a commettere questi reati ...., con ragionevole certezza di non essere punito, e cerca di coinvolgere altri per creare un ambiente a sé favorevole.
7. La corruzione è un reato con una "cifra nera" elevatissima. Con questa espressione si intende la differenza tra .... Nel caso del furto d'auto, per esempio, la cifra nera è vicina allo zero perché tutti contestano il danno subito, mentre la corruzione non viene quasi mai denunciata.
8. Anche il numero .... per corruzione sembrerebbe non corrispondente ai fatti che in concreto si verificano.

9 **In ciascuna lista cancella l'intruso e trova la parola o il concetto che unisce le altre, come nell'esempio.**

1	2	3	4
....	*parità di genere*	....	....
politicanti	femminismo	mazzetta	egoismo
primarie	quote rosa	pizzino mafioso	truffa
regionali	sondaggi	bustarella	teppismo
comunali	suffragette	ribaltone	cyberbullismo

Giochi

Tutti gli esercizi sono disponibili in formato interattivo su www.i-d-e-e.it

Echi di guerra

1 a Ascolta la canzone *La guerra di Piero* di Fabrizio de André su YouTube e indica se le affermazioni sono vere o false.

	V	F
1. In inverno Piero spera che la guerra finisca e non vi siano altri morti.		
2. "Chi diede la vita ebbe in cambio una croce" significa che i morti in guerra sono stati premiati con una croce al valore per il merito in battaglia.		
3. A primavera, un giorno Piero vede un soldato nemico a terra, sanguinante.		
4. Piero non spara all'avversario perché ha paura di essere colpito al cuore.		
5. Il militare nemico spara a Piero per primo e lo fa cadere a terra.		
6. Prima di morire Piero pensa alla donna amata, di nome Ninetta.		
7. Piero manda all'inferno l'assassino e poi chiede perdono per i propri peccati.		
8. Piero è seppellito in campagna e intorno alla sua tomba sono nati dei fiori rossi.		

b Correggi le frasi false dell'esercizio precedente.

....

....

....

....

....

2 a Leggi il testo e completa con le parole date. Attenzione: ce ne sono due in più!

insinuandosi ✦ arma letale ✦ incanalate ✦ l'interdizione ✦ bandite ✦ sensato
inattuabile ✦ annientare ✦ soccombere ✦ ineluttabile ✦ all'utopia ✦ alla mercé di

ARMI BIOLOGICHE: PERCHÉ SONO COSÌ PERICOLOSE?

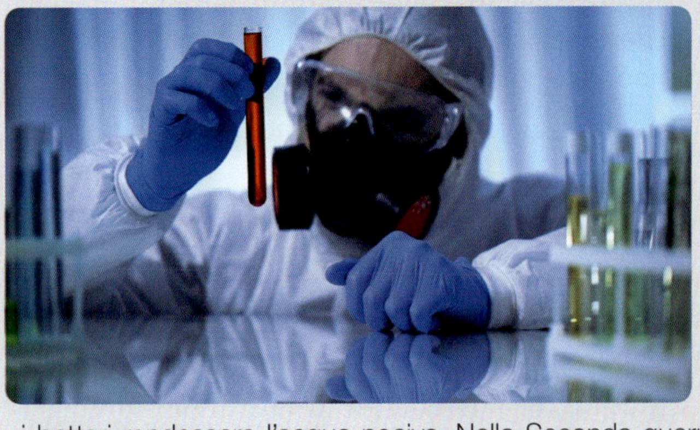

Facili da produrre, poco costose ed efficaci. A differenza delle armi chimiche, che contengono sostanze tossiche prodotte in laboratorio e destinate ad ....(1) il nemico, quelle biologiche sono composte da organismi viventi già presenti in natura. A

L'uso di esseri viventi come ....(2) risale alla notte dei tempi, basti pensare alle punte di freccia intinte nel sangue infetto o nel veleno sin dalla preistoria. Si ritiene che gli antichi greci mettessero cadaveri di animali nei pozzi dei nemici, in modo che i batteri rendessero l'acqua nociva. Nella Seconda guerra mondiale il Giappone bombardò la Cina con pulci infette di peste bubbonica. Durante la Guerra fredda poi, sia gli Stati Uniti che l'Unione Sovietica sperimentarono l'antrace, un germe che produce spore*, le quali, ...(3) nell'ambiente, possono risultare fatali per chi le respira. Con lo sviluppo della biotecnologia, tuttavia, sono stati compiuti passi in avanti consentendo di manipolare batteri e virus per aumentarne il potere distruttivo o dotarli di caratteristiche specifiche. B

Ad oggi l'arma biologica più temibile è la ricina, una proteina che si estrae dai semi di una pianta ornamentale, tristemente celebre perché nel 2013 venne inviata per lettera al presidente americano Barack Obama. Basta assumerne 0,2 milligrammi per andare incontro a una morte ....(4). C

Nonostante le armi biologiche siano ....(5) da un'apposita Convenzione dell'ONU, non c'è modo di verificare se i Paesi ne rispettano effettivamente ....(6). Infatti, solo tre persone lavorano alla Convenzione a tempo pieno, con un bilancio di appena 1,5 milioni di dollari l'anno, per giunta senza neanche poter aprire un'indagine in autonomia. Solo il segretario generale delle Nazioni Unite, infatti, ha l'autorizzazione a indagare sullo sviluppo e l'utilizzo delle armi biologiche, lasciando la commissione ....(7) una singola persona. Tale sistema rende ....(8) qualunque tentativo di verifica internazionale. Sarebbe assai più ....(9) creare organismi di controllo efficaci piuttosto che credere ....(10) del rispetto della parola data negli accordi internazionali. D

★ spore: cellule riproduttive delle piante.

liberamente adattato da *www.internazionale.it* e *www.scienzainrete.it*

b Abbina i titoli ai paragrafi dell'esercizio precedente. Attenzione: c'è un titolo in più!

- [ ] 1. Una lunga storia
- [ ] 2. Attentato all'ONU smascherato
- [ ] 3. Medaglia d'oro alla tossicità
- [ ] 4. Come arginare il fenomeno
- [ ] 5. Per una definizione

3 Che cosa si può...? Abbina i verbi alle parole date, come nell'esempio. Attenzione: possono essere più di una e ripetersi! Poi trascrivi l'unica parola che non si abbina con nessun verbo e scoprine un sinonimo.

l'armistizio ✦ una malattia ✦ una fortezza ✦ una sommossa ✦ l'esercito nemico
una strage ✦ un accordo ✦ un conflitto ✦ una rivolta ✦ le truppe
la battaglia ✦ una città

1. sconfiggere ▶ *l'esercito nemico, una malattia*
2. firmare ▶ ....
3. debellare ▶ ....
4. vincere ▶ ....
5. reprimere ▶ ....
6. espugnare ▶ ....
7. arrendersi a ▶ ....
8. arruolare ▶ ....

È un sinonimo di "carneficina": ....

4 Nelle frasi sottolinea i pronomi relativi misti e trasformali in una coppia di pronome indefinito/dimostrativo + relativo, come nell'esempio. Attenzione: alcune frasi non hanno pronomi misti!

1. Sui social non dovresti accettare l'amicizia di chiunque te lo chieda.
   chiunque = qualsiasi persona che
2. I dati sui costi del conflitto confermano quanto ho appena detto.
3. La relazione illustra quanto spendono in media le famiglie italiane per le vacanze.
4. Osserviamo un minuto di silenzio per quanti sono morti in guerra.

5. Chi utilizza gli armadietti è pregato di lasciare le chiavi in palestra e non portarsele a casa, per consentire a quanti ne abbiano necessità di usufruire dello stesso servizio.

6. Tra i popoli barbari c'era chi era pronto a combattere nell'esercito romano.

7. Chiunque sia in possesso dei requisiti può fare domanda di ammissione al concorso.

8. Chi tra voi sostiene che esistano delle guerre necessarie?

9. Le vittime di guerra sono salite a dodicimila: è quanto emerge dall'ultimo rapporto.

10. Vorrei sapere quanti dei vostri clienti si sono dichiarati soddisfatti.

5 **Scrivi il significato degli eufemismi evidenziati, come nell'esempio.**

1. Mia sorella è passata a miglior vita due anni fa. ▶ ....
2. Questo film è sottotitolato per gli spettatori non udenti. ▶ ....
3. Non possiamo chiedere al signor Carli, che non è più un giovanotto, di venire qui a piedi. ▶ ....
4. Secondo me quello deve andare a farsi benedire! ▶ ....
5. Samuele ha fatto una cavolata a lasciare Alice: erano perfetti insieme. ▶ ....
6. L'edificio è dotato di una rampa di accesso per i diversamente abili. ▶ ....
7. L'azienda ha dovuto effettuare un'ottimizzazione delle risorse umane nella sede di Bari. ▶ ....
8. Per la pulizia dei bagni, studenti e docenti possono rivolgersi ai collaboratori scolastici. ▶ ....
9. La terza età è una fase della vita che spesso spaventa ma dovremmo imparare ad affrontarla con più serenità. ▶ ....
10. Aperto il bando del Comune di Varese per un operatore ecologico a tempo indeterminato. ▶ ....

6 **Rintraccia nel testo di pag. 226 del Libro le parole corrispondenti alle definizioni, come nell'esempio.**

1. Convinto, appassionato *fervente*
2. Della casa
3. Povera, triste
4. Inferiore, sottoposto
5. Bruciante
6. Socio in guerra

7 Metti al posto giusto le parole evidenziate, scambiate con quelle di altre frasi.

1. Dallo stile architettonico si capisce che quel domestico risale all'epoca fascista. ▶ ....
2. Sotto il Duce la donna era relegata in una posizione prolifica rispetto al marito. ▶ ....
3. Nel 1938 Mussolini organizzò una bisbetica in onore dell'alleato tedesco in visita a Roma. ▶ ....
4. L'emancipazione femminile ha consentito alla donna di affrancarsi dal ruolo di custode del focolare cocente. ▶ ....
5. Al mattino il mio caseggiato mi saluta calorosamente dal terrazzo, ma a me dà fastidio. ▶ ....
6. Sofia è senza dubbio dirimpettaio: ha ben quattro figli! ▶ ....
7. Non è giusto che tu mi rinfacci quanto ti ho detto. Non è colpa mia se hai subito una parata delusione! ▶ ....
8. Gianna soffre di continui sbalzi d'umore e in certi momenti diventa subalterna. ▶ ....

8 Abbina i prefissi latini alle parole date per formare i termini corrispondenti alle definizioni.

1. Si definisce così il lavoro dipendente: ....
2. Persona con cui si parla: ....
3. Precedente a una guerra: ....
4. Estraneo alle assemblee di governo: ....
5. Che si trova dappertutto: ....
6. Successivo a un intervento chirurgico: ....
7. Ritiro, indietreggiamento: ....
8. Alieno, di un altro pianeta: ....
9. Tra diversi Paesi: ....
10. Chi mangia di tutto, senza eccezioni: ....

post-
extra-
inter-
ante-
sub-
onni-
retro-

-parlamentare
-ordinato
-cessione
-locutore
-operatorio
-voro
-terrestre
-presente
-bellico
-nazionale

9 Scegli la congiunzione corretta tra quelle date.

1. Tuttavia/E/Ma guarda un po' chi si vede dopo secoli! Come stai, carissimo?
2. Da quando è nato suo fratello minore piagnucola spesso. Ma/Né/E fa continue sceneggiate per attirare l'attenzione.
3. Fermati un attimo. Però/Ma/Tuttavia che c'entra mio padre in questa storia?
4. Odiano la cultura fascista e tutto ciò che ha a che fare con il regime. Tuttavia/Ma/Né si può dire che ne apprezzino l'arte, anche quando si tratta di veri capolavori anni Trenta.
5. Sento odore di bruciato proveniente dalla cucina... O/E/Però sono sicuro che hai tutto sotto controllo, vero?

6. Angela sopravvive a malapena con il suo stipendio. Né/Ma/E so che anche i suoi genitori non navigano in buone acque.
7. Io vi ho messo in guardia. Eppure/Sebbene/Nonostante non volete ascoltarmi!
8. Siamo rimasti senza parole. Ma/Però/E che casa splendida che avete!

10 Abbina per formare frasi di senso compiuto.

- [ ] 1. Se l'avesse saputo prima non avrebbe detto niente e avrebbe potuto...
- [ ] 2. Mario se n'è andato questa notte per un cancro ai polmoni...
- [ ] 3. In ferie Sabrina stacca sempre il cellulare...
- [ ] 4. Dopo gli episodi di bullismo, la maestra ha chiesto a Giuliana...
- [ ] 5. Le vostre continue lamentele devono finire...
- [ ] 6. Quanti soffrono d'insonnia, capiscono quanto sia snervante...
- [ ] 7. Ci vediamo domenica prossima, la funzione è terminata...
- [ ] 8. Quando i miei figli litigano ci vogliono giorni...

a. di lasciare in pace la compagna.
b. andate in pace.
c. che riposi in pace!
d. non trovare pace la notte.
e. mettersi il cuore in pace.
f. prima che facciano pace.
g. per starsene in santa pace.
h. perché non ci danno pace.

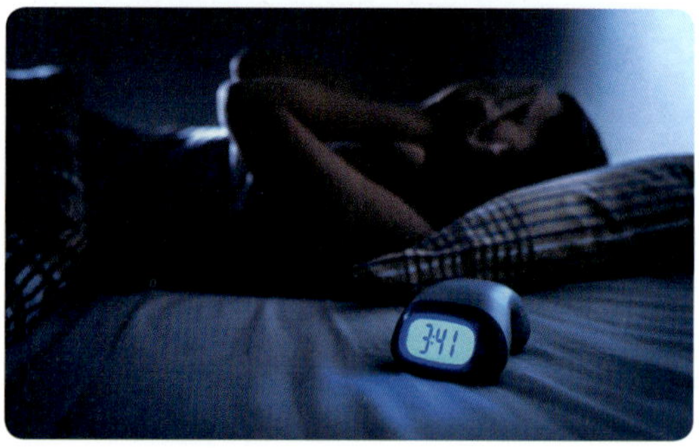

11 Cerchia nel crucipuzzle le parole mancanti nelle frasi, come nell'esempio.

1. Un mondo senza guerre al momento è un'................................
2. L'arma attualmente più pericolosa e distruttiva è la .... atomica.
3. I soldati si allenano senza .... da giorni, senza mai fermarsi.
4. Lo Stato dà un contributo economico alle famiglie dei disabili, per .... o mutilazioni subite durante la guerra.
5. A Roma, in piazza Venezia si trova il monumento dedicato al .... ignoto.
6. In un quartiere di periferia è scoppiata un'................................ contro il governo, per via del rincaro della benzina.

R	T	R	E	G	U	A	U	T	O	P	I	A
E	S	V	M	I	L	R	R	E	U	G	A	B
T	O	D	I	U	T	R	A	T	T	A	T	O
G	H	I	L	A	R	U	T	S	O	D	L	M
I	P	T	I	D	A	O	B	I	L	A	R	B
P	O	S	T	B	E	L	L	I	C	O	S	A
S	P	T	E	O	T	A	L	V	E	M	P	P
F	L	F	E	R	I	T	E	Q	O	M	A	D
A	C	A	D	U	T	I	N	M	I	L	C	Z
I	N	S	U	R	R	E	Z	I	O	N	E	U

7. Negli anni '50-'60, cioè nel periodo ...., l'Italia ha iniziato la ricostruzione degli edifici e delle città distrutte durante il conflitto.
8. Devi accettare la situazione e metterti il cuore in ....pace..........
9. Per onorare la memoria dei .... in guerra, l'artista ha realizzato un grande murale.
10. Durante la Grande Guerra i militari mandati al fronte erano sia volontari che .... per forza di legge.
11. Prima di firmare le condizioni del .... di pace è necessario un armistizio delle forze armate in conflitto.

Giochi

Tutti gli esercizi sono disponibili in formato interattivo su www.i-d-e-e.it

Edilizia: dalle stelle alle stalle

Quaderno degli esercizi

1 Riordina le parole per formare frasi di senso compiuto. Inizia con le parole in verde.

1. sul pavimento. | il cane che | appena entrato | la carta igienica | vidi | srotolando | in bagno | scodinzolando stava ....
2. giorno | e piastrelle. | di ristrutturazione | il camion | giardino | di cemento | scaricò in | blocchi | il primo | dei lavori ....
3. si riusciva | la costellazione | non fosse | sera | sebbene quella | il cielo | limpido | di Orione. | a scorgere Sebbene quella..................
4. snella | fanciulla | è soprannominata | non proprio | Bettona. | quella ....
5. recentemente | a schiera | vendesi | annessa. | ristrutturata | villetta | con piscina ....
6. il parere | secondo | del medico, | i bozzi | piccole | in fretta. | che guariranno | sul braccio | che hai | vescichette | sono ....

2 Sostituisci una lettera per formare una nuova parola corrispondente alla definizione, come nell'esempio.

1

I N T E R N O	dentro
I N V E R N O	stagione fredda
_ _ _ _ _ _ _	un luogo...molto caldo!
_ _ _ _ _ _ _	malato, non autonomo
_ _ _ _ _ _ _	malate
_ _ E _ _ _	senza armi

2

_ _ _ _	dopo l'ottavo
_ _ _ _	regalo
_ _ _ _	incendio con...
_ _ _ _	lo praticano gli uccelli
_ _ _ _	senza nessuno
_ _ _ _	illumina la luna

3

_ _ _ _ _	passata a miglior vita
_ _ _ _ _	si apre e si chiude
_ _ _ _ _	se indesiderata è spam
_ _ _ _ _	farfalle, penne, fusilli
_ _ _ _ _	finiscila!
_ _ _ _ _	ampia, estesa
_ _ _ _ _	facoltà del vedere

4

_ _ _ _	quelle del mutuo
_ _ _ _	venute alla luce
_ _ _ _	conosciute, illustri
_ _ _ _	io osservo, considero
_ _ _ _	fa vincere le elezioni
_ _ _ _	lo fa l'elettore
_ _ _ _	contrario di morte

3 Trasforma i discorsi diretti in indiretti.

1. Un uomo cortese non chiede mai a una donna: "Quanti anni hai?".
2. Il testimone oculare ammise: "Abbiamo visto tutta la scena da qui, dietro i bidoni".
3. "Il ragazzo ripartirà domani". Ha detto Giovanna con tono disperato.
4. Donatella rispose decisa: "Questo zaino è mio!".
5. Marco pensò: "Sara non può andare via adesso. Mi ha già abbandonato un mese fa".
6. Lia rifletteva: "I genitori dovrebbero vergognarsi delle bugie che mi raccontano".
7. Riccardo esclamò: "Vorrei che questo spettacolo non finisse mai!".
8. Pensava tra sé e sé: "Siete voi che ve ne siete andati di punto in bianco!".

4 Leggi la descrizione di una città immaginaria, tratta da *Le città invisibili* di Italo Calvino, e completa con le parole mancanti, come nell'esempio.

LE CITTÀ CONTINUE - PENTESILEA

Per parlarti di Pentesilea dovrei cominciare a descriverti l'ingresso nella città. Tu certo immagini di vedere levarsi dalla pianura polverosa una ....cinta....(1) di mura, d'avvicinarsi passo passo alla porta [...]. Fino a che non l'hai raggiunta ne sei fuori; passi sotto un arco e ti ritrovi ....(2) la città; il suo spessore compatto ti circonda. [...]
Se credi questo, sbagli: a Pentesilea è diverso. Sono ore che avanzi e non ti è chiaro se ....(3) già in mezzo alla città o ancora fuori. Come un lago dalle rive basse che si perde in acquitrini, ...(4) Pentesilea si spande per miglia intorno in una zuppa di città, diluita nella pianura: caseggiati pallidi che si danno le spalle in prati ispidi, tra steccati di tavole e tettoie di lamiera. ....(5) tanto ai margini della strada un infittirsi di costruzioni dalle magre facciate, alte alte o basse basse come in un pettine sdentato, sembra indicare che di là in poi le maglie della città si restringono. Invece tu prosegui e ritrovi altri terreni vaghi, poi un sobborgo arrugginito d'officine e depositi, un cimitero, una fiera con le giostre, un mattatoio, ti inoltri per una via di botteghe che si perde tra chiazze di campagna spelacchiata.
La gente che s'incontra, se gli chiedi: - Per Pentesilea? - fa un gesto intorno che non sai se ....(6) dire: "Qui", oppure: "Più in là", o: "Tutt'in giro", o ancora: "..........(7) parte opposta".
- La città? - insisti a ....(8). - Noi veniamo qui a lavorare tutte le mattine - ti rispondono alcuni, e altri: - Noi torniamo qui a dormire.
- Dev'essere, - dicono - per lì. [...]
- Allora l'ho oltrepassata senza accorgermene? - No, prova ad andare ancora avanti.

Così prosegui, passando da una periferia all'altra, e viene l'ora di partire da Pentesilea. Chiedi la ....(9) per uscire dalla città; ripercorri la successione dei sobborghi sparpagliati; viene notte; s'illuminano le finestre. [...]

Se nascosta in qualche sacca o ruga di questo strappato circondario esista una Pentesilea riconoscibile e ricordabile da ....(10) c'è stato, oppure se Pentesilea è solo periferia di se ....(11) e ha il suo centro in ogni luogo, hai rinunciato a capirlo. La domanda che adesso comincia a rodere nella tua testa è più angosciosa: fuori da Pentesilea esiste un fuori? O per quanto ti allontani dalla città non fai ....(12) passare da un limbo* all'altro e non arrivi a uscirne?

★ limbo: nella dottrina cattolica è quel luogo dell'al di là in cui vanno le anime dei defunti non battezzate. È metafora di un luogo di sospensione, di mezzo.

adattato da *Le città invisibili di I. Calvino*

5 Abbina i vocaboli e indica se tra loro sono sinonimi (S) o contrari (C), come nell'esempio.

g	1. incentivo		a.	fabbricato __
	2. rustico		b.	recuperare __
	3. caseggiato		c.	riqualificazione __
	4. degrado		d.	moderno __
	5. isolato		e.	centro storico __
	6. edificio		f.	inghippo __
	7. intoppo		g.	contributo S
	8. stratagemma		h.	espediente __
	9. periferia		i.	blocco residenziale __
	10. demolire		l.	quartiere __

6 Completa le frasi con le parole date, come nell'esempio. Attenzione: ce ne sono alcune in più!

le infrastrutture ✦ un sobborgo ✦ concernere ✦ catalizzante ✦ degradate
baraccopoli ✦ l'appalto ✦ il plastico ✦ lo sfratto ✦ paludosa ✦ innescare ✦ cucire
lo sgombero ✦ la campagna ✦ le arterie ✦ un dormitorio

1. L'intero quartiere è ...un dormitorio... di periferia per chi lavora nel centro storico.
2. Gli affittuari, dopo sei mesi di mancato pagamento, hanno ricevuto ....
3. La presenza di teatri e cinema è un fattore .... per riqualificare la zona.
4. Nel nostro villaggio mancano .... di base come le scuole e la ferrovia.
5. Il Comune ha imposto .... degli immobili nelle aree a rischio sismico.
6. La mia casa si trova ad Arcetri, ... alle porte di Firenze, dove la città sfuma verso ....
7. Oltre cinquantamila italiani vivono in .... o abitazioni "diverse", come cantine, garage e automobili.
8. Tra tutte .... urbane questa è la più trafficata.
9. La città sorge su un'area un tempo ...., poi bonificata.

10. Per .... una ripresa del settore immobiliare occorrono capitali da investire per la riqualificazione delle aree più ....
11. È necessario .... il tessuto urbano, ormai discontinuo e attraversato da quartieri pericolosi.
12. .... è stato truccato per favorire l'impresa edile che aveva pagato una mazzetta al presidente della Regione.

7 **Completa le frasi con parole derivate dalle radici latine *urban-* ed *edi-*, come nell'esempio.**

1. Dalla perizia l'......edificio...... contiguo alla palestra risulta pericolante.
2. Nelle aree a rischio sismico occorre un'adeguata pianificazione ....
3. L'impresa .... per cui lavora mio cugino ha realizzato il ponte.
4. L'.................... del Comune non è proprio un genio: ha progettato solo strade a senso unico!
5. Le campagne intorno alla periferia cittadina stanno subendo un processo di progressiva ....
6. Una nuova legge contro l'abusivismo .... è stata approvata oggi in senato.
7. La creazione della nuova autostrada ha favorito l' .... e i flussi migratori dalle zone agricole alla città.
8. Franco ha passato il concorso per diventare vigile ....

8 **Trasforma le frasi al presente utilizzando i verbi difettivi del participio passato al posto di quelli evidenziati, come nell'esempio.**

1. Per la festa del patrono in città si sono svolti i preparativi. ▶ ......fervono......
2. Nelle regioni autonome sono state in vigore leggi diverse. ▶ ....
3. Per quanto ha riguardato gli appalti, il Comune non ha ancora pubblicato il bando. ▶ ....
4. La costellazione dell'Orsa maggiore ha luccicato nel cielo notturno. ▶ ....
5. Occorrono provvedimenti per i pericoli geologici che hanno sovrastato la nostra città. ▶ ....
6. Sono stati necessari aiuti immediati per i sopravvissuti al terremoto. ▶ ....
7. La tesi di laurea di Cosimo è stata incentrata sulla speculazione edilizia. ▶ ....
8. Credo che tu abbia distinto con difficoltà la differenza tra i dialetti regionali. ▶ ....

26

9 **Ascolta il servizio sull'ecomostro di Consonno e completa la sintesi con le parole mancanti (al massimo 3).**

Consonno, paesino di montagna in Brianza, vicino a Lecco, fino agli anni Sessanta era un piccolo ....(1) che ospitava a malapena ....(2) abitanti. Nel 1962 Mario Bagno ebbe l'idea di costruire qui il paese ....(3): acquistò i terreni e avviò i lavori di costruzione del parco. Il paese di montagna ....(4): distrutti il vecchio paese, le cascine, le stalle. Gli abitanti, costretti allo ....(5), furono fatti trasferire nelle frazioni vicine. La nuova struttura, i cui lavori terminarono nel ....(6), era grandiosa e ambiva a essere una "Las Vegas della Brianza". Minareti, pagode orientali, gallerie commerciali, piste da ballo e perfino un finto cannone dagli studi cinematografici di Cinecittà resero l'opera un gigantesco ecomostro incompatibile con il territorio circostante.

Dopo l'iniziale successo arrivò la crisi e nel 1976 ....(7) distrusse la strada che collegava Consonno ai paesi vicini: ci ....(8) trent'anni per ricostruirla. Neanche il tentativo di trasformare l'hotel in una casa di cura ....(9) sopravvisse all'isolamento del borgo. Nel 2007 infine, un rave party ha devastato quanto era rimasto della cittadella del gioco. L'architetto Fumagalli ha di recente fondato un'associazione che sta tentando il recupero di Consonno. Per esempio, tra le iniziative, ha indetto un ....(10) per la ristrutturazione della chiesa canonica.

10 **Leggi la lettera di protesta al sindaco, scritta da un cittadino distratto che ha commesso numerosi errori ortografici e grammaticali (in tutto 10). Individuali e correggili, come nell'esempio.**

Spettabile Sig. Sindaco,
Le scrivo per sottoporre alla Sua attenzione la sequente situazione: la costruzione industriale ubicata in via Mameli che un tempo ospitava la fabbrica di carta, oggi è in condizioni a dir poco precarie e rappresenta uno scempio alla vista per la nostra cittadina balneare e il suo turismo, nonché un pericolo serio per tutta la comunità. È stata infatti rilevata la presenza di amianto nella costruzione. Questa sostanza tossica, presente nei blocchi di cemento in rovina, sprofondati un pò nel terreno e parecchi in mare, ha inquinato le acque della nostra spiaggia più bella e frequentata. Da più di un'anno i turisti vanno nelle spiagge più a sud.
Il fabbricato è stato dismesso dodici anni fà e da allora il Comune non ha approvato nessuno dei progetti di recupero presentati, con mio grande sdegno. Qual'è il motivo? Perché non acconsentite ad una ricualificazione necessaria dell'immobile? Se ciò non sarebbe possibile secondo gli esperti, allora occorre pensare a come eliminarlo. Se l'edificio non si può mettere apposto sarebbe bene demolirlo.
Come sindaco della nostra città Le chiedo di avviare la procedura per la demolizione. Certo che, in relazione all'oggetto, Lei e l'amministrazione comunale prendeste i dovuti provvedimenti, la ringrazio anticipatamente per l'attenzione.
Distinti Saluti

Federico Mossi

sequente > seguente, ...
....
....

11 **Elimina una lettera da ciascuna parola in modo da trasformarla in un'altra. Poi trascrivi la lettera eliminata e scopri una curiosità.**

PESCA	ODORARE	VINCOLI	RITTO	MENTIRE
1.	2.	3.	4.	5. ....

Curiosità

Un proverbio italiano dice che: "L'acqua cheta (silenziosa) rovina i _ _ _ _ _" per indicare che i danni maggiori sono provocati da fenomeni apparentemente innocui.

Giochi

INDICE

1 PARTICOLARITÀ DEL NOME

1.1 Nomi invariabili al plurale U1

Molti nomi hanno la stessa forma al singolare e al plurale e sono detti *invariabili*. Sono:

- i nomi costituiti da una sola sillaba, i monosillabi: *es. il blu ➜ i blu*
- i nomi con l'ultima vocale accentata: *es. il comò ➜ i comò*
- i nomi stranieri (in genere terminanti con una consonante): *es. il jeans ➜ i jeans*
- i nomi femminili in *-ie*: *es. la specie ➜ le specie* [**Eccezioni:** la moglie ➜ le mogli / la superficie ➜ le superfici]
- i nomi in *-i*: *es. l'analisi ➜ le analisi*
- alcuni nomi maschili in *-a*: *es. il cobra ➜ i cobra*
- alcuni nomi femminili in *-o*: *es. la radio ➜ le radio* [**Eccezione**: la mano ➜ le mani]
- i nomi abbreviati: *es. la moto[cicletta] ➜ le moto[ciclette]*
- i cognomi: *es. i fratelli Cerniglia ➜ le sorelle Cerniglia*
- i nomi propri maschili in *-a* e i femminili che non terminano in *-a*: *es. Nella mia classe ci sono due Luca e due Betty.*
- alcuni neologismi: *es. l'euro ➜ gli euro*

1.2 Nomi difettivi U1

Alcuni nomi mancano o del singolare o del plurale e per questo vengono chiamati *difettivi*, ovvero "mancanti".

A. Nomi usati sempre o quasi sempre al singolare

- la maggior parte dei nomi che indicano cose astratte: *es. la pietà, il valore, il coraggio, la giustizia, ecc.* [Alcuni di questi nomi, tuttavia, se usati al plurale, assumono un significato diverso, trasformandosi in nomi concreti: *es. Assaggia queste dolcezze (pasticcini, dolci).*]
- i nomi dei materiali, dei metalli e degli elementi chimici: *es. la seta, il ferro, l'ossigeno, il cotone, ecc.* [Anche questi nomi, come i precedenti, se usati al plurale, assumono un significato diverso trasformandosi in nomi concreti: *es. Usiamo i ferri del mestiere (gli strumenti necessari per svolgere un mestiere).*]
- i nomi dei mesi: *es. gennaio, febbraio, marzo, ecc.*
- i nomi che indicano cose uniche in natura: *es. il nord, il cosmo, ecc.*
- alcuni nomi collettivi: *es. la plebe, la prole, ecc.*
- alcuni nomi di cibi e bevande: *es. la coca-cola, il miele, il latte, il riso, ecc.*
- alcuni nomi di malattie: *es. il morbillo, il coronavirus, la tubercolosi, ecc.*
- alcuni nomi di festività: *es. il Natale, la Pasqua, il Carnevale, ecc.*
- alcuni altri nomi: *es. il sangue, la fame, la sete, ecc.*

B. Nomi usati sempre o quasi sempre al plurale

- i nomi di oggetti formati da due elementi uguali: *es. le forbici, le bretelle, le redini, ecc.* [Nell'italiano familiare-colloquiale, però, vengono usate anche alcune forme al singolare: *es. la forbice.*]
- i nomi di oggetti che indicano cose o azioni dello stesso tipo: *es. i viveri, le viscere (i visceri), i dintorni, le dimissioni, ecc.*
- alcuni nomi di origine latina: *es. le nozze, le ferie, i posteri, gli annali, ecc.*

1.3 Nomi alterati

I nomi alterati, a seconda dei suffissi che li modificano, si distinguono in: diminutivi (*es. passeggiatina*), vezzeggiativi (*es. gattuccio*), accrescitivi (*es. macchinone*) e peggiorativi (o dispregiativi, *es. giornataccia*).

1.3.1 I diminutivi con valore dispregiativo U2

Alcune volte i diminutivi possono esprimere "disprezzo", dunque assumono un valore peggiorativo o dispregiativo in base al contesto e al modo in cui vengono usati.

I suffissi diminutivi più usati per esprimere valore dispregiativo sono:

- -ino/a: *es. uomo → omino*
- -etto/a: *es. scuola → scuoletta*
- -ello/a: *es. studente → studentello*
- -uccio/a: *es. direttore → direttoruccio*
- -otto/a: *es. bambino → bambinotto*
- -ucolo/a: *es. attore → attorucolo*

1.3.2 Falsi alterati accrescitivi U3

Molti nomi presentano terminazioni uguali a quelle dei nomi alterati e, apparentemente, sembrano l'alterazione di un'altra parola. In realtà sono dei "falsi" alterati (falsi diminutivi, falsi accrescitivi, ecc.), perché le loro sillabe finali non sono suffissi alterativi ma sono parte della radice della parola (*es. lampone*) oppure erano degli alterati che con il tempo hanno assunto un significat o autonomo (*es. merletto*).
Di seguito, una breve lista di alcuni dei falsi alterati più diffusi, all'interno della quale sono evidenziati i "falsi accrescitivi", ovvero quelle parole terminanti in *-one*.

aquilone	focaccia	pinguino
bacchetta	fumetto	pulcino
barone	ghiacciolo	rapina
bottino	gradino	rossetto
bottone	**lampone**	spaghetti
burrone	**limone**	spuntino
calzone	**mattone**	tacchino
ceretta	**melone**	**tifone**
cerotto	modello	tinello
cerino	mulino	**torrone**
copertina	nasello	**visone**

1.3.3 Prefissi accrescitivi e diminutivi per i nomi U5

Se ad una parola (nome o aggettivo) aggiungiamo un prefisso, essa assume un significato diverso da quello della parola-base. Tra i prefissi ci sono:

- quelli accrescitivi che amplificano il significato della parola-base perché hanno un valore intensivo, come *arci-, ultra-, super-, stra-, maxi-* (di origine latina), *iper-, macro-, mega-* (di origine greca), *sur-* (di origine francese): *es. ultrasottile, supermercato, stracotto, maxischermo, surgelato.*
- quelli diminutivi che attenuano il significato della parola-base perché indicano una qualità inferiore a quella normale oppure limitata in senso spaziale o gerarchico, come *ipo-, micro-* (di origine greca), *sub-, mini-* (di origine latina): *es. ipocalorico, minigonna, subacqueo.*

2 PARTICOLARITÀ DELL'AGGETTIVO

2.1 La posizione dell'aggettivo U3 Quaderno, U9

In italiano la posizione dell'aggettivo è abbastanza libera. Tuttavia bisogna distinguere caso per caso. L'aggettivo qualificativo (quello che indica una qualità del nome) normalmente può essere collocato sia prima che dopo il sostantivo, ma in alcuni casi la sua posizione può conferire un diverso significato al nome o alla frase:

- quando l'aggettivo precede il nome, lo descrive (valore descrittivo), ovvero comunica una caratteristica: *es. il mio vecchio smartphone* = sto dicendo che il mio smartphone non è più nuovo;
- quando l'aggettivo segue il nome, lo distingue (valore distintivo), ovvero indica una differenza tra cose simili: *es. il mio smartphone vecchio* = sto parlando del mio smartphone vecchio e non di quello nuovo.

N.B. In alcuni casi la posizione dell'aggettivo rispetto al nome si è cristallizzata in formule alquanto fisse: *es. le buone maniere, l'ultima parola, le ultime parole famose, in alto mare, in prima visione, buona fortuna, ecc.* [vedi 2.1.2]

2.1.1 Altre caratteristiche sulla posizione degli aggettivi U9

- Gli aggettivi di relazione, ovvero quegli aggettivi che segnalano una relazione tra il nome e l'altro nome da cui l'aggettivo deriva, seguono sempre il nome: *es. il sistema statale, il mercato comunale, la luce elettrica, l'energia fotovoltaica, ecc.*
- Un altro gruppo di aggettivi che va sempre dopo il nome e dopo tutti gli altri aggettivi, qualora ve ne fossero più di uno, sono quelli geografici o etnici: *es. un piatto romano, la monarchia inglese, un ottimo sigaro cubano, una macchina fotografica coreana, ecc.*

! ATTENZIONE:

In presenza di più aggettivi riferiti allo stesso nome si seguono queste indicazioni:

- agg. qualità + nome + agg. relazione: *es. l'ecologica energia solare;*
- agg. qualità + nome + agg. geografico/etnico: *es. i famosi fori romani;*
- nome + agg. relazione + agg. geografico/etnico: *es. la Banca Centrale Europea.*

Gli aggettivi dimostrativi *questo* e *quello* vanno sempre prima del nome e prima di un altro aggettivo: *es. questo antico palazzo seicentesco.*

2.1.2 Ordine fisso degli aggettivi U3 Quaderno

A. L'aggettivo in alcune espressioni ha un "posto fisso", cioè non cambia mai posizione. Gli aggettivi che normalmente precedono il nome sono:

• i numerali	*Es. Prendo quattro mele.*
• i possessivi	*Es. Questo è il mio cellulare.*
• gli indefiniti	*Es. Ho comprato certe scarpe.*
• i dimostrativi	*Es. Questo cane si chiama Carlo.*
• gli interrogativi	*Es. Quali giornali leggi?*

B. Ci sono casi in cui la posizione dell'aggettivo è cristallizzata, prima o dopo, e talvolta è accompagnato da preposizioni. Ecco alcune espressioni di questo tipo:

• la dolce vita *(una vita spensierata e piena di piaceri)*	• il sangue blu
• la bella vita *(una vita comoda e ricca)*	• a ciel sereno
• in alto mare	• a piede libero
• di età avanzata	• il libero arbitrio
• la patata bollente	• il vicolo cieco
• la pazza gioia	• il lieto fine

C. Alcuni aggettivi, invece, vanno collocati sempre dopo il nome. Ciò accade se l'aggettivo:

- indica una nazionalità: *es. donna messicana, ragazzo tedesco, ecc.*
- indica una forma: *es. cesto ovale, tavolo rettangolare, ecc.*
- indica la materia: *es. terreno argilloso, roccia calcarea, ecc.*
- indica il colore: *es. gonna rossa, foglia verde, ecc.*
- è un alterato: *es. un cane piccolino, una giacca pesantuccia, ecc.*
- deriva da un participio: *es. un dente rotto, una mela morsa, ecc.*
- è un aggettivo composto: *es. un'azienda italofrancese, ecc.*
- regge un complemento: *es. una vita piena di avventure, ricca di sorprese, ecc.*
- indica appartenenza a una categoria: *es. un pittore impressionista, ecc.*

2.1.3 La doppia aggettivazione U3 Quaderno, U4

Quando gli aggettivi qualificativi sono più di uno, si mettono:

- di solito, prima del nome se hanno entrambi carattere generico o descrittivo. *Es. Una lunga, noiosa giornata è finalmente finita.*
- di solito, dopo il nome se hanno entrambi valore specifico e determinante. *Es. Il giudice ha emesso una sentenza giusta e onesta.*
- uno prima e l'altro dopo il nome, se uno esprime un concetto generico e l'altro un concetto specifico. *Es. La pasta è un tipico prodotto italiano. / Il mio Paese ha vissuto una lunga crisi economica.*

2.2 Aggettivi con base modificata U5

Alcune volte gli aggettivi presentano forme totalmente differenti rispetto a quelle del nome-base da cui derivano. Questo fenomeno è dovuto al fatto che l'aggettivo derivato non si costruisce dalla parola-base italiana (sebbene a volte in italiano vi sia un altro suo derivato) ma per "via dotta", ovvero dalla corrispondente radice latina o greca, o da entrambe. Alcuni di essi:

nome di base	aggettivo	radice
cavallo	equino	equus *(latino)*
fiore	floreale	flos *(latino)*
scuola	scolastico	schola *(latino)*
città	urbano	urbs *(latino)*
gioco	ludico	ludus *(latino)*
sogno	onirico	óneiros *(greco)*
terremoto	sismico	seismós *(greco)*
febbre	piretico	pyretós *(greco)*
cuore	cardiaco	kardía *(greco)*
calore	termico	thermós *(greco)*

ATTENZIONE:

Per alcuni nomi esistono più aggettivi derivati provenienti da diverse radici antiche e vengono impiegati in contesti diversi e spesso con significati diversi. *Es. un impianto termico (che produce calore) / un abbraccio caloroso (pieno di amore).*

Di solito, gli aggettivi derivati da radici greche o latine sono impiegati nei linguaggi specialistici, mentre gli altri nella lingua comune per esprimere qualità reali o in senso figurato (come si nota dall'esempio "un abbraccio caloroso").

2.3 Gli aggettivi possessivi: *proprio e altrui* U8

Oltre a *mio*, *tuo*, *suo*, ecc. esistono altre due forme di aggettivi possessivi: la forma variabile *proprio/-a/-i/-e* e l'invariabile *altrui*.

PROPRIO

Questo aggettivo (o pronome) possessivo è usato:

- come rafforzativo di un altro aggettivo possessivo. *Es. L'avete visto con i vostri propri occhi?*
- da solo, al posto dell'aggettivo possessivo di terza persona singolare o plurale, ma solo se riferito al soggetto della frase. *Es. Rebecca parla con Carlo dei propri figli (i figli sono di Rebecca).*
  Infatti, dicendo *Rebecca parla con Carlo dei suoi figli* non si capisce bene a chi si riferisca l'aggettivo possessivo *suoi*; si riferisce a Rebecca o a Carlo? Usando *propri* capiamo che si riferisce al soggetto-Rebecca, usando *suoi* capiamo che si riferisce a Carlo.
- obbligatoriamente quando nella frase c'è un verbo impersonale. *Es. Si deve sempre fare il proprio dovere.*
- preferibilmente nelle frasi in cui il soggetto è indefinito. *Es. Ognuno ha detto la propria opinione.*

N.B. Generalmente l'aggettivo *proprio/-a/-i/-e* precede il nome a cui si riferisce, ma questa non è una regola fissa. In alcuni casi può anche seguire il nome. *Es. Ognuno pensi ai fatti propri!*

ALTRUI

Altrui è invariabile e indica un possessore non definito e si usa solo in riferimento a una persona. Come significato corrisponde alle espressioni: *di un altro / di un'altra, di altre persone, di altri, degli altri.* È usato in contrapposizione a *proprio* e va sempre dopo il nome. *Es. La libertà altrui (degli altri) è sacra. / Ascolto sempre le opinioni altrui (di altre persone).*

2.4 Aggettivi privi di superlativo U14

Ci sono aggettivi che non hanno un proprio superlativo e sono:

- gli aggettivi che già al grado positivo hanno un significato superlativo. *Es. enorme, colossale, gigantesco, straordinario, eccezionale, ecc.*
- gli aggettivi che hanno qualità assolute (cioè qualità che non possono essere accresciute o diminuite). *Es. settimanale, mensile, chimico, matematico, statale, ecc.*
- gli aggettivi geografici e etnici e gli aggettivi che indicano appartenenza ad un periodo storico-culturale. *Es. inglese, napoletano, lombardo, rinascimentale, futurista, ecc.*
- gli aggettivi che indicano la materia o la forma geometrica. *Es. quadrato, triangolare, ferroso, setoso, ecc.*
- gli aggettivi derivati dal nome di personaggi famosi. *Es. un testo dantesco/manzoniano, un film felliniano, ecc.*
- gli aggettivi alterati. *Es. bellino, caruccio, furbetto, sempliciotto, ecc.*

! ATTENZIONE:

Talvolta, tuttavia, nel linguaggio colloquiale vengono "creati" superlativi da diminutivi, com'è il caso di *carinissimo*. La desinenza del superlativo, inoltre, viene usata anche per i nomi (*es. augurissimi, finalissima*), soprattutto nel linguaggio pubblicitario e in quello sportivo, oppure in espressioni avverbiali (*es. a postissimo, d'accordissimo, ecc.*).

2.5 L'aggettivo con valore avverbiale U16

Un aggettivo qualificativo di solito accompagna un nome e con quest'ultimo concorda (in genere e numero). Se l'aggettivo viene riferito ad un verbo, assume la funzione di un avverbio.
In questo caso si chiama **aggettivo con funzione avverbiale**. *Es. Scrivi chiaro (= chiaramente, in modo chiaro). / Parli forte che non la sento! / Tieni duro, se vuoi vincere. / Ti consiglio di mangiare sano per non ingrassare.*

N.B.
- Come la maggior parte degli aggettivi, anche questo tipo di avverbi possono avere un grado comparativo e uno superlativo: *es. chiaro ➜ più chiaro, chiarissimo / forte ➜ più forte, fortissimo ecc.*;
- Pochi avverbi invece presentano forme alterate: *es. poco ➜ pochino, pochetto, pochettino / male ➜ malino, maluccio / bene ➜ benino, benone.*

3 PARTICOLARITÀ DEI PRONOMI

3.1 La particella pronominale *ne* U4

La particella *ne* ha molte funzioni, è invariabile e può essere usata:

a. come **pronome partitivo**, quando si vuole indicare una parte di un tutto: *es. - La vuoi la mela? - Non tutta, ne voglio solo uno spicchio/un po'.*

b. come **pronome personale** quando è espresso da un complemento introdotto da *di/da* + un pronome di 3ª persona singolare e plurale, maschile e femminile (di/da lui/lei/loro): *es. - Hai conosciuto il nuovo compagno di classe? - No, ma ne ho sentito parlare! [del nuovo compagno]*

c. come **pronome dimostrativo** quando è espresso da un complemento introdotto da *di/da* + un pronome dimostrativo singolare e plurale, maschile e femminile (di/da questo/queste ecc.): *es. [Da queste persone] Stanne lontana.*
Oppure con valore neutro e si riferisce ad una frase intera: *es. - Penso che abbia ascoltato tutto! - Ne dubito!*

d. con valore di **avverbio di luogo** introdotto dalle preposizioni *di* o *da* (di/da qui/lì ecc.): *es. Da questa brutta situazione non se ne esce facilmente.*

e. come particella fissa con alcuni verbi:
   - *andarsene* *Es. Me ne andrei se potessi.*
   - *fregarsene/importarsene* *Es. Ma chi se ne importa!*
   - *farne/combinarne/vederne/sentirne/dirne* (di tutti i colori) *Es. Quando ero bambino, ne ho fatte di tutti i colori [azioni di tutti i tipi] a mio fratello!*
   - *non poterne più/averne fin troppo* *Es. Ne abbiamo fin troppo [siamo stanchi] di questo rumore!*

f. insieme ad alcuni verbi per dare un particolare aspetto intensivo (*venirsene*, *rimanersene*, *starsene*, ecc.): *es. Se ne sta sul divano tutto il giorno, senza fare niente!*

❶ ATTENZIONE:
Si ricordi che, solo se usato come pronome partitivo, il participio concorda in genere e numero con il nome sostituito dalla particella *ne*: *es. [Di caffè?] Ne ho bevut**e due tazzine**.* ma *[Di caffè?] Ne ho comprat**o un chilo**.*

3.2 Pronomi diretti e indiretti atoni con le particelle *si* e *ci* U18

I pronomi diretti e indiretti atoni, quando incontrano le particelle *si* e *ci*, si comportano secondo queste regole:

si impersonale	• Quando si vuole fare una forma impersonale di un verbo riflessivo (3ª pers. sing.) non è possibile avere una combinazione di due *si*, dunque il primo *si* (quello impersonale) diventa **ci**: *es. In vacanza **ci** si sveglia tardi.* • I pronomi diretti e indiretti atoni *mi/ti/lo/la/gli/le/ci/vi/li* precedono sempre il *si* impersonale: *es. Lo (il libro) si trova solo in biblioteca. / Se a Natale gli (a lui) si regala un profumo, si offende.*
ci locativo (in questo / quel luogo)	• Con i pronomi atoni riflessivi e diretti *mi/ti/vi*, il *ci* li segue sempre: *es. Non **mi ci** (nella casa nuova) trasferisco più. / Quando **ti ci** portiamo (a casa al mare)?* • Con i pronomi atoni riflessivi di 3ª pers. singolare e plurale, il *ci* li precede: *es. Nella casa nuova? **Ci si** trasferiscono domani.* • Con i pronomi diretti *lo/la/li/le*, il *ci* precede sempre i pronomi e diventa **ce**: *es. Al parco? **Ce lo** portiamo noi.*

3.3 I pronomi relativi e l'uso di *il/la quale - i/le quali* U19

I pronomi relativi mettono in relazione una frase principale con una subordinata. Essi sono:

- **che**, invariabile, può essere usato come soggetto e come complemento oggetto:
  - soggetto ➜ *Es. Ho rivisto Saverio che è un mio amico storico.*
  - oggetto ➜ *Es. Ieri abbiamo aggiustato la bicicletta rossa che non usavamo da tempo.*

Il pronome relativo *che* si può anche sostituire con *il quale*, *la quale*, *i quali*, *le quali* quando svolge la funzione di soggetto, ma questa forma è usata soprattutto nella lingua scritta: *es. Ho rivisto Saverio, il quale è un mio vecchio amico.*

- **cui**, invariabile, che può essere usato solo in funzione di complemento indiretto, quindi preceduto da una preposizione semplice. *Es. Non ricordo l'anno in cui ci siamo conosciuti.* (È una forma più comune rispetto a preposizione articolata + *quale* – *quali*.)

> **ATTENZIONE:**
> Se *cui* viene preceduto dall'articolo determinativo *il/la/i/le* (o da una preposizione articolata) ha un valore possessivo. *Es. Sono innamorato di Michele, la cui intelligenza è indescrivibile.* ➜ *Sono innamorato di Michele, l'intelligenza del quale è indescrivibile.*

- **il/la quale - i/le quali**, variabile, può sostituire *che* o *cui* ma è obbligatorio in alcuni casi:
  - quando segue un pronome indefinito. *Es. Eco ha scritto vari saggi, alcuni dei quali sono davvero interessanti.*
  - quando segue un numerale. *Es. Il mio cane ha partorito sei cuccioli, due dei quali sono bianchi.*
  - quando segue un verbo all'infinito, al gerundio, al participio. *Es. È un premio importante per la sua carriera, ottenuto il quale quest'attore sarà considerato tra i migliori.*

Il pronome relativo *il/la quale - i/le quali* è fortemente consigliato, ma non obbligatorio:

- quando le forme *che* e *cui* potrebbero creare della ambiguità. *Es. Ho incontrato la moglie di Bruno che ormai abita a Roma.* (chi abita a Roma, Bruno o sua moglie?) ➜ *Ho incontrato la moglie di Bruno la quale ormai abita a Roma.* (la moglie di Bruno abita a Roma)
- quando in una frase complessa si susseguono più di un *che*. *Es. Dico che il collega che lavora in ufficio con te non mi sopporta.* ➜ *Dico che il collega il quale lavora in ufficio con te non mi sopporta.*

3.4 Il pronome relativo *che* preceduto da *il* U21

Il pronome relativo *che* invariabile, può sostituire oltre che un nome, anche un'intera frase; in questo caso è preceduto dall'articolo determinativo *il* e ha valore neutro, con il significato di "e questa cosa/cosa che", "e ciò". *Es. Filippo ha litigato con sua madre, il che mi preoccupa molto.*

N.B.

- Il *che* con valore neutro può trovarsi anche senza l'articolo. *Es. Ho finito tutti gli esami, che è un grande traguardo.*
- Il *che* può essere anche preceduto dalle preposizioni articolate *del*, *dal*, *al*, ecc. e avere una funzione di complemento indiretto, e significa "della/dalla/alla, ecc. qual cosa". *Es. Invece di rispondere alla mia domanda Fabrizio si mise a ridere, dal che intesi che non era arrabbiato con me.*

Quando troviamo la locuzione *al che* significa "a questo/quel punto". *Es. Ho notato che eravate in ritardo, al che ho iniziato a mangiare.*

Attenzione: locuzioni di questo tipo sono tuttavia spesso sostituite dalle forme equivalenti *e ciò / di ciò*. *Es. Filippo ha litigato con sua madre e ciò mi preoccupa molto.*
Invece di rispondere alla mia domanda, Fabrizio si mise a ridere, e a ciò ho reagito male.

3.5 I pronomi intensivi o "d'affetto" U23

Talvolta i pronomi personali *mi, ti, si, ci, vi* si usano davanti ai verbi transitivi con un valore prettamente intensificante e in modo pleonastico, cioè potrebbero essere eliminati senza alterare il significato della frase. Si chiamano **pronomi intensivi o "d'affetto"** perché esprimono un atteggiamento di coinvolgimento da parte del soggetto dell'azione. Un tempo si usavano solo nella lingua parlata e informale, ma oggi cominciano a diffondersi anche nella lingua scritta e formale: *es. Sergio si è bevuto un'intera bottiglia di vino* (invece di *ha bevuto*). / *Noi nel pomeriggio ci siamo fatti un sonnellino* (invece di *abbiamo fatto*).
Questi pronomi, quando sono uniti a *ne* diventano *me, te, se, ce, ve*: *es. Tonino se ne sta sempre in casa a studiare. / (Di mele) Me ne mangio una anch'io.*

ATTENZIONE:
Questi verbi accompagnati dai pronomi, sebbene transitivi, seguono le regole dei verbi pronominali quando formiamo i tempi composti, prendendo l'ausiliare *essere*. *Es. Mi sono comprato un nuovo computer.*

3.6 I pronomi misti (o doppi): *chi, chiunque, quanto, quanti/-e* U24

I pronomi misti (o doppi) sono pronomi che fondono in un'unica forma due pronomi diversi.

chi	è un pronome **invariabile**, relativo a persone, ed equivale alla costruzione: pronome dimostrativo/indefinito (*colui-colei-coloro/qualcuno*) + pronome relativo (*che, il/la quale – i/le quali*).	*Es. Chi troppo vuole, nulla stringe.* (= *Colui/colei/qualcuno* che troppo vuole, nulla stringe.) / *Chi vuole partecipare al concorso deve avere tutti i documenti in regola.* (= *Coloro i quali/le quali* vogliono partecipare al concorso devono avere tutti i documenti in regola.)
chiunque	è un pronome **invariabile**, relativo a persone, ed equivale alla costruzione: pronome/aggettivo indefinito (*ognuno/tutti quelli/tutte le persone/qualsiasi persona/qualunque persona*) + pronome relativo (*che, il/la quale – i/le quali*).	*Es. Potrà venire alla festa chiunque vorrai invitare.* (= Potranno venire alla festa tutti quelli che vorrai invitare.) / *Chiunque ti conosce sa che sei una bella persona.* (= Tutti quelli che ti conoscono sanno che sei una bella persona.)
quanto	è un pronome **invariabile**, relativo a cose, ed equivale alla costruzione: pronome dimostrativo (*quello/(tutto) quello/(tutto) ciò*) + pronome relativo (*che*).	*Es. Quanto stai dicendo, non m'interessa.* (= Ciò/Quello che stai dicendo, non m'interessa.) / *Carolina parla di quanto hanno fatto i suoi genitori per lei.* (= Carolina parla di (tutto) ciò che/(tutto) quello che i suoi genitori hanno fatto per lei.)
quanti/-e	è un pronome **variabile**, relativo a persone, che possiamo considerare il plurale di *chi* ed equivale alla costruzione: pronome dimostrativo (*quelli/quelle*) + pronome relativo (*che*).	*Es. Quanti hanno terminato il test, possono consegnarlo.* (= Quelli che hanno terminato il test...) / *Quante di voi vogliono informazioni, possono mandarmi una email.* (= Tutte quelle che vogliono informazioni...)

4 PARTICOLARITÀ DEGLI AVVERBI

4.1 L'avverbio *già* U5

L'avverbio **già** può avere diversi significati:

- **prima d'ora / qualche tempo fa**: indica che un evento si è già concluso e/o è già successo altre volte. *Es. Il tuo amico è già arrivato. / Ho già sentito questa canzone.*
- **ormai**: anche questo senso indica che un evento si è già concluso. *Es. Tra noi è già finita da tempo.*
- **fin da ora / fin da allora**: indica come successo un fatto non ancora accaduto. *Es. Prevedo già come andrà a finire. / Avevo già capito che cosa sarebbe successo.*
- **proprio così**. *Es. Eh, già, dovevo immaginarmelo!*
- con valore rafforzativo di "mi sono ricordato/dimenticato". *Es. Già! Dovevo andare a prendere Giulia a scuola!*
- isolato, esprime assenso o conferma. *Es.* - «Ci sarai anche tu?» - «Già.»

4.2 L'avverbio *appena* U6

La parola **appena** rappresenta prima di tutto un avverbio e può essere usato con i seguenti significati:

- ***a fatica*, *a stento*, *con difficoltà***: *es. Il nonno ci sente appena.*
- ***soltanto*, *solo***: *es. È buio, ma sono appena le sei.*
- ***da poco***: *es. Sono appena arrivato.*
- ***subito***: *es. Il negozio lo trovi appena arrivi in piazza.*

Ma è anche una congiunzione e significa:

- ***quando*, *dopo che***: *es. Appena Tullio arrivò, gli corremmo incontro. / Appena ebbero mangiato, uscirono.*

Appena, accompagnato dal participio, introduce anche proposizioni temporali implicite [vedi 11.1.8]: *es. Appena arrivato, Marcello mi disse che tra noi era finita.*

Talvolta, prima della congiunzione *appena* c'è *non*, ma è pleonastico [vedi 14].

4.3 L'avverbio *pure* U11

La parola **pure** può essere usata come avverbio o congiunzione e assume questi significati:

avverbio	congiunzione
• come sinonimo di *anche*. *Es. Verranno pure (anche) i tuoi parenti con noi?* • con valore rafforzativo, ad esempio con verbi all'imperativo. *Es. Fallo pure!* • dopo un verbo con significato concessivo. *Es. Ammettiamo pure che sia ancora presto, dobbiamo sbrigarci comunque!*	• *pur* (*pure*) + gerundio/participio passato introduce una proposizione concessiva implicita [vedi 11.1.5]. *Es. Pur volendo (anche se volessimo), non possiamo comprare un'auto nuova. / Pur scoperto (anche se scoperto), ha continuato a mentire.* • congiuntivo + *pure* significa *neppure se/neanche se*. *Es. Fosse pure l'ultima cosa che dico, non dirò mai una bugia.* (= Non dirò mai una bugia neppure se fosse l'ultima cosa che dico.) • *pur* (*pure*) *di* + infinito introduce una proposizione finale implicita. *Es. Pur di accontentarti (al fine di accontentarti), farei di tutto.*

4.4 Avverbi derivati, composti e locuzioni avverbiali U19

In base alla funzione, gli avverbi si distinguono in:

- **qualificativi** *(bene, male, velocemente, ecc.)*
- **di luogo** *(qui, là, dove, fuori, ecc.)*
- **di tempo** *(prima, poi, ora, subito, sempre, ecc.)*
- **di quantità** *(poco, molto, più, tanto, ecc.)*
- **di giudizio** *(forse, probabilmente, ecc.)*
- **di affermazione** *(sì, certo, sicuro, ecc.)*
- **di negazione** *(no, non)*
- **interrogativi ed esclamativi** *(dove?, quando?, come?, ecc.)*
- **presentativi** *(ecco)*

Gli avverbi possono essere derivati o composti.

- Gli avverbi derivati sono ottenuti aggiungendo ad alcune parole (aggettivi o nomi) i suffissi -*mente* oppure -*oni*. *Es. silenziosamente, ugualmente, fortemente, ruzzoloni, cavalcioni, ecc.*
- Gli avverbi composti sono costituiti da due (o anche più) elementi diversi. *Es. dappertutto, talora, indietro, infatti, ecc.*

Oltre a questi, ci sono anche le **locuzioni avverbiali**, cioè delle unità del discorso formate da due o più parole, disposte secondo un ordine fisso e usate come avverbi: *es. a poco a poco, passo passo, quasi quasi, a stento, di sicuro, a faccia a faccia, quasi quasi, di tanto in tanto, di bene in meglio, in fretta e furia, ecc.*

Alle locuzioni avverbiali possono essere assegnati diversi significati: è possibile distinguere le locuzioni avverbiali di modo, di tempo, di luogo, ecc.

Alcune locuzioni avverbiali si possono trasformare in un unico avverbio. Pensiamo alla frase "A poco a poco se ne andarono tutti". La locuzione avverbiale "a poco a poco" potrebbe essere sostituita da un solo avverbio: "Lentamente se ne andarono tutti".

Altri esempi: *Parlami* ***in modo chiaro****.* ➜ *Parlami* ***chiaramente****. /* ***Di sicuro*** *non è il mio tipo.* ➜ ***Sicuramente*** *non è il mio tipo. / Abbiamo preparato le valigie* ***in fretta e furia****.* ➜ *Abbiamo preparato le valigie* ***velocemente****. /* ***Di tanto in tanto*** *veniva a trovarmi.* ➜ ***Sporadicamente*** *veniva a trovarmi.*

4.5 La posizione dell'avverbio U22

La posizione degli avverbi è variabile ed è legata al ruolo e al significato che ha nella frase.

a. se l'avverbio modifica un aggettivo o un altro avverbio, lo precede: *es. Sono molto triste. / Siete arrivati molto lontano con la vostra start up.*
b. se l'avverbio modifica un verbo, lo segue: *es. Ieri ci siamo addormentati tardi.*
c. se l'avverbio modifica il senso della frase, la sua posizione è abbastanza libera e dipende da cosa si vuole sottolineare di più: *es. Personalmente, sento molto caldo. / Sono d'accordo onestamente.*
d. avverbi che possono stare tra l'ausiliare e il participio nei tempi composti: *ancora*, *già*, *sempre*, *più*, *mai*, *affatto*.
e. avverbi che precedono la parola che modificano: *solo*, *solamente*, *soltanto*, *anche*, *neanche*.
f. l'avverbio di negazione *non* si colloca sempre prima del verbo: *es. Luisa non è felice. / Silvio non esce mai con noi.*

> ❶ ATTENZIONE:
> Quando *non* è abbinato ad altri elementi che lo rafforzano (*affatto*, *mai*, *mica*, *più*, ecc.), la sequenza è: *non* + verbo + elementi rafforzativi. *Es. Non sono mica scemo! / Enzo non si è mai alzato presto in vita sua.*

5 I DERIVATI

5.1 Parti del discorso sostantivate (o nominalizzate) U9

Alcune parti del discorso possono svolgere anche la funzione di "nome", quando sono precedute dall'articolo determinativo. Questo fenomeno riguarda:

- gli aggettivi qualificativi: *es. I poveri (Le persone povere), gli stranieri (gli uomini stranieri), ecc.*
- gli aggettivi che indicano i nomi di un popolo: *es. gli spagnoli, i milanesi, ecc.*
- gli avverbi: *es. Il meglio/peggio deve ancora venire.*
- i verbi all'infinito e al participio: *es. Lo scrivere storie è rilassante. / Il passato non ritorna più.*
- le congiunzioni: *es. Il perché di queste azioni non l'ho capito.*

> ❶ ATTENZIONE:
> La nominalizzazione consente di trasformare anche un'intera frase in un nome. *Es. Il professore non era al corrente del fatto che un suo studente fosse presente.* ➜ *Il professore non era al corrente della presenza di un suo studente. / Non gioisco del fatto che Luigi parta.* ➜ *Non gioisco della partenza di Luigi.*

5.2 Alcuni prefissi negativi per la formazione di nomi, aggettivi e verbi U10

Alto/basso, *amare/odiare*, *ricco/povero*, ecc. sono coppie di parole che esprimono l'una il contrario dell'altra. Nella maggior parte dei casi, però, il contrario della parola-base si forma per derivazione attraverso alcuni prefissi.

dis-	→	*disgusto, disgustoso / disabile, disabilità / disgiungere, disgiunto*
de-	→	*decentrato, decentralità / derubricato, derubricare*
s-	→	*svantaggio, svantaggiato / sfortuna, sfortunato / sleale, slealtà*
in- *(il-, ir-, im- davanti a parole che cominciano rispettivamente per l-, r-, b-, m-, p-)*	→	*impossibile, impossibilitare / immangiabile, immangiabilità / irripetibile, irripetibilità / illogico, illogicità*
a- *(an- davanti a parole che iniziano per vocale)*		*atipico, atipicità / apolitico, apoliticità*

5.3 Alcuni suffissi di origine greca U14

Molte parole composte si formano mediante suffissoidi che derivano da parole greche, le quali hanno un preciso significato. I più importanti sono:

-algia	dolore	*nevralgia*
-antropo	uomo	*filantropo*
-crazia	potere	*democrazia*
-crate	che ha il potere	*burocrate*
-fagia	mangiare	*disfagia*
-fago	che mangia	*aerofago*
-grafia	scrittura, descrizione	*dattilografia, geografia*
-grafo	che scrive	*telegrafo*
-iatra	iatròs = medico	*pediatra*
-fonia	suono	*stereofonia*
-fono	che suona	*grammofono*
-teca	che custodisce	*biblioteca*
-fobia	timore, paura	*claustrofobia*
-nomia	legge	*astronomia*
-nomo	che studia le leggi	*agronomo*
-logia	studio	*filologia*
-logo	che studia, studioso	*cardiologo*
-scopia	osservazione	*gastroscopia*
-scopio	che osserva	*microscopio*
-filia	amore	*esterofilia*
-filo	che ama, amante	*bibliofilo*
-patia	sofferenza	*ludopatia*
-patico	che soffre, sofferente	*cardiopatico*

5.4 Alcuni prefissi latini per la formazione di nomi, aggettivi e verbi U24, U23

Ecco una lista dei principali prefissi di origine latina, ovvero "parole" latine che, poste all'inizio di un nome, gli conferiscono un significato specifico e danno luogo a una parola composta.

ambo-/ambi-	due cose/persone	*ambosessi, ambivalente*
ante-/anti-	prima (spazio e tempo) contro	*anteporre, anticipo antifurto*
bi-	due volte	*bilingue*
contro-/contra-	contro	*controcorrente, contraccolpo*
circum-	intorno	*circumnavigare*
entro-/endo-	dentro	*entroterra, endoscopia*
equi-	uguale	*equidistante*
extra-	fuori	*extraterrestre*
intra-/infra-	dentro	*intramuscolare*
inter-	tra	*interlinguistico*
maxi-	grande	*maxischermo*
mini-	piccolo	*minigonna*
multi-	molto (numeroso)	*multisala*
oltre-	oltre (spazio)	*oltremare*
onni- (omni-)	tutto	*onniscente*
pluri-	tante volte	*pluripremiato*
post-	dopo	*postbellico*
pre-	prima	*preavviso*
pseudo-	falso	*pseudoletterato*
quadri-/quadru-	quattro	*quadrilatero, quadrupede*
quinque-	cinque	*quinquennio*
ri-/re-	per la seconda volta, di nuovo	*riordinare, rifare, reindirizzare*
sovra-/sopra-/super-	sopra	*sovrastimare, soprannaturale, superuomo*
stra-	molto, troppo	*stravincere*
sub-	sotto	*subacqueo*
trans-	attraverso	*transalpino*
vice-	al posto di	*vicesindaco*

5.5 Nomi deverbali a suffisso 0 U19

Alla radice di molti nomi che derivano da un verbo come parola-base si possono aggiungere diversi suffissi: *es. inquinare ➜ inquina**mento** / conversare ➜ conversa**zione**.*

Con la denominazione "a suffisso zero", invece, si indicano i nomi che derivano sempre da un verbo (deverbali), ma alla radice della base verbale sono state aggiunte direttamente le desinenze maschili **-o**/**-e** o femminili **-a**/**-e**. *Es. abbandonare ➜ abbandon**o** / domandare ➜ domand**a** / guadagnare ➜ guadagn**o** / confezionare ➜ confezion**e**.*
In alcuni casi, però, la derivazione si fa aggiungendo le desinenze suddette al participio. *Es. spendere ➜ spesa / promettere ➜ promessa / correre ➜ corso.*

5.6 Aggettivi deonomastici U20

Gli **aggettivi deonomastici** sono quegli aggettivi che derivano da un nome proprio di persona. Non esistono regole di derivazione molto precise, tuttavia si possono individuare dei suffissi ricorrenti:

- iano: *es. Goldoni ➜ goldoniano / Manzoni ➜ manzoniano / Ungaretti ➜ ungarettiano, Freud ➜ freudiano, Shakespeare ➜ shakespeariano*

- *esco:* *es. Dante ➜ dantesco / Petrarca ➜ petrarchesco / Boccaccio ➜ boccaccesco / Ariosto ➜ ariostesco*
- *ico:* *es. Machiavelli ➜ machiavellico / Tolomeo ➜ Tolemaico*
- *ista:* *es. Marx ➜ marxista*

ATTENZIONE:
Oggi le cronache e i commenti giornalistici, la lingua di internet con il suo conio continuo di parole derivate e composte, danno origine a nuovi deonomastici, soprattutto derivati da cognomi di personaggi noti. *Es. Berlusconi ➜ berlusconiano*

Inoltre, spesso c'è una varietà di aggettivi riferiti a uno stesso cognome, con diverse sfumature.
Es. marxista (= che è proprio del marxismo) / marxiano (che appartiene al pensiero di Marx)

5.7 Verbi alterati U21

Anche i verbi, così come altre parti del discorso, possono essere modificati con suffissi di alterazione. Nei verbi alterati il suffisso dà al verbo un significato attenuativo o leggermente peggiorativo, ripetitivo o saltuario. I principali suffissi usati per l'alterazione dei verbi sono:

• -ellare	saltare ▶ saltellare
• -arellare, -erellare	giocare ▶ giocherellare bucare ▶ bucherellare saltare ▶ saltarellare
• -ettare, -ottare	scoppiare ▶ scoppiettare parlare ▶ parlottare picchiare ▶ picchiettare fischiare ▶ fischiettare
• -icchiare, -acchiare, -ucchiare, -uzzare	lavorare ▶ lavoricchiare cantare ▶ canticchiare ridere ▶ ridacchiare rubare ▶ rubacchiare mangiare ▶ mangiucchiare mordere ▶ mordicchiare tagliare ▶ tagliuzzare

Ci sono anche altri verbi oggetto di alterazione che, oltre al suffisso, hanno la radice modificata del verbo-base da cui derivano, come: baciare ▶ **sbaciu**cchiare / piangere ▶ **piagnu**colare

ATTENZIONE:
I verbi alterati appartengono tutti alla prima coniugazione, indipendente dalla coniugazione del verbo oggetto di alterazione: *dormire* (= terza coniugazione) ▶ *dormicchiare* (= prima coniugazione) / *vivere* (= seconda coniugazione) ▶ *vivacchiare* (= prima coniugazione)

6 PARTICOLARITÀ NELL'USO DELLE PREPOSIZIONI

6.1 La reggenza verbale e le preposizioni U6

Un verbo può essere collegato all'infinito che segue senza alcuna preposizione oppure mediante una preposizione fissa.

verbi o sintagmi verbali senza preposizioni prima dell'infinito	verbi o sintagmi verbali con la preposizione *di* + infinito	verbi o sintagmi verbali con la preposizione *a* + infinito
dovere, volere, potere, essere + utile/giusto/ bello ecc., i verbi causativi (*lasciare, fare*, ecc.) *Es. È facile sbagliare.* *Dovete andare a casa!* *Ti ho lasciato vincere questa volta.*	*avere voglia, avere bisogno, avere intenzione, avere paura, pensare, cercare, dispiacere, ricordarsi, sforzarsi, dimenticarsi, finire, smettere, raccomandare, sapere, permettere, accettare, scegliere, temere, essere in grado, fare a meno, è l'ora*, ecc. *Es. Mi dispiace di disturbarti.* *Avete intenzione di comprare casa?* *Possono fare a meno di voi!*	*essere costretto, essere obbligato, stare attento, riuscire, sbrigarsi, servire, venire, andare, aiutare, cominciare, iniziare, imparare, pensare, provare, correre, fermarsi, rimanere, mettersi*, ecc. *Es. Mi ha aiutato a comprare casa.* *Mi metto a studiare subito.* *Siete costretti a venirmi a prendere.*

N.B. Attenzione all'uso di è + *aggettivo* (o nome, o avverbio): non c'è mai alcuna preposizione prima dell'infinito seguente. *Es. È bene / un bene vivere all'estero per migliorare la conoscenza delle lingue straniere.*

7 I MODI FINITI

7.1 Particolarità della forma passiva U1

- **Forma passiva con *venire***
  Il passivo si può formare anche con le voci del verbo *venire* + participio passato, ma <u>solo</u> nei casi in cui si tratta di un tempo semplice. *Es. Maria era/veniva ammirata da tutti.*
  Attenzione: non possiamo usare questa forma con i tempi composti o con l'imperativo.
- **Forma passiva dei verbi modali *potere* e *dovere***
  I verbi modali *potere* e *dovere* non hanno la forma passiva. Quando si vuole mettere alla forma passiva una frase attiva che li contiene, si deve fare il passivo dell'infinito che li segue. *Es. Uno straniero non può capire un libro così difficile.* ➜ *Un libro così difficile non può essere capito da uno straniero. / I genitori dovrebbero sempre capire i problemi dei figli.* ➜ *I problemi dei figli dovrebbero sempre essere capiti dai genitori.*
- **Forma passiva con *andare***
  A. La forma passiva di frasi contenenti il verbo *dovere* si costruisce anche con il verbo *andare* + participio passato. Questa costruzione si usa solo con i tempi semplici e viene scelta quando si vuol dare all'azione un carattere di necessità o dovere.
  Es. Questa malattia deve essere curata. ➜ *Questa malattia va curata.*
  Le promesse dovrebbero essere mantenute. ➜ *Le promesse andrebbero mantenute.*
  B. La forma passiva *andare* + participio con i verbi come *distruggere, perdere, smarrire, spendere, sprecare* e *versare* esprime un senso di svolgimento dell'azione e si può usare con tutti i tempi verbali.
  Es. Abbiamo perso alcuni fascicoli delle prove durante gli esami. ➜ *Alcuni fascicoli delle prove sono andati persi durante gli esami.*

7.2 Il trapassato remoto (passato remoto dell'ausiliare + participio) U2

Il trapassato remoto si usa per indicare un'azione accaduta prima di un'altra azione passata, espressa con il passato remoto. La frase temporale contenente il trapassato remoto è introdotta dalle congiunzioni *quando*, *dopo che*, *(non) appena*, *finché*. *Es. Dopo che ebbero parlato con lui, se ne andarono subito.*

N.B. Il trapassato remoto:
- si usa quasi esclusivamente nella lingua scritta;
- si usa solo in forma attiva (*es. ebbi mangiato*);
- non si usa per il verbo essere.

7.3 Il congiuntivo dipendente dal condizionale U3

Il congiuntivo è un modo verbale impiegato soprattutto, ma non solo, nelle proposizioni subordinate, ovvero in quelle frasi che dipendono da un'altra.

Se il verbo della frase principale è al condizionale, presente o passato, nella frase secondaria si deve usare:
- il *congiuntivo imperfetto* per esprimere fatti voluti o desiderati nel presente dal parlante, ma che sono irrealizzabili o che lui stesso ritiene irrealizzabili: *es. Vorrei che Lisa studiasse di più.*
- il *congiuntivo trapassato* per esprimere fatti voluti o desiderati nel passato dal parlante, ma che non si sono realizzati: *es. Sarebbe stato meglio se mia figlia si fosse rivolta a un medico.*

7.4 I verbi frasali U7

Oltre ai verbi veri e propri, nella lingua italiana ci sono anche i **verbi frasali** o *verbi sintagmatici*, composti da **verbo + avverbio/preposizione**. La maggior parte di essi sono verbi di movimento e sono accompagnati da avverbi di luogo o preposizioni che indicano la direzione del movimento. *Es. Buttate via questo tavolo!*
Alcune volte l'aggiunta della particella è del tutto pleonastica. *Es. Entrate dentro!*
Alcune volte, invece, assumono significati particolari. *Es. Hanno messo sotto (investito) con la macchina un signore!*
Alcuni verbi frasali: *mettere su, mettere sotto, buttare giù, buttare via, sentirsi giù, andare via, dare via, mandare fuori, andare fuori, entrare dentro, venire meno, tirare su, dare addosso, saltare su, mandare giù, andare forte, mettere insieme*, ecc.

7.5 Usi particolari del condizionale U15

Il condizionale presente e passato può essere usato per indicare:
- distacco da un fatto/da una notizia che si riporta e di cui non si è certi. Questo condizionale si chiama anche "giornalistico" in quanto ne fanno spesso uso i giornalisti per riferire notizie supposte, ma non verificate: *es. Sarebbero 10000 i partecipanti alla manifestazione.*
- stupore davanti ad alcune affermazioni: *es. Ma chi l'avrebbe mai detto!*
- desiderio irrealizzato o irrealizzabile: *es. Mi sarebbe piaciuto vivere su un'isola. / Vorrei essere un ministro.*
- pentimento: *es. Eh, avrei dovuto accettare quel posto di lavoro.*

7.6 Il congiuntivo nelle frasi relative U18

La proposizione relativa, nella forma esplicita, di solito ha il verbo all'indicativo o al condizionale. Talvolta, però, il verbo è al *congiuntivo*. Questo avviene:
- per dare alla frase una sfumatura di scopo, intenzione, conseguenza, o di condizione specifica.
  Es. Vorrei trovare una persona che possa capirmi. / Cerco una segretaria che sappia parlare l'inglese.
  Attenzione: in alcuni casi è difficile distinguere nettamente un valore dall'altro. *Es. Vorrei un collega che mi possa aiutare in questo progetto.* (= in grado di aiutarmi / affinché mi aiuti)
- quando nella frase principale c'è un superlativo relativo. *Es. È lo scrittore **più interessante** che si possa conoscere.*

- quando prima del pronome relativo c'è un pronome indefinito come *nessuno*, *niente*, *nulla*, ecc.
  *Es. Non esiste **nessuno** che mi ami come te. / Assumono **qualsiasi** persona che abbia i requisiti richiesti.*
- con espressioni dal valore restrittivo come *unico*, *solo*, *ultimo*, ecc. *Es. Carlo è **l'unica/la sola/l'ultima** persona che rispetti i nostri valori.*

7.7 I verbi pronominali U20

I verbi pronominali sono dei verbi che vengono accompagnati da uno o due pronomi che servono a rafforzarne o anche cambiarne il senso.
Molto spesso, questi verbi sono accompagnati da altri elementi lessicali, quali avverbi, aggettivi e nomi con cui hanno una particolare coesione semantica o con cui formano espressioni cristallizzate nella lingua, come *darci dentro, dormirci sopra, mettercela tutta, prenderci gusto, vedersela brutta, venirne fuori*, ecc.
Diverse sono le categorie:

- **I verbi pronominali con un solo pronome**
  - Verbi riflessivi, con **-si**: *radersi*, *truccarsi*, *girarsi*, ecc.
  - Verbi con **-la**: *contarla*, *farla franca*, *piantarla*, ecc.
  - Verbi con **-le**: *buscarle*, *prenderle*, *darle*, ecc.
  - Verbi con **-ne**: *farne* (es. farne di tutti i colori), *andarne* (es. andarne fieri)
  - Verbi con **-ci**: *arrivarci*, *entrarci*, *metterci*, ecc.

- **I verbi pronominali con doppio pronome**
  - Verbi con **-sela**: *cavarsela*, *darsela a gambe* (= scappare), *bersela* (= ha creduto vera una bugia), ecc.;
  - Verbi con **-sene**: *andarsene*, *fregarsene* (= disinteressarsi di quanto fa o dice), *infischiarsene* (= disinteressarsi di qualcosa o qualcuno), ecc.
  - Verbi con **-cela**: *avercela* (= essere arrabbiato), *farcela* (es. *Ce l'ho fatta a lasciarla finalmente!* = sono riuscito), ecc.
  - Verbi con **-cene**: *volercene* (es. *Ce ne vuole, prima che ti perdoni!*), *correrecene* (es. *Tra il dire e il fare ce ne corre!*), ecc.

Qui di seguito un esempio di come si coniugano questi verbi al presente:

	andar-sene	cavar-sela	far-cela
io	me ne vado	me la cavo	ce la faccio
tu	te ne vai	te la cavi	ce la fai
lui, lei, Lei	se ne va	se la cava	ce la fa
noi	ce ne andiamo	ce la caviamo	ce la facciamo
voi	ve ne andate	ve la cavate	ce la fate
loro	se ne vanno	se la cavano	ce la fanno

Qui di seguito un esempio di come si coniugano questi verbi al passato:

	andar-sene	cavar-sela	far-cela
io	me ne sono andato/a	me la sono cavata	ce l'ho fatta
tu	te ne sei andato/a	te la sei cavata	ce l'abbiamo fatta
lui, lei, Lei	se n'è andato/a	se l'è cavata	ce l'hanno fatta
noi	ce ne siamo andati/e	ce la siamo cavata	ce l'abbiamo fatta
voi	ve ne siete andati/e	ve la siete cavata	ce l'avete fatta
loro	se ne sono andati/e	se la sono cavata	ce l'hanno fatta

ATTENZIONE:

- Non sono da considerarsi verbi pronominali le costruzioni impersonali (*es. Si parte alle due*) e passive (*es.Qui si vendono libri usati*).
- Tutti i verbi pronominali si coniugano in tutti i modi e tempi, sempre con la particella pronominale che resta invariata. *Es. Perché ve la siete presa così tanto per quello scherzo? / Ci avete ripensato bene alla mia proposta?*
- Nei verbi costruiti con -*la*, il participio passato si accorda e prende la terminazione del femminile singolare -*a*. *Es. I rapinatori l'hanno fatta franca! / All'esame di guida ce la siamo cavata bene, dai!*
- I verbi che terminano in-*sela* e -*sene* si coniugano sempre con la particella pronominale in rapporto alla persona soggetto, mentre ciò non accade per i verbi terminanti in -*cela* e -*cene*.
- I verbi che terminano in -*sela* e -*sene* e i riflessivi hanno sempre l'ausiliare *essere* nei tempi composti.
- Se il verbo è all'infinito, participio, gerundio, imperativo (tu, noi, voi), le particelle seguono il verbo con cui formano una parola. *es. Devi cavartela da solo. / Pensaci bene, Giacomino!*

8 I MODI INDEFINITI

8.1 Uso particolare del participio passato U16

Il participio passato può essere utilizzato come verbo anche da solo. In questi casi è usato nelle proposizioni subordinate implicite:

- **temporali** (spesso preceduto da locuzioni temporali come *appena*, *una volta*, ecc.): *es. (Una volta) Finito il liceo, mi iscriverò / mi iscrivo a medicina.*
- **causali**: *es. Mangiata la pizza, sono/ero/sarò sazio.*
- **concessive** (sempre preceduto da una congiunzione concessiva *pure*, *benché*, *sebbene*, *quantunque*): *es. Benché partito in anticipo, arrivai comunque in ritardo.*
- **ipotetiche**: *es. Partita prima, Maria sarebbe arrivata in tempo.*
- **relative**: *es. Scendemmo per una stradina costeggiata da alberi.*

ATTENZIONE:

- Il participio passato deve sempre concordare con il nome a cui è legato.
- Il participio passato di un verbo intransitivo può essere usato in una proposizione subordinata solo quando ha l'ausiliare *essere*. *Es. Arrivati in albergo, posammo le valigie. (Dopo essere arrivati in albergo...) / ~~Dormito tanto il pomeriggio, non potevo addormentarmi la sera~~. ➜ Dopo aver dormito tanto il pomeriggio, ...*
- Tutte le subordinate espresse con il participio passato, una volta trasformate nella forma esplicita, seguono le regole di concordanza dei tempi.

8.2 Uso particolare del participio presente U21

Il participio presente è usato principalmente:

- **come sostantivo**. *Es. il/la passante - i/le passanti*
- **come aggettivo**, si accorda in genere e numero con il sostantivo a cui si riferisce.
  Es. Durante l'estate ho letto un romanzo divertente / romanzi divertenti (da divertire).

Il participio presente può essere usato **come verbo**. In questo caso ha valore attivo e corrisponde a una proposizione relativa implicita che è contemporanea all'azione della principale. *Es. Si tratta di una questione riguardante (= che riguarda) l'emigrazione.*

Il participio presente con valore verbale non è molto frequente, ma resiste soprattutto nella lingua burocratica-amministrativa, caratterizzata da uno stile ricercato. *Es. I guadagni provenienti (= che provenivano) da operazioni illegali sono stati confiscati dalla Guardia di Finanza. / Sulla moneta italiana da 2 euro c'è un'immagine raffigurante (= che raffigura) Dante Alighieri.*

9 IL PERIODO IPOTETICO

9.1 Il periodo ipotetico di quarto tipo o misto U4

Il periodo ipotetico è formato da un frase principale (la conseguenza) e da una frase subordinata (la condizione), introdotta da *se* o da altri connettivi.

Il periodo ipotetico può essere:

- **della realtà**: **se + indicativo** (condizione), **indicativo/condizionale/imperativo** (conseguenza).
  Es. Se vuoi (Se vorrai), vengo (verrò) con te al supermercato.
- **della possibilità**: **se + congiuntivo imperfetto** (condizione), **condizionale presente** (conseguenza).
  Es. Se Fabio ti invitasse, tu andresti a cena con lui?
- **dell'irrealtà**:
  - **se + congiuntivo trapassato** (condizione), **condizionale passato** (conseguenza).
    Es. Se avessi saputo questa notizia, sarei partito subito.
  - è molto comune, nella lingua parlata, l'uso dell'**imperfetto indicativo** sia nella condizione sia nella conseguenza. *Es. Se non pioveva, andavamo in montagna.*

Esiste anche un quarto tipo di periodo ipotetico, detto **periodo ipotetico misto**, che può essere di due tipi:

- **se + congiuntivo trapassato** (condizione), **condizionale presente** (conseguenza): indica che le conseguenze dei fatti ipotizzati nel passato hanno effetto sul presente, ovvero perdurano ancora.
  Es. Se durante l'anno avessi studiato, ora non dovrei fare gli esami di riparazione.
- **se + congiuntivo imperfetto** (condizione), **condizionale passato** (conseguenza): indica che l'ipotesi è valida ancora nel presente. *Es. Se fosse più alto, l'avrebbero preso nella squadra di basket.*

ATTENZIONE:

- L'ordine delle due frasi, della condizione e della conseguenza, non è fissa ma può variare in base al senso che si vuole dare a tutta l'ipotesi. *Es. Se gli scrivi, Raffaele ti risponde. / Raffaele ti risponde, se gli scrivi. / Raffaele, se gli scrivi, ti risponde.*
- *Se* non è la sola congiunzione usata per introdurre la condizione, ma è possibile usarne altre come *qualora, casomai, posto che, nell'ipotesi che*, ecc. *Es. Potresti trovarti un lavoro ora, posto che ti fossi laureato l'anno scorso.* In questi casi, il verbo della condizione deve sempre essere al congiuntivo.

10 IL DISCORSO DIRETTO E INDIRETTO U25

- Quando il verbo che introduce il discorso indiretto (*dire, affermare, chiedere*, ecc.) è al presente o al futuro, tutti i tempi e i modi del discorso indiretto restano gli stessi; cambia solo l'imperativo che diventa *di + infinito*.
- Quando il verbo della proposizione reggente è alla 3ª persona, la 1ª e 2ª persona singolare o plurale del discorso diretto diventano rispettivamente 3ª singolare e 3ª plurale, cambiando anche i relativi pronomi personali e aggettivi possessivi.
  Es. Mariasole dice: «Io non sono d'accordo con la tua opinione» ➜ Mariasole dice che non è d'accordo con la tua opinione.
  Mariasole dice: «Marco, tu non mi hai convinto con il tuo ragionamento» ➜ Mariasole dice a Marco che non l'ha convinta con il suo ragionamento.
  Mariasole dice: «Michele e Niko, restate a casa vostra!» ➜ Mariasole dice a Michele e a Niko di restare a casa loro.

- Quando il verbo che introduce il discorso indiretto è al passato, ci sono i seguenti cambiamenti:

presente *(indicativo e congiuntivo)*	➜	imperfetto *(indicativo e congiuntivo)*
passato *(indicativo e congiuntivo)*	➜	trapassato *(Indicativo e congiuntivo)*
futuro semplice o condizionale presente	➜	condizionale passato
imperativo	➜	di + infinito *(oppure congiuntivo presente)*
periodo ipotetico di I, II e III tipo	➜	periodo ipotetico di III tipo

ATTENZIONE:

Non cambiano mai l'imperfetto, il trapassato, il condizionale passato e le forme indefinite del verbo (infinito, gerundio e participio).

Es. Massimo disse: «Credevo che fossi più alto.» ➜ *Massimo disse che credeva che tu fossi più alto.*

Massimo disse: «Avevo comprato questi dolci per voi.» ➜ *Massimo disse che aveva comprato quei dolci per loro.*

Massimo disse: «Ti avrei chiamato tra un'ora.» ➜ *Massimo disse che l'avrebbe chiamato/a tra un'ora.*

Massimo disse: «Preso il traghetto, arriveremo in un'ora.» ➜ *Massimo disse che, preso il traghetto, saremmo arrivati in un'ora.*

N.B.
a. La maggior parte delle trasformazioni dei verbi seguono le regole della concordanza.
b. Le frasi interrogative dirette, nel registro formale, cambiano spesso il verbo dall'indicativo al congiuntivo nell'interrogativa indiretta. *Es. Chiesi a Marco: «Dove sono le chiavi?»* ➜ *Chiesi a marco dove fossero le chiavi.*

- Altri cambiamenti che avvengono nel passaggio dal discorso diretto al discorso indiretto sono:

io, tu	➜	lui/lei
noi, voi	➜	loro (essi/esse)
mi, ti	➜	lo, la – gli, le
ci, vi	➜	li, le – gli
mio/-a, miei/mie, tuo/-a, tuoi/tue	➜	suo/-a, suoi/sue
nostro/-a/-i/-e, vostro/-a/-i/-e	➜	loro
questo/-a/-i/-e	➜	quel/quello/quella/quei/quelle
qui, qua	➜	lì, là

ATTENZIONE:
- Quando il discorso indiretto è introdotto da un tempo passato, gli avverbi di tempo subiscono i seguenti cambiamenti:
  ora ➜ *allora (quel giorno)* / *poco fa* ➜ *poco prima* / *fra poco* ➜ *poco dopo* / *ieri* ➜ *il giorno prima (precedente)* / *oggi* ➜ *quel giorno* / *domani* ➜ *il giorno dopo (il giorno seguente, l'indomani)*
- Le interiezioni, i vocativi, le formule di saluto e alcuni tratti colloquiali scompaiono, perché non possono essere riprodotti, se non con perifrasi: *Es. Franco disse: «Ehi, sta' attento!»* ➜ *Franco gli disse di stare attento.*
- Se il soggetto della principale è lo stesso della subordinata, è più frequente l'uso della forma implicita, ovvero *di + infinito*. *Es. Carla dice: «Ho sonno»* ➜ *Carla dice di avere sonno.*

11 SINTASSI

11.1 Proposizioni subordinate (esplicite e implicite) U5

Le proposizioni secondarie o subordinate possono presentarsi in due forme:
- **forma esplicita**, quelle frasi che contengono un verbo di modo finito (indicativo, congiuntivo, condizionale, imperativo);
- **forma implicita**, quelle frasi che contengono un verbo di modo indefinito (infinito, participio, gerundio).

  Le frasi con il verbo all'infinito si reggono di solito alla frase principale per mezzo di preposizioni (*a*, *di*, *da*, *per*), preposizioni improprie (*dopo*, ecc.) o locuzioni (*prima di*, ecc.). *Es. Vengo a conoscerti. / Finiamo di studiare. / Ce ne andammo dopo aver salutato. / Prima di parlare, rifletti.*

  Le frasi con il verbo al participio o al gerundio si reggono direttamente alla frase principale, senza l'uso di nessun connettivo. *Es. Finito lo spettacolo, tornammo a casa. / Viola ascolta la musica studiando.*

  È quasi sempre possibile trasformare ogni frase implicita in esplicita, volgendo il verbo al modo finito, anteponendo un connettivo adeguato e seguendo le regole della concordanza dei tempi verbali.

ATTENZIONE:
Le proposizioni implicite possono essere usate <u>solo</u> se hanno lo stesso soggetto della frase principale.

11.1.1 La proposizione consecutiva U5

La proposizione consecutiva indica la conseguenza o l'effetto di quello che viene detto nella frase principale.
- Nella **forma esplicita** è introdotta dalle locuzioni *così/tanto/talmente/tale... che* ecc., dalle congiunzioni *che*, *cosicchè*, *sicchè* o da locuzioni che richiedono il congiuntivo come *a tal punto che*, *in modo tale che*.
  Il verbo delle frasi consecutive esplicite può essere:
  - all'indicativo, se la conseguenza è reale. *Es. Ero così arrabbiata che non potevo dormire.*
  - al congiuntivo, se la conseguenza esprime una possibilità/eventualità, uno scopo. *Es. Hanno fatto in modo che tutti fossero puntuali.*
  - al condizionale, quando la conseguenza è possibile a patto che si realizzi una condizione (anche non espressa). *Es. Mario è talmente buono che darebbe una mano sempre a tutti. (se potesse)*
- Nella **forma implicita** è introdotta dalle locuzioni *così/tanto*, *a tal punto*, *in modo tale*, *talmente... da* + infinito o da *troppo/abbastanza per* + infinito. *Es. Andrea è tanto intelligente da capire tutto senza spiegazioni. / Silvia è abbastanza grande per viaggiare da sola.*

11.1.2 La proposizione soggettiva e oggettiva U7

Le proposizioni completive sono delle frasi subordinate che "completano" il verbo da cui dipendono. Possono essere soggettive o oggetive (esplicite o implicite).

- La **frase soggettiva** è una proposizione subordinata che svolge la funzione di soggetto del verbo della frase principale. *Es. È importante* ***essere onesti****.*

  Dipende sempre da:
  - verbi impersonali come *sembrare, parere, bisognare, risultare, capitare, accadere, importare, occorre*, ecc.: *es. Sembra che tutti abbiano capito le tue parole.*
  - verbi come *credere, sperare, pensare, dire, raccontare, temere*, ecc. alla 3ª persona singolare e preceduti dal pronome *si*: *es. Si spera che la crisi economica finisca presto.*
  - locuzioni impersonali composte da *essere* + aggettivo o nome, come è *giusto/ingiusto*, è *bene/male*, è *necessario*, è *poco/tanto*, ecc.: *es. È ingiusto che loro si comportino in questo modo.*
  - altre locuzioni come *pare certo, riesce difficile*, è *il caso*, ecc.: *es. Riesce difficile immaginarti biondo.*

Nella **forma esplicita** la frase soggettiva è introdotta da:
- *che* + indicativo (se il verbo della principale esprime certezza): *es. È chiaro che Elisa ha problemi.*
- *che* + congiuntivo (se il verbo della principale esprime possibilità, dubbio, speranza, ecc.): *es. Sembrerebbe che voi siate i responsabili.*
- *che* + condizionale (se il fatto indicato dalla proposizione soggettiva dipende da una condizione espressa o sottintesa): *es. È evidente che verrebbe volentieri alla festa (se potesse).*

Nella **forma implicita** la frase soggettiva ha sempre il verbo all'infinito con o senza la preposizione *di*: *es. Occorre avvisare tua madre. / È tempo di cambiare vita.*

- La **frase oggettiva** è una proposizione subordinata che svolge la funzione di oggetto del verbo della frase principale. *Es. Ricordo che ho comprato qui il pianoforte.*

  Dipende da:
  - verbi dichiarativi come *dire, affermare, rispondere, informare, promettere, scrivere*, ecc.: *es. Ho informato il capo che arrivavi tardi.*
  - verbi che indicano percezione, ricordo, conoscenza come *vedere, sentire, capire, dimenticare*, ecc.: *es. Non dimenticate di chiamare.*
  - verbi che indicano opinione, giudizio, sospetto, dubbio o ipotesi come *credere, ritenere, supporre, ipotizzare, sospettare*, ecc.: *es. Sospettavano che fossero colpevoli.*
  - verbi transitivi che indicano preghiera, speranza, desiderio, timore, ordine, divieto, sentimento come *sperare, desiderare, vietare, temere, meravigliarsi*, ecc.: *es. Spero che tutto si risolva.*

Nella **forma esplicita** la frase oggettiva è introdotta da:
- *che* + indicativo (se il verbo della reggente esprime certezza): *es. Paolo dice che tu hai ragione.*
- *che* + congiuntivo (se il verbo della reggente esprime possibilità, dubbio, speranza, ecc.): *es. Franco spera che tu ritorni presto da lui.*
- *che* + condizionale (se il fatto indicato dalla proposizione soggettiva dipende da una condizione espressa o sottintesa): *es. Lucia pensa che andrebbe volentieri in vacanza (se potesse).*
- *come* + congiuntivo: *es. Non capisco come tu faccia a sopportarlo.*

Nella **forma implicita** la frase oggettiva ha sempre il verbo all'infinito con o senza la preposizione *di*: *es. Spero di essere qui per le 11. / Mi hanno consigliato di cambiare vita.*

La preposizione *di* prima dell'infinito non è necessaria con i verbi *fare, lasciare, ascoltare, sentire, udire, vedere* e *guardare*. *Es. Lasciami guardare la TV.*

11.1.3 La proposizione causale U8

La proposizione causale è una frase subordinata che indica la causa o la ragione per cui si verifica la situazione espressa nella frase principale.

- Nella **forma esplicita** è introdotta dalle congiunzioni *perché, poiché, giacché, che* (colloquiale: *Mangia che hai fame!*), *siccome, per il fatto che, dato che, visto che, dal momento che*, ecc. + indicativo (causa reale) o condizionale (causa possibile). *Es. Siamo tornati a casa perché pioveva. / Torniamo a casa perché potrebbe piovere.*
  Quando si vuole esprimere una causa negata, si può usare la costruzione *non perché* + congiuntivo.
  Es. Non vado a trovare i miei parenti non perché non voglia ma perché non ho tempo.
- Nella **forma implicita** è costruita:
  - con *per* + infinito (presente o passato), preceduto dalle preposizioni *di, a, per*. *Es. Sono felice di essere qui con te. / Ti ringrazio di avermi dato un'opportunità. / Siete fortunati ad avere una macchina. / L'uomo fu condannato per aver commesso un reato.*
  - con il gerundio presente o passato. *Es. Comprando queste scarpe, spenderò metà del mio stipendio.*
  - con il participio passato. *Es. Preso dal film, non ho sentito il telefono squillare.*

11.1.4 La proposizione incidentale U9

La proposizione incidentale (anche detto *inciso*) è una breve frase di senso compiuto che si inserisce all'interno di un'altra frase con la quale non ha nessun legame sintattico e non ne modifica il significato.

- Si tratta di una frase autonoma che può essere coordinata o subordinata e che arricchisce il senso della frase principale sotto forma di un commento, una precisazione, un'osservazione o, nei dialoghi, indica chi parla.
- Le incidentali possono essere esplicite o implicite e sono espresse attraverso verbi all'indicativo, al condizionale, al gerundio e all'infinito.
- Se viene eliminata, non c'è alcuna conseguenza sulla struttura sintattica della frase e, di solito, neanche sul suo significato.
- Di solito, nello scritto, è racchiusa tra due virgole, tra due trattini, tra parentesi oppure si può trovare alla fine di una frase separata da una virgola. *Es. Tutti, mi sembra, vogliono partecipare alla gita. / La signora - si dice nel condominio - sta per vendere il suo monolocale. / «Non voglio più vederti» disse Mario.*

11.1.5 La proposizione concessiva U11

La proposizione concessiva indica la circostanza nonostante la quale avviene un fatto espresso nella frase principale.

- Nella **forma esplicita** è introdotta:
  - dalle congiunzioni *benché, sebbene, quantunque, nonostante*, dalle locuzioni *malgrado, per quanto*, dai pronomi e aggettivi indefiniti o avverbi come *chiunque, qualunque, comunque* + congiuntivo.
    Es. Malgrado non abbia voglia di uscire, verrò con te a teatro.
  - dalle locuzioni *anche se, nemmeno se, neanche se* + indicativo. *Es. Anche se eravate stanchi, avete continuato a studiare.*
- Nella **forma implicita*** si costruisce con il verbo:
  - all'infinito preceduto dalla preposizione *per* o dalla locuzione *a costo di, neppure/neanche/nemmeno a*.
    Es. Per essere il primo della classe, non studi molto. / Neanche a pagarlo, Davide troverebbe un amico così! / A costo di rimetterci tempo e denaro, aggiusterò la mia macchina.
  - al gerundio preceduto da *pur* (*pure*) [vedi 4.3] o *anche*. *Es. Pur insistendo molto, non otterrai nulla da Alessio.*
  - al participio passato preceduto da *anche se/benché/sebbene*, ecc. *Es. Sebbene vietati ai minori, molti adolescenti in quel bar avevano bevuto alcolici.*

> ❗ ATTENZIONE:
> - La congiunzione *anche se* può essere seguita da un congiuntivo se ha valore ipotetico. *Es. Anche se (anche nell'ipotesi in cui) tu lo volessi, non potrei sposarti.*
> - Talvolta possiamo usare il verbo al condizionale, se la "concessione" è in forma di ipotesi o di eventualità. *Es. Per me puoi vendere ora la tua casa, anche se/benché, secondo me, ti converrebbe aspettare un momento migliore.*

N.B. *La forma implicita è possibile solo quando il soggetto della frase subordinata è lo stesso di quella principale.

11.1.6 La proposizione eccettuativa U12

La proposizione eccettuativa è una proposizione che indica una particolare circostanza a parte la quale avviene quanto espresso nella frase principale.

- Nella **forma esplicita** è introdotta dalle congiunzioni o dalle locuzioni *fuorché, tranne che, eccetto che, salvo che, se non che, a parte che, a meno che (non)* + congiuntivo. *Es. Stasera andremo in palestra, a meno che (non) piova.*

  Alcune volte le congiunzioni o locuzioni possono andare con il verbo all'indicativo, se indicano un fatto reale. *Es. Giorgia e Dario hanno lo stesso carattere, salvo che Dario è più introverso.*
- Nella **forma implicita** (il soggetto della frase principale e della subordinata è il medesimo) è introdotta dalle congiunzioni o dalle locuzioni *fuorché, tranne che, eccetto che, salvo (che), se non che, al di fuori di, a meno di* + infinito. *Es. Non possiamo fare nulla, tranne che rivolgerci a un avvocato.*

11.1.7 La proposizione limitativa U13

La proposizione limitativa è una proposizione che serve a limitare il significato di quanto espresso nella frase principale.

- Nella **forma esplicita** è introdotta:
  - dalle locuzioni *per/secondo quanto, per/secondo quello/ciò che, limitatamente a ciò che, in base a quello/ciò che* + indicativo/condizionale. *Es. Secondo ciò che il giornalista afferma/affermerebbe, non ci sarebbero vittime.*
  - dalla congiunzione *per quanto/che* + congiuntivo. *Es. Per quanto ne sappia, qui non è possibile parcheggiare.*
- Nella **forma implicita** è introdotta da: *a, da, per, in quanto a, relativamente a* + infinito. *Es. (In quanto) a raccontare bugie, Roberto è un maestro.*

> ❗ ATTENZIONE:
> Una proposizione limitativa implicita può dipendere da un aggettivo preceduto dalla preposizione *da*.
> *Es. Questo capitolo è facile da capire, ma difficile da ripetere.*

11.1.8 La proposizione temporale U17

La proposizione temporale indica quando avviene, avverrà o è avvenuto ciò che si è detto nella frase principale. Le proposizioni temporali si presentano in forme diverse.

A. Se c'è un **rapporto di contemporaneità**, la proposizione temporale:
   - nella **forma esplicita** è espressa da una congiunzione (*quando, mentre, allorché, come, appena, finché*) o da una locuzione (*nel momento in cui, al tempo in cui*) + indicativo e alcune volte congiuntivo.
     Es. Quando stavi ridendo, eri bellissima. / Aspetta finché partano tutti.
   - nella **forma implicita*** si costruisce:
     - con il gerundio semplice. *Es. Tornando dall'ufficio, andai in banca.*
     - con *nel, con il* + infinito. *Es. Nel prendere il piatto, sono scivolato.*
     - con *prima di* + infinito. *Es. Prima di partire, compriamo qualcosa da mangiare.*

B. Se c'è un **rapporto di posteriorità**, la proposizione temporale:

- nella **forma esplicita** è espressa dalle locuzioni *dopo che, una volta che, non appena (che)* + indicativo. *Es. Una volta che saremo arrivati, inizieremo a lavorare.*
- nella **forma implicita*** si costruisce:
  - con *dopo* + infinito passato. *Es. Dopo aver lavorato, Claudio e Marcella fanno sempre una passeggiata.*
  - con il participio passato, preceduto o no da *una volta*. *Es. (Una volta) pagate le bollette, non ci resteranno molti soldi.*

C. Se c'è un **rapporto di anteriorità**, la proposizione temporale:

- nella **forma esplicita** è espressa da *prima che* + congiuntivo. *Es. Prima che vengano aperte le iscrizioni, bisogna preparare tutti i documenti necessari.*
- nella **forma implicita*** si costruisce con *prima di* + infinito. *Es. Prima di parlare, occorre riflettere.*

N.B. *La forma implicita è possibile solo quando il soggetto della frase subordinata è lo stesso di quella principale.

11.2 La perifrasi aspettuale U6

Alcuni verbi, oltre ad avere un loro significato e una loro costruzione autonoma, possono essere combinati con altri verbi, all'infinito o al gerundio, per precisarne o arricchirne il significato. Questi vengono definiti "aspettuali" o "fraseologici" e, insieme al verbo che reggono, formano una frase che può indicare diverse modalità di svolgimento.

Un'azione che sta per iniziare:	*essere sul punto di* *essere in procinto di* *stare per* *accingersi a* *prepararsi a* *stare lì lì per*	+ infinito

Es. ***Sto per*** *iniziare l'esame. / Il Presidente* ***si accinse a*** *nominare il primo consigliere.*

11.3 La proposizione coordinata avversativa U10

La congiunzione *ma* è il connettivo più usato per introdurre una **proposizione coordinata avversativa** esplicita, ovvero una frase che è in contrasto parziale o completo con quanto espresso nella frase principale. Questo tipo di proposizioni sono accompagnate dall'indicativo (se esprimono un fatto reale) o dal condizionale (se esprimono un fatto eventuale). *Es. Parlo italiano, ma non so scrivere. / Roma è una città bellissima, ma io non ci vivrei.*

La frase avversativa può essere introdotta da altri sinonimi di *ma*:

- *però, invece, mentre, anzi* sono usati nello scritto e nel parlato;
- *tuttavia, eppure, se non che* sono più formali e sono usati soprattutto nella lingua scritta.

ATTENZIONE:

Una proposizione avversativa può essere espressa anche con *invece di, al posto di, in luogo di, piuttosto che, più che, anziché* + infinito.

In questo caso, si tratta di una **proposizione subordinata avversativa implicita**, quindi i soggetti della frase principale e della subordinata devono essere uguali. *Es. Invece di studiare, Nino esce con i suoi amici. (= Nino non studia, ma esce con i suoi amici.)*

12 DISLOCAZIONE A SINISTRA U16

Una frase di solito viene strutturata seguendo un certo ordine, **soggetto + verbo + oggetto** (diretto o indiretto): *es. Noi compriamo il pane. / Voi andate a teatro.*
Se si vuole però dare enfasi a un elemento diverso dal soggetto si può ricorrere a un ordine marcato, cioè a una dislocazione (spostamento) a sinistra: **oggetto + pronome + verbo**. L'oggetto deve sempre essere ripreso da un pronome e spesso il soggetto non è espresso. *Es. **Questi libri** li ho comprati ieri. / **A Giorgio** gli telefoniamo un'altra volta. / **Di questo argomento** ne parleremo a casa.*
Questa costruzione è caratteristica del linguaggio colloquiale e informale.

> ❗ ATTENZIONE:
> Anche una frase subordinata oggettiva [vedi 11.1.2], che di solito segue la principale, può essere dislocata a sinistra e ripresa dal pronome *lo*. *Es. Che Giorgia fosse la figlia di Enrico lo sapevano tutti.* [Si noti che in questo caso il verbo della subordinata è al congiuntivo. Questo uso del congiuntivo ha una funzione pragmatica.]

13 I CONNETTIVI

13.1 La congiunzione *ma* U24

Ma è una congiunzione coordinativa avversativa e, pertanto, unisce due concetti mettendoli in contrapposizione (o contrasto). L'opposizione può essere:

- *esclusiva* in quanto i due elementi messi in contrapposizione si escludono a vicenda. *Es. Non voglio i dolci, ma solo i gelati.*
- *modificante* in quanto i due elementi non si escludono a vicenda, ma il secondo precisa il primo. *Es. Marcello è poco socievole, ma intelligente.*

Altri usi della congiunzione *ma*:

- in principio di frase indica con enfasi il passaggio a un altro argomento. *Es. Ma torniamo al discorso di prima!*
- sempre in principio di frase viene usata in espressioni interrogative, dubitative, esclamative, soprattutto per dare enfasi o anche in modo ironico. *Es. Ma che dici? / Ma certo! / Ma no! / Ma bravo! Chi se l'aspettava che uno serio come te, si comportasse tanto male.*
- se accompagna aggettivi o avverbi, li rafforza. *Es. È antipatica, ma davvero antipatica! / Quest'uomo non è povero, ma poverissimo. / Non è molto, ma è moltissimo.*

13.2 I connettivi *finché*, *mentre* e *dacché* U18, U18 Quaderno

- **Finché**

Finché è una congiunzione che introduce una proposizione temporale e sono suoi sinonimi le locuzioni *fino a che, fin quando, fino a quando, fintantoché, fino al momento in cui*. Può essere accompagnata da un verbo:

- *all'indicativo* (= per tutto il tempo che; la circostanza temporale è reale). *Es. Ti amerò finché vivrò. / Finché c'è vita, c'è speranza.*
- *al congiuntivo* (= fino al momento che; la circostanza temporale è ipotetica). *Es. Tiziano insiste finché (non) abbia ottenuto quello che vuole. / Rimarrò con mia madre finché non stia bene.*

- **Mentre**

Mentre è una congiunzione che introduce una proposizione temporale la cui azione ha un rapporto di contemporaneità con la frase principale. È seguita da un verbo all'indicativo e segue le regole della concordanza.
Es. Ceniamo mentre vediamo i programmi in tv.
Abbiamo cenato/Cenavamo mentre vedevamo i programmi in tv.
Ceneremo mentre vedremo i programmi in tv.

> ❶ ATTENZIONE:
> Dopo la congiunzione temporale *mentre*, il verbo non si mette mai al passato prossimo, ma all'imperfetto indicativo.

- **Dacché**

Dacché (o più raramente *da che*) è una congiunzione, utilizzata soprattutto nei registri molto formali e nella lingua letteraria, che introduce una proposizione temporale (con valore di contemporaneità) la quale indica da quale momento inizia, è iniziato o inizierà qualcosa. È seguita da un verbo all'indicativo e segue le regole della concordanza. *Es. "Dacché avevano smesso di parlarne, la cosa non mi interessava più"* (Soldati).

14 IL *NON* PLEONASTICO U12

Con la dicitura *non* pleonastico si intende l'utilizzo (facoltativo) di *non* in una frase, senza che ne cambi il significato. Si usa:

- in frasi temporali introdotte da *appena* oppure *finché*. *Es. (Non) Appena ebbero notizie di Marco, ce le comunicarono. / Aspetto finché mia figlia (non) tornerà a casa.*
- per esprimere sorpresa, soprattutto in una frase interrogativa. *Es. Sai che è successo? Mio figlio stava rientrando a casa... e proprio in quel momento (non) rivede il suo cane che era sparito da mesi?*
- in frasi introdotte da *per poco, mancarci poco, a momenti*. *Es. Mi fece così arrabbiare che per poco (non) gli tiravo un pugno.*
- in frasi introdotte da *senza che*. *Es. Non posso fare niente senza che qualcuno mi giudichi.*
- in una frase comparativa. *Es. Giorgio è ritornato dalle vacanze prima di quanto (non) avessimo previsto.*
- in una proposizione introdotta da *a meno che, tranne che, eccetto che*. *Es. Andiamo a dormire a meno che tu (non) voglia restare con noi.*

15 LA PUNTEGGIATURA U12

La punteggiatura è un insieme di segni convenzionali, molto utili a regolare il flusso delle parole. I principali sono i seguenti:

la virgola	,	Indica una pausa breve fra parole o fra parti di frasi e si usa: • nelle enumerazioni e nelle descrizioni (tranne che per l'ultimo elemento introdotto da e) per separare le parole. *Es. Maurizio era alto, biondo e simpatico.* • quando ci rivolgiamo a qualcuno per interpellarlo. *Es. Paolo, vuoi venire?* • prima e dopo un inciso. *Es. Tonino, il fratello di Gustavo, faceva l'idraulico.* • prima di una frase coordinata introdotta da *ma, però, tuttavia, anzi*. *Es. Prendo le pizze, ma tu prendi da bere.* • per separare dalla frase principale una frase subordinata introdotta dalle congiunzioni concessive o eccettuative, dal se ipotetico, *mentre, poiché*, ecc. *Es. Federico prese un brutto voto, poiché non aveva studiato.* ❶ ATTENZIONE: non si mette mai tra il soggetto e il verbo o tra il verbo e l'oggetto!
il punto	.	Indica una pausa lunga e si pone al termine di una frase di senso compiuto. Dopo il punto fermo, si usa sempre la lettera maiuscola. *Es. Era una bella giornata. Il sole brillava alto e forte nel cielo.*

il punto e virgola	;	Indica una pausa di media durata più breve del punto e più lunga della virgola; serve a separare due parti di uno stesso periodo o i singoli elementi di una lista o di un elenco. Oggi è sempre meno usato e si preferisce sostituirlo con il punto o la virgola. *Es. Alla sua festa vennero i suoi due amici. Il primo era vestito con un jeans e una maglia; il secondo portava un pantalone rosso e una felpa.*
i due punti	:	Si usano per: • introdurre un elenco. *Es. Io vedo film di ogni genere: thriller, polizieschi, d'avventura, ecc.* • introdurre una citazione, seguiti dalle virgolette, o un esempio. *Es. Eraclito diceva: «Tutto scorre.»* • introdurre un discorso diretto e sono seguiti dalle virgolette. *Es. Beatrice disse: «Vuoi venire da me stasera?»*
il punto interrogativo	?	Si usa al termine di una frase quando si vuole fare una domanda. *Es. Dove sei?*
il punto esclamativo	!	Si usa per indicare meraviglia, sorpresa, un ordine, dolore, ecc. *Es. Che bello! / Vieni qui!*
i puntini di sospensione	...	Sempre in numero di tre, si usano: • quando un discorso viene lasciato in sospeso. *Es. Vorrei...* • quando diciamo qualcosa che l'ascoltatore o lettore può terminare da solo. *Es. Chi trova un amico...* ! ATTENZIONE: vengono usati all'interno di due parentesi (tonde o quadre) quando si omette un passo in una citazione d'autore.
il trattino e la lineetta	- –	Il trattino si usa per: • collegare due parole che non formano un nome composto. *Es. L'orientamento sistemico-relazionale è una branca della psicologia.* • collegare due numeri che indicano una cifra approssimativa o un intervallo tra due cifre. *Es. Le verdure cuociono in 5-10 minuti. / Fate gli esercizi 4-8 di p. 20.* La lineetta si usa per: • segnalare l'inizio e la fine di un inciso. *Es. Prendetemi – disse Giovanni – e portatemi in prigione.* • sostituire le virgolette di un discorso diretto. *Es. Lui chiese: – Di chi sono queste?*
le virgolette	" " « »	Se alte (" ") o semplici (' ') si usano per segnalare la presenza di una citazione e per introdurre una parola che si dice in senso metaforico o ironico; se basse («»), di solito, segnalano la presenza di un discorso diretto o di una citazione. *Es. Il termine "farmaco" ha origini greche. / Disse: «Andiamocene».*
le parentesi tonde o quadre	( ) [ ]	Si usano per isolare all'interno di un testo delle parole o frasi, per spiegare o precisare cose che non sono indispensabili per la comprensione del discorso. *Es. Il parapendio (uno sport estremo) si pratica con il paracadute.*
l'asterisco	*	Comunemente si usa per segnalare una nota/un commento, esterno al testo, ma riferito ad una parola o a un concetto espresso in esso. Ufficialmente, si usa nei testi stampati per indicare un'omissione o, in linguistica e filologia, una forma testuale ricostruita e non verificata.
la sbarretta obliqua	/	Indica alternativa fra due o più possibilità.

16 IL *SI* RIFLESSIVO, IL *SI* IMPERSONALE, IL *SI* PASSIVANTE U22

La particella *si* può essere davanti a un verbo:

- **riflessivo**: la particella *si* accompagna la voce verbale di un verbo riflessivo proprio, apparente, reciproco alla 3ª persona singolare e plurale.
  - riflessivo proprio: *es. Maria si pettina. / Maria e Anna si pettinano.* (verbo: pettinarsi) / *Antonio si è alzato presto. / Guido e Mariella si sono alzati tardi.* (verbo: alzarsi)
  - riflessivo apparente (quando il verbo riflessivo ha dopo un oggetto): *es. Maria si lava le mani. / Viola e Asia si sono lavate i capelli.*
  - riflessivo reciproco: *es. Vincenzo e Raffaella si detestano.*
- **impersonale**:
  - alcuni verbi, come *dire*, *raccontare*, *credere*, pensare, ecc., oltre ad essere usati in forma personale, cioè con un soggetto definito, possono essere usati in **forma impersonale**. Vengono costruiti alla 3ª persona singolare e preceduti dalla particella *si* e seguiti da una subordinata oggettiva. *Es. Si dice che i vostri vicini non siano persone affidabili.*
  - qualunque verbo, oltre ad essere usato in forma personale, cioè con un soggetto definito, può essere costruito impersonalmente, alla 3ª persona singolare, premettendo la particella *si*. *Es. In questo ristorante si mangia proprio bene! / Si vive una volta sola.*

> ❗ ATTENZIONE:
> - La particella impersonale *si* ha la funzione di un soggetto indefinito, come *uno*, *qualcuno*, *una persona*, ecc.
> - La forma impersonale di un verbo riflessivo dovrebbe presentare due particelle *si* (*es. si si veste*), ma non è permesso e il primo *si* (con valore impersonale) diventa *ci*: *Es. Ci si veste pesanti per andare sulla neve.*

- **passivante**

Con la particella *si* premessa alla 3ª persona singolare o plurale (in rapporto al soggetto della frase) di un verbo di forma attiva, è possibile costruire una particolare forma passiva, dal significato impersonale in quanto consente di non specificare da chi è compiuta un'azione:

- forma passiva: *Es. I figli sono amati dai genitori.* (l'azione dell'*amare* è compiuta dai genitori)
- *si* passivante: Es. *In questa libreria si vedono libri.* (non è specificato da chi è compiuta l'azione del *vendere*)

17 I VERBI DIFETTIVI U25

Come esistono nomi difettivi di singolare o plurale, così ci sono alcuni verbi che mancano di determinate voci (modi o tempi e persone del verbo), perché non sono mai esistite o sono ormai cadute in disuso.
Alcuni verbi difettivi del participio passato e i loro sinonimi:

competere	*gareggiare, sfidare*	incombere	*sovrastare, avvicinarsi*
concernere	*riguardare, riferirsi*	soccombere	*morire*
dirimere	*risolvere*	spledere	*brillare*
discernere	*distinguere*	transigere	*mediare*
delinquere	*compiere un reato*	vertere	*trattare, essere incentrato*
esimere	*esentare*	vigere	*essere in vigore, avere validità*

Questi verbi, non avendo il participio passato, mancano di <u>tutti</u> i tempi composti. Anche in questo caso, le voci mancanti sono sostituite dai verbi di significato simile (sinonimi). *Es. Il sole splende. ➜ Il sole è brillato (no: splenduto!).*

[100']

Puoi ascoltare il CD audio anche su i-d-e-e.it.

Unità 1	**1** **2**	Es. 7a, b Es. 9
Unità 2	**3**	Es. 8
Unità 3	**4**	Es. 6a, b
Unità 4	**5**	Es. 10
Unità 5	**6**	Es. 8
Unità 6	**7**	Es. 9
Unità 7	**8**	Es. 7a, b
Unità 8	**9**	Es. 7
Unità 9	**10**	Es. 9
Unità 10	**11** **12**	Es. 5a, b Es. 8
Unità 11	**13**	Es. 7
Unità 12	**14**	Es. 9a
Unità 13	**15**	Es. 9
Unità 14	**16**	Es. 9
Unità 15	**17**	Es. 3
Unità 16	**18**	Es. 6
Unità 17	**19**	Es. 8
Unità 18	**20**	Es. 6
Unità 19	**21**	Es. 7a
Unità 20	**22**	Es. 4
Unità 21	**23**	Es. 7
Unità 22	**24**	Es. 5
Unità 23	**25**	Es. 8
Unità 24		–
Unità 25	**26**	Es. 9

fonti delle immagini

Pg.8: www.comune.fe.it (*Castello Estense di Ferrara*); **Pg.15**: www.edizionilameridiana.it (*a destra*); **Pg.20**: https://iek-akmi.edu.gr (*Montessori*); **Pg.23**: https: www.braciamiancora.com (*a destra*); **Pg.25**: https://commons.wikimedia.org (*a destra*); **Pg.30**: https://tape4sport.it (*a sinistra*); **Pg.33**: www.artesvelata.it (*a destra*); **Pg.41**: www.romasulweb.com (*a sinistra*); **Pg.43**: https://blog.studentsville.it (*Duomo di Firenze*), https://trattatodellapittura.blogspot.com (*Caravaggio*), https://gr.pinterest.com (*Madonna con bambino*); **Pg.44**: https://pinacotecabrera.org (*Piero della Francesca*); **Pg.48**: www.youtube.com (*a, b, c*), www.motoridilusso.com (*a destra*); **Pg.51**: https://i2.kknews.cc (*cercatore*), https://3milliondogs.com (*assaggiatore*), https://en.wikipedia.org (*spingitore di passeggeri*); **Pg.55**: www.ariostea-high-tech.com (*a destra*), www.heraldo.it (*a sinistra*); **Pg.61**: www.planetfilm.it (*locadina a sinistra*); **Pg.63**: www.amazon.it (*copertina*); **Pg.61**: https://ilserenissimoveneto.it (*a destra*); **Pg.66**: https://az333959.vo.msecnd.net (*disegnio a destra*); **Pg.70**: https://static.rbcasting.com (*a destra*); **Pg.82**: www.studenti.it (*Sibilla Aleramo*); **Pg.94**: www.amazon.it (*copertina*); **Pg.97**: https://en.wikipedia.org (*a destra*); **Pg.98**: www.biography.com (*in alto*), www.facebook.com (*in basso*); **Pg.99**: https://en.wikipedia.org (*Alessandro Manzoni*); **Pg.100**: www.visitbarga.com (*Giovanni Pascoli*); **Pg.102**: www.italia2tv.it (*curiosità*); **Pg.104**: www.italia2tv.it (*curiosità*);**Pg.108**: www.rsi.ch (*Adriano Pessina);* **Pg.111**: www.mymovies.it (*banner sito*); **Pg.113**: https://static.nexilia.it (*in basso, a destra*); **Pg.114**: www.myriamartesacrastore.it (*a sinistra*); **Pg.115**: www.amazon.com (*a destra*), www.lindiceonline.com (*a destra*); **Pg.118**: https://180gradi.org (*a sinistra*); **Pg.122**: www.amazon.it (*copertina*); **Pg.124**: www.lavorofacile.info (*a destra*).

anche in e-book

17 capitoli •
4 test di ricapitolazione •
numerosi esercizi •
approccio funzionale •
strategie induttive •
linguaggio semplice, senza tecnicismi •
riflessione sulla struttura e l'uso delle frasi in vari contesti •
box *infolingua* per pragmatico •
prospetto riassuntivo per tutti i capitoli •
chiavi in appendice •

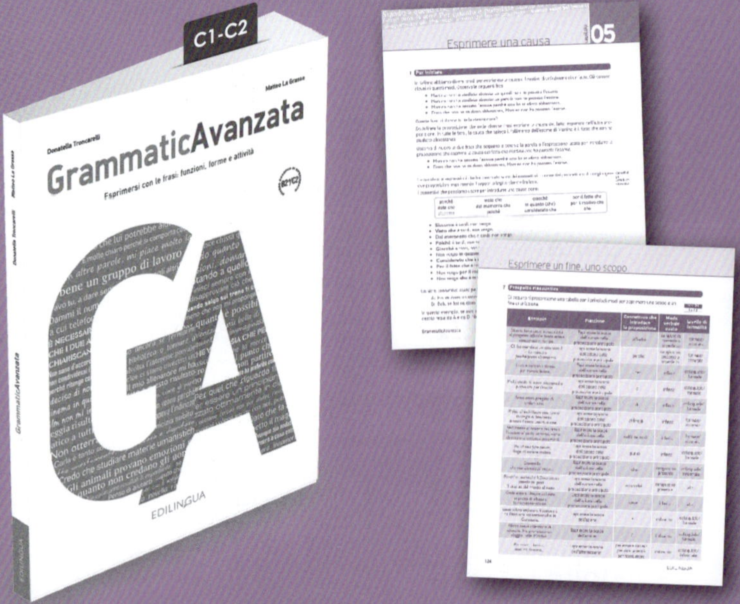

Collana Primiracconti Classici

Testi letterari facilitati

Attività + chiavi + audio

Brani tratti da *La famosa invasione degli orsi in Sicilia, Il deserto dei Tartari, Un amore, I sette messaggeri, Il crollo della Baliverna (Il musicista invidioso), Sessanta racconti (Era proibito, Le precauzioni inutili, Inviti superflui), Il colombre, Il grande ritratto.*

anche in e-book

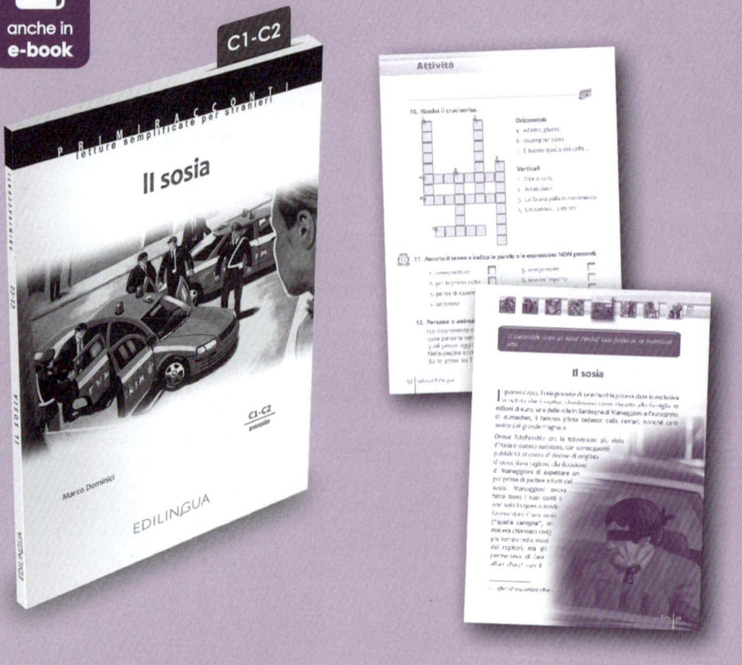

Collana Primiracconti

Letture semplificate per stranieri

Attività + chiavi + audio (lettura a più voci)

Un importante uomo d'affari viene rapito davanti alla sua villa. Almeno così dice la televisione e così pensano tutti. In verità, dietro al rapimento si nasconde il passato dello stesso imprenditore...